번역가의 인간학

번역가의 인간학

1판 1쇄 인쇄 | 2022년 7월 21일
1판 1쇄 발행 | 2022년 7월 29일

지은이 정홍섭
펴낸이 최종기
펴낸곳 좁쌀한알
디자인 푸른나무디자인
신고번호 제2015-000058호
주소 경기도 고양시 일산동구 장항로 139-19
전화 070-7794-4872
E-mail dunamu1@gmail.com

ISBN 979-11-89459-16-1 (03010)

판매·공급 | 푸른나무출판
전화 | 031-927-9279
팩스 | 02-2179-8103

번역가의
인간학

정홍섭 지음

도서출판

좁쌀한알

서문

이 책은 내가 번역한 책 가운데 열한 권에 실은 옮긴이의 말(또는 글)과 해제를 모으고 한 편의 번역론을 더 써서 묶은 책이다('멀티캠퍼스'의 강의 원고가 예외이기는 하나, 이것도 『에드먼드 버크 : 보수의 품격』 해제에 바탕을 둔 글이다). 첫 번째로 쓴 글이 『코페르니쿠스 : 투쟁과 승리의 별』에 실은 '옮긴이의 글'이니 이 책이 나오기까지 10년이 훨씬 넘게 걸린 셈이다. 다른 모든 가치 있는 일과 마찬가지로, 공들여 글을 쓰는 일 역시 보람 있지만 쉽지 않은 일임을 늘 절감하면서도, 세월에 쫓기지 않는 유일한 방법은 법정 스님의 가르침처럼 시간을 아껴 쓰는 것뿐이라는 반성을 또다시 더 절실히 한다.

책을 낼 구상을 하고 쓴 글을 다시 정리하면서 처음부터 유일하게 생각한 제목이 '번역가의 인간학'이다. '번역가'라는 말도 그렇지만, '인간학'이라는 말은 더더욱 내 지금의 깜냥에 맞지 않는 말이 아님을 잘 알면서도, 내가 쓴 글을 책으로 묶어내는 데 다른 어떤 제목도 적합할 수 없다는 역설 같은 확신이 있었다. 번역가라는 명칭에 걸맞게 좋은 번역, 더 좋은 번역을 위해 계속 정진하겠다는 다짐, 번역서의 내용을 해설하고 감상·비평하는 이 글들의 핵심이 인간에 관한 진정한 앎의 문제의식을 매개로 일관되게 연결되어 있다는 사실이 그 확신의 근거라고 말할 수 있다.

이 책의 글들이 인간에 관한 진정한 앎의 문제를 다루는 것은 우연이 아니다. 우선 번역 대상이 된 모든 책에서 원저자가 각기 그 나름의 심오한 인간학을 개진할뿐더러 나 역시 내가 쓴 이 글들을 통해 그 각각의 인간학에 비평적 반응을 하려 했기 때문이다. 그런데 이 책의 인간학을 근본에서 추동한바 이보다 더 중요한 원동력은, 이 책의 목차에서 보는 열한 권의 책 가운데 여섯 권이 루돌프 슈타이너의 인지학을 직간접의 자기 철학으로 삼는다는 데에 있다. 이 책의 몇 편의 글에서 간략히 소개하는 바와 같이, 루돌프 슈타이너야말로 다른 무엇보다도 인간에 관한 앎의 학문, 즉 인지학의 체계화와 현실 세계 속에서의 실현을 평생의 과업으로 추구한 사람이다. 나이 마흔이 넘어 우연인 듯 필연인 듯 슈타이너 인지학을 접하게 된 이후, 다른 많은 사람의 경우와 마찬가지로 나 역시 그의 삶과 사상이 내뿜는 참되고 선하며 신비로운 에너지에 무의식으로 또는 의식적으로 영향 받아왔음을 고백하지 않을 수 없다. 번역서에 부치는 내 글들이 이렇게 책으로 묶여 나올 수 있었던 데에도 그 에너지가 크나큰 힘이 되었다.

'옮긴이의 말(또는 글)'에서 '옮긴이 해제'로, 번역 작업에 수반되는 비평 에세이가 진화한 것은 바로 위와 같은 인간학의 진화에 힘입은 것이다. 그러나 개인이건 개인이 모인 사회에 관해서건 인간을 진정 안다는 것이 얼마나 어렵고 힘든 일인가. R. H. 토니의 저작에 관한 해제에 소개한 내 동네 김밥집 주인아주머니가 1000원짜리 김밥을 최근에 1500원으로 올리면서, 조그맣게 자른 골판지에 서툰 글씨로 '재료비가 올라 어쩔 수 없이 500원을 올리게 돼서 죄송합니다'라는 말씀을 쓴 그 지극한 '인간다움'을, 인간에 대한 희망의 작은 불씨로 삼기 힘들다는 말은 당연히 아니다. 하지만 『에드먼드 버크 : 보수의 품격』 해제의 맺음말 한 대목에서 한국 사회의 높은 성숙도를 평가할 만한 근거로서 '촛불혁명'을 들고 찬양하던 당시의 생각은 그동안 아주 많이 달라졌다. 물론 당시의 이 큰 사건의 의미가 형편없이 폄하되어서도 안 되겠지만, 단적으로, '촛불혁명'이 만들어낸 정치권력은 그 이후 지금까지도 무엇보다 세월호의 진실을 밝히지 못했고(못한 것인가, 안 한 것인가?!), 그 정치권력의 수많은 지지자도 이러한 엄연한 사실을 솔직하게 마주하고 문제 삼을 의사가 없어 보이기 때문이다.

열두 편의 글을 어떤 기준으로 배치했는지는 독자께서도 조금만 눈여겨보면 알 수 있을 것이다. 인간의 가장 오래되고 본질적인 지혜를 담은 옛이야기와 미술 작품을 다룬 책에 관한 글에서, 오늘날 세계시민 시대의 바람직한 외국어 공부의 정신과 방법을 논한 책에 관한 글까지, 이 열한 편의 글은 인간의 역사 과정에 나타난 문학과 예술 작품과 고전 저작, 그리고 온전히 건강한 현대인의 삶이라는 문제를 다룬 책들을 찬찬히 살펴보면서 인간에 관한 참된 앎과 인간 삶의 바람직한 변화 방향을 모색하는 내 나름의 인간학이다. 마지막 글은 이 열한 편의 글을 쓸 수 있게 해준 열한 권의 책을 번역하면서 얻은 문제의식을 정리하기 위해 인간에게 번역이 어떤 의미가 있는지를 공부하고 정리한 것인데, 외국어 공부에 관한 책을 검토한 열한 번째의 글과 연결되기도 한다.

루돌프 슈타이너가 가르치듯이, 인간이 물질로 된 육체로 인간의 형상을 가질 수 있게 해주는 원동력이 우주와 이 지구에 편만한 생명력과 개개인의 영혼과 자아, 즉 정신의 영역에 있을진대, 인간이 인간답게 살고자 한다면 개개인과 인간 사회 전체가 스스로 자신의 정신 면을 성숙시키는 일이 핵심일 수밖에 없다. 이것을 정신의 진화라고 부른다면, 이러한 진화의 끝은 어떨지 상상해본다. 내게는 이 책의 글들이 그 진화를 향한 작은 디딤돌 같은 것이다.

Contents

1

동화와 미술을 통해 본
인간의 참모습

◆◇◆

모니카 골드, 『상상력과 인지학』, 정홍섭 옮김, 푸른씨앗, 2012

1.

아이뿐만 아니라 어른도 동화를 읽으며 (또는 들으며) 느끼는 묘한 감동을 어떻게 이해해야 할까? 그 단순한 이야기로부터 유치함이 아닌 내면의 깊은 울림을 느끼는 것은 무슨 까닭일까? 사실 이러한 의문은 동화에 대한 근본적 오해에 기인한다. 더 정확히 말해서 '동화(童話)'라는 말 자체에 오해를 불러일으키는 부적절한 의미가 포함되어 있다.[1]

---

1 『표준국어대사전』에서는 '동화'의 뜻이 이렇게 풀이된다.
　"어린이를 위하여 동심(童心)을 바탕으로 지은 이야기. 또는 그런 문예 작품. 대체

이를테면 영어에서 동화에 해당하는 말 'fairy tale'에는 '아이들 이야기'라는 뜻이 전혀 없다. 말 그대로 '요정들의 이야기'일 뿐이다. 그림 형제가 옛이야기를 정리하면서 쓴 독일어 'Märchen' 역시 마찬가지여서, 'Mär'에는 '전하다'라는 뜻이, 그리고 'chen'에는 '아주 작다'는 뜻이 있을 뿐이다. fairy tale이나 Märchen의 역어가 동화, 즉 아이들 이야기로 된 과정에 관해 옮긴이는 공부한 바가 없다. 그러나 이것은 아마도 '과학적' 설명을 절대적으로 선호하는 합리주의와 유물론이 '터무니없는 동화의 판타지'를 '사실'이 아닐뿐더러 인간에게 해롭기까지 한 것으로 치부하면서 현실세계로부터 멀리 추방해버린 사정과 근본적으로 무관하지 않을 것 같다.[2] 합리주의자와 유물론자들에게 동화의 판타지란, 아직 이성 또는 지성으로 '발전'하지 못한 어린아이 사고 수준에 걸맞은 유치한 서사 형식일 뿐이(었)기 때문이다.

이 책의 저자 모니카 골드는 현대에 동화가 처한 이러한 상황의 근본 원인을 다음과 같이 설명한다.

동화는 인간의 눈에는 보이지 않는 세계, 이전 시대에는 그렇지 않았으나 이제는 직관을 통해 느낄 수 없는 세계에서 유래한 것이다. 가슴의 힘을 통해 인지할 수 있는 미묘한 지혜가 현대인의 지적 사고에는 별로 쓸모없어지면서 더욱더 그 모습을 감추게 되었다.

로 공상적·서정적·교훈적인 내용으로 되어 있다."
모니카 골드 선생의 이 책을 다 읽고 나면, 우리가 '상식'으로 받아들여온 이 뜻풀이에 얼마나 큰 문제가 있는지를 느끼지 않을 수 없게 된다.

2 Roy Wilkinson, *The Interpretation of Fairy Tales* (Fair Oaks: Rudolf Steiner college Press, 1997), p.7.

이 책 전체의 화두이기도 한바, 인간의 머리(지성)의 작용이 가슴(감성)과 사지(의지)에 바탕을 주지 않는 것은 물론, 그것들을 오히려 억압하게 된 현대에 들어서서는 동화의 진가가 자명하게 드러나기 힘들게 되었다는 것이다. 그러나 또한 "많은 사람이 동화에 진지한 관심을 지니고 있고 또 그 속에 숨어 있는 의미를 이해하기 위해 애쓰고 있다"고 저자가 말하듯이, 오늘날 동화에 대한 인식은 많이 변하고 있다. 아직 일반적으로 한국에서는 이른바 문화콘텐츠의 상업적 생산 수단 이상으로 인식되지 않지만, 여러 외국에서 활성화되고 있는 스토리텔링의 심리 치유는 동화의 정신과 원리가 응용되어 실제로 발휘할 수 있는 힘을 보여주는 중요한 예이다. 학교 폭력과 청소년 자살이라는 말이 별다른 느낌 없이 받아들여지게 된 오늘날 한국 사회에서야말로 동화에 대한 진지한 관심이 얼마나 절실한지 깊이 성찰해보아야 한다.

2.

동화라는 말이 지닌 문제점에 관해 말했지만, 다른 한편으로 보자면 이 말 속에는 그것이 의미하고자 하는 역설적 진실이 담겨 있기도 하다. 현대라는 시대에도 아이들에게는 '눈에 보이지 않는 세계', '직관을 통해 볼 수 있는 세계'에 대한 기억이 아직 그 몸속에 남아 있으며, 이것이 바로 어른보다는 아이들이 훨씬 더 쉽게 동화에 몰입할 수 있는 이유라는 것이다. 그렇다면 과거의 어느 시대까지는 남녀노소가 가슴으로 공유할 수 있었으나 지금은 주로 아이들만이 빠져들

수 있는 옛이야기가 바로 동화라 할 것이다.[3]

동화를 바라보는 이러한 관점을 밑받침하는 이 책의 근본 '철학'이
바로 인지학(人知學 또는 人智學, Anthroposophie·anthroposophy)이다.
이 책에서 동화와 미술에 나타난 상상력을 해석하고 의미 부여하는
근본적 사유 방식이 인지학인 것이다. 인지학은 그 개념 자체가 매우
생소하지만[4], 말뜻은 아주 간단하다. '인간에 관한 지혜', '인간에 관
한 참된 앎'이 그것이다. 이 자리에서 인지학에 관한 깊은 논의를 할
수도 없으려니와, 무엇보다 옮긴이 자신이 인지학 공부를 체계적으로
해본 적이 없는 터이다. 그러나 저자가 내내 강조하는 대로, 인지학
자체도 머리로 이해하는 것보다 가슴으로 먼저 느껴보고자 하는 것
이 인지학 공부의 올바른 길이 아닐까.

이 책을 번역하면서 늘 품으려 한 태도가 바로 그것이었다. 인지학
에 건전한 보편성의 힘이 있다면, 이 책의 옮긴이나 독자 모두의 가슴
속에 깊이 전달되는 무언가가 있을 것이라 생각했다. 감동과 맹신 또

---

3 그러나 여기에는 중요한 전제가 있다. 게임기를 비롯한 온갖 첨단 전자 기기에 일
   찌감치 일상적으로 노출되는 아이들에게는 동화에 빠져들 수 있는 아이스러운
   상상력이 남아 있기 힘들다. 그래서 오늘날 더욱 중요한 점은, 나이의 많고 적
   음이라기보다는 아이스러운 천진함 여부이다. 불교에서는 불생불멸의 참된 마음
   을 '천진(天眞)'이라고 부른다고 하는데, 이 말이 아이스러운 순수함을 가리키는
   말로 쓰이게 된 것이 의미심장하다. 현대인의 위기는 어른이건 아이이건 이 아이
   스러운 순수함, 즉 참된 마음을 잃어가는 것이다.
4 여기서 '인지'는 '사람의 슬기와 지식'이 아닌 '사람에 관한 슬기와 지식'에 가깝다
   고 할 수 있고, 사람의 앎의 과정을 포괄적으로 연구하는 학문 영역인 인지학(認
   知學)과 여기서 말하는 인지학은 전혀 다른 것이다. '사람에 관한 지식과 지혜'라
   는 뜻의 Anthroposophie 또는 anthroposophy 역시 '원어민'들에게도 생소하기
   는 마찬가지인데, 이 두 단어가 아직은 독어사전과 영어사전에 올라 있지 않은 데
   에서 그 사정을 알 수 있다.

는 아집이라는 판이한 결과를 낳게 하는 기준이 바로 그러한 보편성 여부에 있지 않을까. 이렇게 사족 같은 말을 다는 것은 옮긴이 자신이 지녔던 일말의 우려 때문이다. 그것은 다름 아니라, '육화와 재육화'·'더 높은 세계와 더 높은 존재'·'9등급의 천사 또는 정신의 위계' 등등, 인지학을 조금이라도 미리 접해본 적이 없는 독자들에게는 매우 생소하거나 거부감조차 살 수도 있는 용어들이 이 책 속에 빈번히 등장한다는 점이다. 물론 이것은 단순히 용어의 생소함 문제가 아니다. 근본적 사고방식의 문제이다. 옮긴이 자신은 이 문제에 이렇게 접근했다. 인간이 유래한 근원이 '정신세계'에 있고, 인간은 그 '더 높은 세계'의 '더 높은 존재들'과 연결되어 있으며, 개개인이 자유로운 '자기 책임'하에 생을 거듭하면서, 더 높은 정신성을 획득할 수도 물질적 욕망의 노예가 될 수도 있다고 '생각한다면', 아니, 진정으로 그렇게 느낄 수 있다면, 개개 인간의 삶에 어떤 변화가 일어날 수 있을까? 인지학이나 기독교와 관련된 용어들을 약간은 투박하다 할 만큼 직설적으로 구사하는 저자의 어법이 마음에 걸릴 때마다, 옮긴이는 위와 같은 자문을 그 대면 방법으로 삼았다. 그것은 효과가 없지 않았다고 생각한다. 좀 더 정확히 말하자면, 무엇보다도 저자가 인지학에 힘입어 '선택'하여 소개하는 짧은 동화 여섯 편이 이러한 자문을 자연스럽게 불러일으키는 감동을 주었다. 요컨대 이 책을 통해 이러한 자문을 할 수 있게 된 것 자체가 인지학이라는 '생소한' 사고방식으로부터 받은 선물이라 할 수 있다.

3.

인지학적 관점의 동화 해석서는 이미 여러 권 있다. 그러나 인지학적 동화 해석과 미술 작품의 해석을 동시에 엮어서 시도한 것이 이 책의 독창성이다.

우선 이 책에서 소개·해석하는 동화 가운데에서도 두 편의 러시아 동화와 한 편의 세르비아 동화에 특히 눈길이 간다. 저자는 이 '동East[5]'의 이야기들이 더욱 특별한 감동을 주는 것은, 유럽 내에서도 전혀 다른 기독교 전통과 연관된다고 설명한다. 그런데 그 전통이 기독교적 미덕을 낳을 수 있었던 것은, 역설적이게도 서West에서 만들어놓은 기독교의 제도적·집단적 틀에 아주 늦은 시기까지 영향받지 않았기 때문이라는 것이다. "러시아인들은 그리스도와 상대적으로 순결하고 개별적인 관계 속에서 살았다"는 것이 바로 그 핵심이다. 생각해보면 종교건 철학이건 어떤 위대한 가르침도, 다른 누구도 아닌 자기 자신의 각성과 변화가 핵심임을 강조하지 않는 것이 없지 않은가. 옮긴이 자신은 「불새」라는 러시아 동화로부터 특별히 깊은 울림을 느꼈는데, 그 주인공 왕자의 이름이 또 다른 러시아 동화를 연상케 했다. 「바보 이반」이 그것이다. 바보 이반 같은 인물에게서 본받아야 할 지고의 가치를 찾아내는 위대한 사유가 과연 어떤 인간 삶의 전통에서 나올 수 있었을까 하는 의문이, 동화 「불새」와 그 해석을 통

---

5 이 책을 읽어보면 알 수 있듯이, 실제로는 동유럽을 가리키는 말이다. 5장의 부제를 '동과 서'로 한 것은, 이 책의 저자가 강조하는 바가 유럽 내에서의 상대적인 지역적 특성에 국한되는 것이 전혀 아니기 때문이다.

해 풀릴 수 있었다.

이 책의 두드러진 특징이자 볼거리는 두말할 필요도 없이 동화와 함께 소개·해석하는 동서고금의 여러 진귀한 미술 작품이다. 기원전 15,000년 중석기시대에서 20세기 현대에 이르기까지, 피카소 같은 유명인이나 아홉 살 난 어느 어린이처럼 다양한 이들이 그리고 만들 것들이다. 그런데 동화의 해석에서도 느끼는 바이거니와, 특히 이 미술 작품들의 해석에서 볼 수 있는 저자의 (인지학적) 안목은 그 자체가 매우 참신하면서도 특별히 가르쳐주는 바가 있다. 이렇게도 다양하고 서로 전혀 연관성 없어 보이기 십상인 작품들에서 근본적인 내적 연관성을 찾아낼 수 있다는 것 자체가 경이롭지 않은가. 이러한 해석에 담긴 자유로운 상상력은, 특히 모든 예술 작품 해석의 근거를 역사와 사회의 틀 안에서만 찾으려 하는 역사주의적·사회학적 해석의 문제점에 관해 비판적으로 생각해보는 데에도 시사하는 바가 크다.

4.

이 책의 저자인 모니카 골드는 『코페르니쿠스 : 투쟁과 승리의 별』(정홍섭 옮김, 과천자유학교출판국, 2008)이라는 독일어 원본의 영역자로 소개된 바 있다. 『코페르니쿠스』의 인연으로 『상상력과 인지학』이라는 그의 저서를 번역하게 된 옮긴이는 그와 단 한 차례도 직접 만난 적이 없지만 그간 주고받은 이메일과 서신만으로도 깊은 우정을 나눌 수 있었다(모니카 선생은 70세를 훨씬 넘기고 80세 쪽에 더 가까운 할머니다).[6] 그리고 그분의 우정에는 늘 깊고 진실한 사랑이 담겨 있다. 그런 그에게 인지학이란, 한마디로 인간의 참모습과 나아갈 길을 깨우치고 밝혀주는 등불 같은 것이다. 솔직히 말하건대, 옮긴이는 인지학 자체보다도 모니카 선생처럼 아름다운 분이 인지학에 '귀의'하고 있다는 사실에 더 관심이 끌린다. 앞서도 말했지만, 그 관심의 근저에는 모든 아름다운 것과 사람에게는 서로 깊이 통하는 어떤 보편성의 힘이 존재할 것이라는 나름의 믿음이 있다. 서구인인 저자가 노자의 '사랑론' 인용으로 본론을 시작하는 것 자체가 이 믿음을 뒷받침해준다.[7] 그런 저자의 평생의 경험과 생각이 담겨 있다는 점만으로도 이 책은 깊이 읽고 음미할 가치가 충분하다.

---

6 모니카 선생은 2022년 현재로 만 86세가 되시는 것으로 안다. 위에 적은 연세는 『상상력과 인지학』 출간 당시인 꼭 10년 전의 연세이다. 몇 년 전 나는 가족과 함께 『감의 빛깔들』의 저자인 돌아가신 리타 테일러 선생님의 캐나다 고향을 방문하면서 밴쿠버에 사시는 모니카 선생님도 만나뵀다. 최근 이메일로 확인한 바로는 여전히 모니카 선생님은 인지학 연구와 활동을 의욕적으로 하고 계시다. 늘 건강하시기를 기도한다.

7 우리의 경우로 보자면, 이 시대의 큰 스승 무위당 장일순 선생이 독실한 기독교 신자이면서도 불교와 동학, 그리고 노자의 가르침을 체현한 사실만큼 보편적 정신의 힘의 좋은 예가 없을 것 같다.

2

파르치팔과 함께 하는
자아 찾기 여행

◆◇◆

찰스 코박스, 『파르치팔과 성배 찾기』, 푸른씨앗, 2012

1.『파르치팔과 성배 찾기』, 현대인의 자아 찾기

열여덟 살 시절에 나는 무얼 하고 있었나? 그때 나는 내가 누구인
지 얼마나 알아가고 있었을까? 내가 어떤 사람인지, 이 세상에서 해
야 할 일이 무엇인지 알고자 무엇을 하고 있었던가? 특히 학교에서 받
은 교육은 지금 내게 소명으로 다가오는 일들과 어떤 연관성이 있을
까?

앞부분에 소개되어 있듯이, 이 책은 거의 반세기 전인 1960년대 중
반 스코틀랜드 에든버러의 발도르프 학교에서, 자아가 완성되어 가
는 길목의 열일고여덟 살 (서양 나이로는 16 또는 17세) 학생들에게 찰스
코박스라는 한 교사가 행한 문학 수업의 노트다. 그러나 그러한 사실

이 믿기지 않을 만큼, 이 책을 읽다 보면 그야말로 다양한 차원의 만감이 교차한다. 그중 가장 먼저 드는 생각이 바로 위와 같은 자문이다. 물론 지금 그 나이인 젊은이들에게는 이 물음의 시제가 모두 현재형이 된다.

이러한 자문에는 탄식과 자조가 다소 섞이지 않을 수 없을 것 같다. 코박스 선생이 들려주는 '인성 발달과 자아 완성'론에 비춰볼 때, 나 또는 우리의 현실 조건은 여러모로 그 이상과 거리가 상당히 멀어 보이기 때문이다. 그러나 실망할 필요는 없다. 그가 말하듯이, 자아 찾기의 문제로 고통과 고독을 겪는 것은 비단 나나 우리만이 아니며, 그것은 현대 인류의 보편적 해결 과제이기 때문이다. 따라서 중요한 것은, 그가 인도하는 바대로, 파르치팔이라는 인물을 통해 (물질적 조건까지 포함하여) 현대인의 역사적 성격(변화)을 제대로 이해하는 것이며[8], 나아가 인간을 근본적으로 아는 것이다.

---

8 이와 관련하여 우선 주목하고 넘어가야 할 것이, 『파르치팔』 시대의 이슬람 세계와 기독교 세계의 관계 설명과 해석에 나타난 저자의 역사관이다. 그의 설명에 따르자면 유럽 기독교 세계에 지성 즉 과학을 전해준 것은 이슬람 세계였으며, 이것이 바로 유럽 르네상스의 필수 원동력이 되었다. 그리고 당시의 이슬람 세계야말로 그때까지 축적된 인류의 모든 지적 자산을 가장 폭넓게 흡수하여 통합·발전시킨 진정한 문명 계승자였다. 이에 비추어보자면 서구 근대의 역사가들이 제국주의의 백인우월주의적 인종학에 근거하여 인류사 전체를 서구 중심적인 것으로, 이슬람 세계를 비롯한 여타 세계를 야만으로 뒤바꾸어놓은 것은 그야말로 역사 날조다. 그러나 여기서 또 한 가지 저자의 말을 귀담아들어야 하는데, 이슬람 세계가 베푼 업적 또한 그 의미를 정확히 보아야 한다는 것이다. 이슬람 세계를 통해 전 인류가 공유하게 된 과학, 즉 지성이란 그 자체로는 선도 악도 아니며, 인간의 관점과 선택에 따라 선도 될 수 있고 악도 될 수 있다는 점이 바로 그것이다.

2. '정신-영혼-물질'을 통한 인간 이해와 현대문학

이 책에서 최초의 현대인이라 일컫는 파르치팔은 지금으로부터 800여 전에 쓰인 문학 작품의 주인공이다. 달리 말하자면 13세기 초에 나온 이 작품이 최초의 현대문학 작품이 되는 셈이다. 인물이나 배경도 전혀 '현대적'이지 않거니와 무엇보다도 그 양식이 역사적 장르로서의 현대소설(novel=새로운 것)이 아니어서, 이 작품을 현대문학이라고 한다면 이 분야의 '전문가들'은 십중팔구 코웃음을 칠 것이다. 더구나 이 작품 자체가 일반 독자뿐만 아니라 세계문학(사)에 웬만큼 해박한 '전문가들'에게도 생소할 수 있으리라 짐작된다.

그러나 우리가 주목해야 할 이 작품의 현대성은 파르치팔 이야기로 상징되는 현대인의 본질 이해다. 우리가 상식적으로 생각하는 '정신/물질'이라는 이항 대립에서 특히 후자를 중심으로 한 것이 아닌, '정신-영혼-물질'이라는 삼원적(三元的) 인간 이해가 바로 그 핵심이다. 저자 코박스 선생은 '정신/물질'이 아니라 '정신-영혼-물질'이라는 틀로 현대인을 이해해야 한다고 역설한다. 정신세계에 근원을 두고 있지만, 물질적 성격 또한 필수적으로 내포하고 있으면서도, 스스로 판단하여 자신의 운명을 만들어나가는 영혼의 존재가 바로 현대인이라는 것이다. 그에 의하면, 정신주의자나 물질주의자는 '정신'으로 '초월'하거나 '물질'에 '집착'할 뿐이어서, 근본적으로 연민과 겸손이라는, 현대인이 지녀야 마땅할 지고지순의 정신적 가치를 체현할 수 없다. 현대인이 자유롭다는 것 또는 자유로울 수 있다는 것은 바로 영혼의 존재라는 뜻이며, 타자의 고통에 깊은 연민을 느끼고 진정으로 겸손해

지는 것이 자유로운 존재로 되어가는 인간의 길이다.[9]

3. 찰스 코박스 선생이 보여주는 문학 수업과 감상법

이 책에서 얻는 가장 중요한 영감 가운데 하나는 문학 수업의 방법론에 관한 것이 아닐까 생각한다. 현대인의 감각으로 볼 때 친숙하지도, 그다지 흥미롭지도 않은 원작을 이렇게도 재미나고 의미심장하게 만드는 것은, 한마디로 말해서, 이 책 자체가 훌륭한 문학 작품, 즉 잘 만들어진 이야기이기 때문이다. 요컨대 문학 수업의 성패는, 그것이 그야말로 잘 만든 이야기인지 여부에 달린 것임을 이 책은 여실히 보여준다(그런데 사실 모든 수업이 그렇지 않을까). 찰스 코박스 선생 자신이 볼프람 에셴바흐 원작의 가치를 십이분 높이는 이 시대의 트루바두르이자 탁월한 이야기꾼이 아닐 수 없다.

그런데 코박스 선생의 그 탁월함은 단순한 말솜씨가 아니다. 적어도 두 가지 점은 꼭 눈여겨보아야 한다. 하나는 그의 이야기가 읽는 이를 몰입하게 하는 힘의 원천이다. 그의 이야기는 책에 씌어 있지만,

---

9 저자가 말하는 연민과 겸손은, 인간이라면 반드시 지니고 행해야 할 핵심 미덕이다. 드루이드교를 믿은 고대 켈트인들이 기독교 도래 이전에 이미 기독교의 이상 속에 살았다는 저자의 설명 역시, 이 두 가지 미덕을 통해 이해해야 한다. 이는, 각자가 따르는 현실 종교의 이름이 무엇이 됐건, 또는 종교가 있건 없건, 연민과 겸손을 지향하고 체화하고자 하는 것이 인간다움의 길이라는 해석으로도 이해할 수 있다. 이러한 저자의 해석은 기독교 중심주의와 거리가 먼 것이며, 오히려 진정한 의미에서 회통(會通)적인 것이라 할 것이다. 따라서 저자가 말하는 '연민'은 '사랑'이 될 수도 있고, '자비'도 될 수 있으며, '측은지심'도 될 수 있는 것이다.

곁에서 직접 들려준다는 느낌이 자연스럽게 든다. 왜일까? 그것은 바로 그의 이야기가 작품 속 인물과 사건을 생생하고 깊이 경험하도록 해주기 때문이다.[10] 그래서 그가 묘사하는 사람들은, 이를테면 영화가 아닌 연극 속 인물들에 훨씬 가깝다. 그 인물들에게 말 그대로 일체감을 느끼는 것이다. 둘째는 파르치팔 이야기라는 중심 이야기를 뒷받침해주면서 감성적·지적 상상력을 다양하게 자극하는 풍부한 이야기들이 담겨 있다는 점이다. 하나의 상상력과 지적 호기심이 또 다른 상상력과 지적 호기심을 불러들인다. 그래서 이 책은 재미있는 이야기이면서 품격 높은 문학·인간학 연구서이기도 하다. 그러나 어떤 현학적 허영과 애매함도 없이 명징한 것은 물론, 각각의 뒷받침 이야기의 내용 역시 다른 누구도 아닌 바로 나의 경험이자 내 공부의 바탕이 된다. 예컨대 아서 왕 이야기에 대한 코박스 선생의 해설은 우리의 단군신화를 새로운 각도에서 볼 수 없을지 궁리하게 한다. 이처럼 이 책은 훌륭한 문학 수업 지침서이자 그 자체로 흥미진진한 이야기이며 연구서인 데다, 문학 작품 감상 안내서가 되기도 한다. 위에서 말한 이 책의 미덕들은 곧 작품 감상의 초점이다. 문학 작품에서 무엇을 어떻게 귀 기울여 듣고 스스로 경험하며, 거기서 얻은 상상력과 지적 호기심을 어떻게 펼칠지를 이 책은 보여준다.

그렇다면 이 책이 지닌 이러한 미덕들의 궁극적 비밀은 어디에 있

---

10 이렇게 서로가 서로의 이야기를 생생하게 경험하며 귀 기울여 듣는 것은 아메리카 인디언의 구비전통에서 잘 볼 수 있다. 이들의 기억력이 좋은 것도 이러한 '생생한 경험'으로서의 이야기 문화에 그 비밀이 있다.
제리 맨더·캐서린 잉그램 대담, 「나쁜 요술—테크놀로지의 실패」, 『녹색평론선집1』, 김종철 편, 녹색평론사, 1996, 62~63쪽.

을까? 이 역시 찰스 코박스 선생이 친절하게 말씀해주고 있다. 어린아이 같은 마음 상태에서 나오는 신선한 관점, 살아 있는 진실한 관심, 꿈꾸듯 자유로이 뛰노는 상상력이 바로 그 비결이라는 것이다. 그래서 이 책에 끝까지 몰입한 독자라면, 코박스 선생의 이야기를 자신의 이야기로 경험하며 귀 기울인 독자라면, 이 한마디에도 자연스럽게 동의할 것이라 생각한다. 찰스 코박스야말로 순수하고 자유로운 상상력을 지닌 현대의 파르치팔이다.[11]

4. 『파르치팔과 성배 찾기』를 통해 보는 오늘날 현실과 문학의 의미

"『파르치팔』을 읽고 나면 여러분은 책 속에만 존재하는 한 사람이 아닌 여러분 스스로에 관한 어떤 것을 배웠다고 느끼게 될 것"이며, "그것이 결국 모든 문학이 목적하는 바"라고 코박스 선생은 말한다. 그런데 이 책을 읽고 나면 자신의 자아뿐만 아니라 우리를 둘러싸는 오늘날 현실과 그 속에서의 문학의 의미 문제에까지 생각이 미친다.

이 책에서 코박스 선생이 제시하는 현실 진단에는 논란의 여지가 있을 수 있으나, 우리가 목도하는 바로 지금의 현실을 본다면 선생께서는 어떤 물음을 던질지 먼저 생각해보게 된다. 그런데 오늘의 현실을 생각할 때 2011년 3월 11일의 후쿠시마 사태 이후 변화된 지구

---

11 이 책 앞부분에 소개되어 있는 저자의 인생 역정을 통해서도 그 자아 탐색의 여정을 충분히 상상해볼 수 있다.

의 생존 조건 문제를 빼놓을 수 있을까. 기형 나비와 물고기, 그리고 2011년 3월 11일 이후 5~6년 뒤에 한반도 주변 바다를 포함하여 태평양 전체가 방사능 물질 세슘으로 완전히 오염될 것이라는 시뮬레이션 결과[12]보다 더 오늘날 우리가 처한 현실을 극적으로 보여주는 것이 있을까.

『파르치팔과 성배 찾기』를 읽으며 묻게 되는 것은 오늘날 '어부왕의 고통'은 과연 무엇인가 하는 것이다. 또한 오늘날의 파르치팔 이야기는 과연 무엇인가 하는 것이다. 어떤 사람들이 순수한 바보들인가? 오늘날 진정한 자아 찾기란 무엇일까? 서점 진열대에 넘쳐나는 문학 작품들 가운데 우리가 귀 기울일 탐색의 이야기는 과연 어느 것인가? 무엇이 진정 좋은 문학 작품인가? 찰스 코박스 선생의 『파르치팔과 성배 찾기』는 이 모든 물음들 또한 거듭 묻게 한다.

5. 현대의 파르치팔들

찰스 코박스 선생의 이 불후의 명강의·명저에 사족이 됨을 알면서도 다시 한번 언급하지 않을 수 없는 것이 있다. 이 책의 바탕 사상인 루돌프 슈타이너 인지학의 핵심 중 하나일 터, 코박스 선생 역시 줄기차게 강조하는 바는 지성, 즉 머리만으로 사고하는 것의 본질과 한계를 똑바로 알라는 것이다. 이는 곧 현대인이라면 누구든 다소간 습관

---

12 김익중 교수의 페이스북에 인용된 온라인 환경과학 매체 〈*Environmental Research Letters*〉 자료 참조.

화된 사변적 사고와 태도의 근본적 폐해를 경계하는 것이다.[13] 특히 그 폐해를 심각하게 받는 것이 아이들이다. 전자 게임기이건 인터넷이건 또는 입시교육이건 겉보기의 형태만 다를 뿐, 오늘날 아이들은 '머리'만을 기형적으로 키워내는 환경에 둘러싸여 있다.[14] 그 해결책은 무엇보다도 늘 몸을 움직이며 가슴으로 온전히 느끼는 훈련을 하는 것이다. 이것은 특히 '어린 파르치팔들'의 성장 과정에서 언제나 강조되어야 할 핵심이다.

인간이 온전히 성장하려면 머리보다 가슴과 사지가 먼저라는 이 단순 진리를 확증케 해주는 현대의 파르치팔들이 있다. 두말할 필요도 없이 코박스 선생이 이 책에서 소개하는 인물들인 앙리 뒤낭, 알렉산더 플레밍, 알베르트 아인슈타인, 찰리 채플린 등이 그들이다. 그들은 무엇보다도 연민과 겸손이 무엇인지를 진정 알며 신비감을 느낄 줄 아는 인물들이다. 그들의 어릴 적 성장 과정이 궁금하지 않을 수 없다. 그렇지만 한 가지 분명히 해둘 것이 있는데, 현대의 파르치팔 가운데에는 남성만이 존재하는 것은 아니라는 점이다. 현대의 파르치팔에

---

13 이러한 '머리 중심'의 생활 습관과 기묘한 짝을 이루는 것이 바로 극한을 치닫는 물질적 욕망과 말초적 감각성이다. 물질적 욕망과 말초적 감각만이 기형적으로 발달하다 보니 천부의 다기한 인간 감각과 감성은 대부분 극도로 무뎌지며, 올바른 행동을 향한 의지는 형편없이 약화된다.

14 세계 최대 규모의 아동구호 비정부기구(NGO)인 '세이브더칠드런'이 국내 최대 전자기업의 중국 하청업체에서 불법 아동노동이 적발된 데에 근본 대책 마련을 촉구한 일이 최근에 있었던 것처럼, 지구의 다른 곳들에서는 여전히 우리와는 다른 차원에서 아이들이 노예의 생활환경에 놓여 있다.
"세이브더칠드런 "삼성, 중국 아동노동 대책 마련하라"", 〈한겨레〉, 2012. 8. 9, 〈http://www.hani.co.kr/arti/society/society_general/546529.html〉 (2012.8.27 접속)

관한 코박스 선생의 이야기를 들으며 내게 가장 먼저 떠오른 인물은 한 여성, 레이첼 카슨이었다. 모두가 아는 바와 같이 지구 생태 파괴의 위기에 맞서 말할 수 없이 고독하고도 용감한 투쟁을 벌여 승리한 레이첼 카슨이, '20세기에 가장 큰 영향력을 미친 책' 『침묵의 봄』을 출간한 것이 1962년의 일이다. 그런데 이 책 자체가 말해주는 바이지만, 레이첼 카슨은 과학자이기 이전에 시인의 마음을 지닌 사람이었음을 기억해야 한다. 그의 '과학적' 주장의 바탕에는 어머니 자연을 죽이려하는 자들에 대한 시적 분노의 감수성이 깔려 있는 것이다.

어린이 앞의 세상은 신선하고, 새롭고, 아름다우며, 놀라움과 흥분으로 가득하다. 어른들의 가장 큰 불행은 아름다운 것, 놀라움을 불러일으키는 것을 추구하는 순수한 본능이 흐려졌다는 데 있다. 자연과 세상을 바라보는 맑은 눈을 상실하는 일은 심지어 어른이 되기 전에 일어나기도 한다. 내가 만일 모든 어린이들을 곁에서 지켜주는 착한 요정과 이야기를 나눌 수 있다면, 나는 주저 없이 부탁하고 싶다. 세상의 모든 어린이들이 지닌 **자연에 대한 경이의 감정**이 언제까지라도 계속되게 해달라고.

내가 착한 요정에게 받고 싶은 선물은 해독제와 같다. 그 해독제가 치료할 수 있는 증상은 이런 것들이다. **우리의 몸과 마음을 진실로 강하게 해주는 것에서 멀어지는 증상, 인공적인 사물들에 푹 빠져 헤어나지 못하는 증상, 너무나 똑똑한 나머지 모든 것에서 권태를 느끼는 증상**······.[15](강조는 인용자)

---

15 레이첼 카슨, 『자연, 그 경이로움에 대하여』, 표정훈 옮김, 에코리브르, 2002,

찰스 코박스 선생이 레이첼 카슨 선생의 책들을 물론 읽었을 것이
고, 직접 만나지는 못했을 지라도 바로 곁에서 이야기하는 것처럼 충
분히 교감을 나누었을 것이라고 나는 상상한다(레이첼 카슨 선생이 『침
묵의 봄』을 출간했을 때 찰스 코박스 선생은 에든버러 루돌프 슈타이너 학교
담임교사였다. 이 책에 관해 코박스 선생이 학생들에게 무슨 이야기를 들려주
었을지 상상해본다. 공교롭게도 두 분은 1907년생 동갑내기다). 『파르치팔과
성배 찾기』를 펼치기만 하면 코박스 선생의 생생한 육성이 들리는 것
처럼 말이다. 그래서 번역이 진행되면 될수록, 기회만 된다면 선생을
직접 만나 뵙고 말씀을 청해 듣고 싶다는 생각이 정말 강렬하게 들었
다. 2001년에 이미 돌아가셨다는 것을 안 것은 1차 번역을 마치고 난
뒤였다. 그때의 먹먹하면서도 허전한 느낌은 말로 표현하기 힘들다(선
생이 문학은 물론, 앞에 소개한 저서 목록이 말해주듯이, 온갖 방면의 수업
결과를 해박하면서도 깊은 지식과 영감이 담긴 저서들로 남겨주셨다는 사실
을 알고서, 그 먹먹함과 허전함은 더욱 증폭되었다). 그러나 선생의 가르침
을 가슴 깊이 새기는 이라면 누구라도 우선 이 점을 명심하게 될 것
이다. 이제 우리 각자가 파르치팔이 되어 자아 찾기의 여행길에 나서
야 한다는 것. 고통받는 어부왕(들)을 찾아 치유의 물음을 건네야
한다는 것. 고통받는 이들을 찾아 치유의 물음을 건네는 것이 곧
자아 탐색의 여행길임. 바로 그 길에서 우리는 그 가르침에 담긴 정
신을 통해 선생을 언제든 다시 만나게 되리라.

―――――

51쪽.

3

진실의 영원성을 가르쳐 준 사람, 코페르니쿠스

◆◇◆

하인츠 슈폰젤, 『코페르니쿠스 : 쟁과 승리의 별』, 과천자유학교출판국, 2008

삶을 살아가며 마음속으로 진정 본받고자 하는 사람이 있는 이는 행복하다. 그런 사람이 존재한다는 사실 하나만으로도 보람 있는 삶을 살아갈 만한 이유가 충분하다. 마음으로 본받고자 하는 인물의 존재가 중요하지만, 그 인물을 잘 '선택'하는 것은 더욱더 중요하다. 위인 또는 성인이라 불리는 인물들이 대개 그러하지만, 그 누구에게도 본받을 것을 권할 만한 인물을 만나야 한다. 그런 인물은 특히 오늘날 같은 가치관의 혼란 시대에 더더욱 빛을 발한다. 그들은 이미 세상을 떠난 지 오래인 경우가 대부분이지만, 영원히 사라지지 않고 우리 곁에 생생하게 살아 우리 삶의 등불이 된다.

오늘날 우리가 니콜라우스 코페르니쿠스라는 잘 알려진 인물을 새삼 다시 만날 수 있다는 것은 정말 행운이다. 우리는 인간의 우주관을 천동설에서 지동설로 바꿔 놓은 과학사의 혁명을 실현한 인물로 흔히 이 사람을 기억한다. 그러나 마치 신문에 실린 몇 줄 기사가 어떤 사건이나 사람과 관련된 온갖 속 깊은 사연들의 진실을 말해 주기는커녕 오히려 은폐하고 왜곡하는 경우가 흔하듯, 백과사전에 소개되는 몇몇 간단한 '정보'를 통해 이 인물을 잘 알 수는 없는 노릇이다. 이제 코페르니쿠스에 관한 모든 고정 관념과 단편적인 지식을 일단 접어 두고 자유로운 마음으로 이 인물과 만나 보자.

우리가 코페르니쿠스에 관해 우선 잘못 아는 것이 한 가지 있는데, 바로 그의 '국적'에 관한 것이다. 흔히 알고 있는 것과는 달리 그는 본래 폴란드 사람이 아니다. 그가 태어나 살았던 시대(1473~1543)는 서양사에서 중세가 끝나고 새로운 시대가 열리려 하는 과도기였다. 이 시대는 여전히 여러 크고 작은 나라들의 영토가 확정되지 않은 채 민족들 간의 갈등과 이동이 극심한 시기였다. 정확히 말하자면 그의 '나라'이자 고향 땅은, 오늘날의 국가 개념과는 전혀 다른 '에름란트'라는 작은 지역이었다. 당시 지도에서 그 위치를 보면 금세 짐작할 수 있듯이, 에름란트는 신성로마제국과 폴란드 등의 열강들에 둘러싸인 채 힘겨운 생존 싸움을 하고 있었다.

이 코페르니쿠스 전기에 잘 나와 있듯이, 그는 이렇게 어려운 처지에 놓인 자신의 고향이자 '조국'을 위해 외삼촌인 바첼로데 주교와 함께 동분서주 활약한 매우 유능하고도 성실한 정치인이었다. 특히 알렌슈타인이라는 곳에서는 행정 책임자로서 도탄에 빠진 밑바닥 민중들의 생활 현장에 늘 함께 있으면서 혼신을 다해 봉사한, 존경 받는 호민관이었다. 훌륭한 정치인 코페르니쿠스를 발견하는 것은 매우 참신한 경험이며, 이를 통해 민중과 함께하는 사심 없는 봉사야말로 진짜 정치라는 만고의 진리를 새삼 깨닫게 된다. 과학자 코페르니쿠스의 학문적 순결성이 정치인 코페르니쿠스에게서도 그대로 일관되게 나타나는 모습은 커다란 감동을 불러일으킨다.

그러나 무엇보다도 그는 어릴 적부터 하늘의 별을 보고 우주를 향한 호기심을 키운 영락없는 천문학자였다. 4남매 중 막내로 태어나 어린 나이에 부모님이라는 '우주'를 여읜 그에게, 만일 하늘의 별이라는 대우주의 몰입 대상이 없었던들, 또 한편으로는 외삼촌 바첼로데의 뒷받침이 없었다면, 아마도 코페르니쿠스라는 한 개인의 인생은 전혀 달라졌을 것이다. 그런데 코페르니쿠스가 위대한 천문학자로 커 간 데에는, 특히 그가 태어나 어린 시절을 보낸 토룬의 지리 환경이 중요한 역할을 한 것으로 보인다. 그의 인생 이야기의 첫 페이지는 바로 그의 고향 토룬을 흐르는 비스툴라 강의 묘사와 함께 시작한다. 그에게 비스툴라 강은 파란만장한 그의 이후 인생을 보람으로 가득 찰 수 있게 밑받침해 준 꿈과 용기의 원천이었고, 생명과 자유, 평안함과 모험 그 모두의 이미지였다. 비스툴라 강을 비롯한 그의 향토 자연은 그와 온 세상을, 나아가 우주 전체를 연결해 주는 창이었다. 어찌 코페르니쿠스에게만 그럴까. 누구에게나 내 동네, 내 향토의 자연이란 그 안에 온 세상과 우주 전체를 담고 있는 소중한 존재임을, 코페르니쿠스의 발랄한 어린 시절은 생생히 느끼고 생각하게 해준다.

비스툴라 강, 그리고 토룬 하늘의 별들이 코페르니쿠스와 그의 위대한 업적을 낳은 원천이듯, 넓은 세상으로 나아간 이후에도 역시 그의 인생 유전의 중요한 고비 고비에는 반드시 그에 상응하는 자연의 징후들이 동반한다. 이 전기를 조금만 주의 깊게 읽다 보면 코페르니쿠스의 모든 중요한 행동과 감정 변화가 있을 때마다 반드시 그에 걸맞은 자연 현상이 뚜렷이 나타난다는 것을 금방 눈치챌 수 있다. 아마 이것이 이 책을 읽는 가장 큰 즐거움이자 기쁨 가운데 하나일 것이다. 요컨대 코페르니쿠스에게 우주 대자연은 단순한 관념 놀음의 대상이 아니라, 영혼으로 연결되어 온몸으로 교감하고 영향을 주고받는, 문자 그대로의 일심동체이다.

코페르니쿠스를 위대한 인물로 키우는 데에는 그의 향토를 비롯한 우주 대자연이 가장 일차적인 요소였음은 물론이지만, 다른 한편으로는 그의 열정과 재능을 제대로 읽어내고 그 인물 됨됨이를 정확하게 알아보아 준 또 다른 사람들의 역할이 필수적이었다. 레슬라우 교회 학교의 니콜라우스 보드카, 크라코프 대학의 알버트 폰 브루체보, 볼로냐 대학의 도미니쿠스 마리아 디 노바라 같은 스승들이 없었다면, 코페르니쿠스의 열정과 재능은 펼쳐지지 못한 채 묻혀 버리고 말았을 것이다. 물론 앞서 말한 바와 같이 외삼촌 바첼로데 주교는 돌아가신 부모를 대신하여 든든한 버팀목이 돼주었고, 또한 로마에서는 고리츠 폰 룩셈부르크같이 교양과 재력을 이상적으로 겸비한 이가 든든한 후원자 역할을 해주었다. '하늘은 스스로 돕는 자를 돕는다'는 서양 속담의 진리를 코페르니쿠스만큼 극적으로 보여주는 경우도 많지 않을 것이다.

그러나 스스로 돕지 않는 이에게 하늘이 응답하지 않는다는 말이 무색할 정도로, 그 인생에 수많은 조력자와 진실한 추종자들이 있었음에도, 가장 중요하고도 힘든 순간에 코페르니쿠스는 결국 혼자였다. 당대에 코페르니쿠스가 몰두한 연구는 너무도 천지개벽할 만한 것이었던 만큼, 종국에 가서는 다른 어느 누구도 대신하거나 함께 감당할 수 없었다. 그가 얼마나 외로웠을지 충분히 미루어 상상할 수 있다.

그렇지만 그는 좌절하지 않았는데, 그 견딤의 힘이 우주의 진실을 향한 말 그대로의 순수한 열정에서 나오지 않았을까 생각해본다. 그는 오로지 진실과 진리만을 추구했고, 그랬기 때문에 그 지독한 외로움마저 잊어버린다. 젊은 시절의 코페르니쿠스 초상화를 처음 마주했을 때 '아, 상상했던 그 모습!'이라는 느낌이 들었던 것도, 진정 진실한 이들이 흔히 지니는 순박함이 그 얼굴에 여실히 나타났기 때문이다.

오늘날의 천체물리학에서 보자면 태양을 우주의 중심에 놓는 코페르니쿠스의 지동설은 당연히 틀린 것이다. 그러나 이런 상상은 어떨까. 만일 코페르니쿠스가 오늘날까지 살아 있다면. 그렇다면 그는, 그 옛날에 그랬던 것처럼 자신의 천체물리학 이론의 오류를 늘 점검하면서 우주의 진실과 진리에 다가가기 위해 끊임없이 스스로를 갱신했을 것이다. 애초에 자신이 세운 이론만이 여전히 옳다고 고집부릴 만큼 그가 한가하지 않을 것임은 누구나 상상할 수 있을 것이다. 진실과 진리만을 소중히 하는 이는 자기 자신의 생각을 우주의 중심에 놓지 않는다는 것, 오히려 우주의 진실을 중심에 놓음으로써 자신이 우주와 하나로 연결될 수 있다는 것을 코페르니쿠스의 삶은 가르쳐 준다.

자유로이 느끼고, 넓고 깊게 생각하며, 올바로 행동하는 것이 이상적인 인격의 모습이라면, 코페르니쿠스야말로 그에 가장 근사(近似)한 인물 가운데 한 사람일 것이다. 어떻게 하면 이런 인물로 성장해 갈 수 있는지, 그렇게 성장한 인물에게서 무엇을 느끼고 배울 것인지, 이 책은 이런 것들을 물 흐르듯 자연스럽게, 그리고 흥미진진하게 보여준다.

이 책은 본래 과천자유학교의 교재로 채택되어 이용되던 것이나, 다른 많은 이들 특히 몸이 하루 다르게 부쩍부쩍 커감에 따라 점점 더 정신의 지주를 갈망하는 이 사회의 많은 청소년기 학생들과 함께 읽고 감동을 나누는 것이 좋겠다는 판단 아래 번역, 출간하게 되었다. 그러나 실은 그 감동의 나눔이 이 책의 출간 준비 과정에서부터 시작되었다. 좋은 안내의 글을 부쳐 주신 과천자유학교 과학 담당 조애경 선생님이 이 책을 '발굴'한 이래, 영어판본 출간 출판사와의 판권에 관한 일, 여러 차례의 번거롭고도 수고로운 교정과 편집·디자인 일, 그 밖의 출간에 필요한 잡다한 일들에, 실로 수많은 과천자유학교 '엄마들'의 진심과 정성 어린 협력이 있었다. 이 여러분의 도움이 없었다면 한글로 보는 『코페르니쿠스』는 이 세상에 존재하지 않았을 것이다. 그분들의 이름을 일일이 쓰지 못하는 것이 실로 유감이다. 이 책을 읽고 깊이 감동 받을 독자들을 대신하여 진심으로 감사의 마음을 전해 드린다.

이 책은 우주의 온갖 신비로 가득하다. 무엇보다도 이 멋진 코페르니쿠스 전기를 우리에게 선사한 하인츠 슈폰젤이라는 이가 누구인지 '아직' 아무도 모른다. 그의 이름은 필명이며, 독일에서 처음에 이 책을 낸 오토 마이스너 출판사(Otto Meissners Verlag)는 2차 세계대전 이후 문을 닫았고, 백방으로 알아보았으나 결국 원저자가 누구인지 알아낼 수 없었다고 영역본 출판사는 밝히고 있다. 따라서 이 책은 영역본을 한글로 중역한 책이다. 너무도 아쉬운 일이다. 그러나 이 책을 번역하는 과정에서도, 출간을 눈앞에 둔 지금에도 머릿속을 떠나지 않는 묘한 느낌이 있다. 하인츠 슈폰젤은 코페르니쿠스의 화신이 아닌지. 남몰래 그가, 자신이 살았던 시대와 삶의 이야기를 들려주어 오늘날 우리에게 무언가 꼭 전하고픈 메시지가 있는 건 아닌지……

2008년 10월

34

4-1

에드먼드 버크를 통해
생각해 보는 보수의 품격

◆◇◆

에드먼드 버크, 『에드먼드 버크 : 보수의 품격』, 좁쌀한알, 2018

1. 2018년, 한국에 과연 보수주의자가 있는가?

이 의문으로 시작하고자 한다. 모든 고전은 그 정신의 핵심과 연관된 '지금 여기'의 모습을 더 명료하게, 더 제대로 보여주는 거울 구실을 하는데, 18세기 말에 에드먼드 버크가 쓴 이 고전 저작을 볼 때는 그야말로 자연스럽게[16] 무엇보다 이 의문부터 들기 때문이다. 학자와

---

16 버크의 사상 체계에서 '자연'은 핵심어 중의 핵심어인데 그가 말하는 '자연'은 매우 독특한 의미가 있다. 예컨대 "그는 자연권은 신의 의도에 일치하는 인간의 관습"(러셀 커크, 『보수의 정신 : 버크에서 엘리엇까지』, 이재학 옮김, 지식노마드, 2018, 128쪽.)이라고 보았는데, 그의 생각으로는 "능력이 있고 가문이 좋으며 부를 소유한 사람들이 사회를 이끌어가는 게 문명화된 삶의 가장 자연스럽고 가장 좋

정치인들에게 이구동성으로 보수주의 정치 이념의 유일한 원조 이론 가로 인정받을 뿐 아니라 그들 가운데 특히 보수주의자를 자처하는 이들에게는 추앙을 받기도 하는 에드먼드 버크의 사상, 그리고 그 배경과 토대가 된 그들 역사의 진행 과정이 만만히 다룰 만한 대상이 아니라는 사실을 확인할수록, 한국에서 '보수'를 당당히 자처하는 이들, 특히 정치인들의 그 보수 정치 이념과 그것을 뒷받침하는 역사와 이론의 실체는 새삼 더욱더 의문시된다는 것이다.

그렇지만 한국에서 보수주의자를 자처하는 사람들은 이 말이 지닌 어떤 자명함을 매우 확신하는 것처럼 보인다. 보수가 과연 그렇게 자명한 개념일까? 먼저 사전에서 보수를 어떻게 정의하는지 보면서 실마리를 찾아보자. "급격한 변화를 반대하고 전통의 옹호와 현상 유지 또는 점진적 개혁을 주장하는 사고방식. 또는 그런 경향이나 태도." 보수의 본질은 무엇보다도 '전통'에 있다. 한국의 보수주의자들에게 보수할 '유구한' 전통은 과연 무엇인가? 샤머니즘인가? 불교인가? 유교인가? 유교라면 어떤 내용의 유교인가? 군주제인가? 귀족제인가? 재산 세습 제도인가? 그들의 보수주의가 지고의 가치로 여기는 덕목은 무엇인가? 그들은 민주주의를 진정으로 우리가 지향해야 할 정치 이념으로 받아들이는가? 다소 뜬금없고 서로 연관성 없는 질문의 나열로 보일지 모르지만, 사실은 전혀 그렇지 않다.

에드먼드 버크와 그를 추종하는 구미의 보수주의자들은 자신들의 정체성과 관련된 이런 식의 질문을 스스로 던지면서 그에 대한 답변

은 모습의 하나다."(위의 책, 147쪽.) 물론 여기서는 그가 표현하는 의미로 이 말을 쓰지 않았다.

을 이미 분명히 내놓았다. 뒤에서 좀 더 자세히 살펴보겠지만 미리 핵심만 대략 간추려 정리해 보자면, 에드먼드 버크에게 보수주의란 이런 것이다. 인간은 신의 섭리에 따라야 한다는 것, 그러므로 종교(교회)가 인간의 삶의 질서를 잡아 주어야 한다는 것, 국가의 형성 과정에도 신의 뜻이 들어 있다는 것, 왕과 귀족과 신사 계급으로 권력이 구성된 영국의 입헌군주제가 바로 신의 뜻에 따른 가장 모범적인 헌정 체제라는 것, 이 헌정 체제는 오랜 역사적 전통과 관습과 계약으로 정착되었다는 것, 인간의 본질적 한계를 알고 신의 섭리에 따라야 하며 오랜 전통과 관습을 지키면서 필요한 변화를 조심스럽게 시도해야 하기에 겸손과 신중함이 가장 중요한 덕목이라는 것 (그리고 겸손과 신중함이 몸에 배어 나타나는 인식 능력이 '선입견[17]이라는 것), 따라서 프랑스혁명처럼 폭력과 파괴를 수반하는 모든 극단주의를 배격하고 (오른쪽도 왼쪽도 아닌) 중도와 중용을 추구한다는 것, 민주주의는 무차별적 평등을 추구하여 다양성(=차별성)을 보장하지 못하기 때문에 사실은(!) 위험한 이념이라는 것. 이것이 내가 이해하는바 에드먼드 버크 보수주의의 핵심 내용이다.

한국에서 보수주의를 표방하는 개인이나 집단은 어떻게 답할 것인가? 체계적 이론은 고사하고라도, 그 정당성과 설득력 여부를 차치하고라도, 누구든 이런 식으로 명료하고도 솔직하게 자신의 보수주의 정치철학을 공언할 수 있는가? 그들에게 이 질문을 던지지 않을 수

---

17 버크가 말하는 '선입견' 역시 우리가 보통 부정적 의미로 쓰는 말과 전혀 다른 개념이다. "선입견은 멍청한 편협함이나 미신이 아니다. 선입견은 미리 내려진 판단이다. 시간과 지식이 없어 순수한 이성에만 근거해 결정을 내려야 할 때 조상들의 합의된 의견과 직관이 인간에게 공급해주는 대답이다." 위의 책, 112쪽.

없는 것은, 그들이 '보수'라는 말 말고는 그 보수의 정치철학을 그렇게 당당히 제시하는 장면을 본 기억이 없기 때문이다. 그래서 한국의 기득권층이 냉전과 분단(그리고 6.25라는 열전의 내전)으로 전 세계 국가 가운데 가장 강력하게 형성된 데다 악의적으로 강화된 레드콤플렉스를 이용하여 오로지 자신들의 기득권 고수를 위해 활용해 온 허구적이고 '뻔뻔하게 공격적인'[18] 정치 이념 용어가 다름 아닌 '보수'가 아닌가 하는 의구심이 새삼 자연스럽게 드는 것이다(별 기득권도 없는 사람이 '보수'를 자처하거나 지지하는 경우도 많이 보는데, 그런 입장을 이해하는 것은 필요하고 중요하기도 하지만 이 자리에서 그마저 논구할 여유는 없다). 공산주의와 북한 체제에 대한 한국 보수 세력의 공격과, 버크가 프랑스의 혁명 세력과 이에 동조하는 영국의 일부 인사들에 대한 공격이 "시공을 초월해 보수주의 발현 조건의 유사성을 보여준다"[19]는 설명은 납득할 수 없다. 후자의 경우, 자기들만의 이익을 얻거나 치부를 가리기 위한 목적으로 상대방을 공격하는 것이 아니라, 그 공격의 본질을 이루는 문제의식이 일관성 있는 보수주의 정치 이념에서 뺄 수 없는 일부이기 때문이다. "서구중심주의에 입각해서 외생적으로 타율적으로 근대화를 추진한 후발 국가와 자생적이고 자율적으로 근대화를 추진한 서구 국가들의 경험이 근본적으로 다르기 때문에 남한의 정치적 경험에서 서구, 특히 버크와 같은 보수주의 정치철학을 기

---

18 오랜 프랑스 망명 생활 끝에 귀국한 홍세화 선생이 20여 년 만에 한국을 다시 본 소감으로 귀국 후 얼마 되지 않아 가장 강조해서 한 아주 인상적인 말이 바로 한국의 상층과 지도층, 즉 기득권층의 "공격적 뻔뻔함"이었다.

19 강정인, 「에드먼드 버크—근대보수주의의 원조」, 강정인 외 엮음, 『서양근대정치 사상사』, 책세상, 2007, 501쪽.

대할 수 없다"[20]는 주장도 '보수'라는 말을 제멋대로 쓰는 이들이 자기 문제를 진지하게 생각해보도록 촉구하는 데 전혀 도움이 되지 못하는 것은 물론, 그들에 대한 의도치 않은 변론이 될 우려마저 있다. 문제는 '보수'를 자처하는 이들이 보수라는 이름에 진정으로 걸맞은 자신들의 보수 정치 이념의 일관성 있는 전체 체계를 우선 내놓는 것이다.

만일 위와 같은 질문에 답변할 말이 별로 없다면, 그리고 위와 같은 의구심이 일리가 없는 것이 아니라면, 한마디로 말해 한국의 보수주의자들이 보수 정치 이념의 내용을 사실은 가진 것이 별로 없다면, 지금부터라도 보수의 정치철학을 공부하고 정립하기를 권한다. 그렇게 하는 것이 진보나 혁신을 표방하는 정치 세력이 보수 진영과 더욱 명확한 대비 속에서 정치 이념의 정체성을 정립하는 데에도 도움이 된다. 에드먼드 버크는 보수주의를 공부할 때 아주 좋은 교사이자 반면교사가 될 수 있다. 그는 긍정적 보수주의의 전형이라 할 수 있는바 "상당수의 국민들이 자신들의 국가에 대해 국력과 이념 및 체제 면에서 긍지를 느낄 수 있을 때, 또 전통적인 유산이 비록 상징적일지언정 보수주의의 구심점으로 작용할 수 있을 때 비로소 보수주의가 활개를 칠 수 있는 것"[21]을 잘 보여줄 뿐만 아니라, 그 보수주의의 명료함과 일관성 때문에 역설적으로 그것에 내재한 본질적 문제점 또한 잘 드러내 보여주기 때문이다.

---

20 위의 책, 501-502쪽.
21 위의 책, 503쪽.

2. 에드먼드 버크와 그 시대

에드먼드 버크는 1730년 1월 1일에 태어나[22] 1797년까지 살다 간 영국인이다. 그러니까 18세기 후반기에 들어서며 성인이 되어 별세하기까지 반세기 동안의 생애에 정치인이자 정치 사상가이자 문필가로서 뚜렷한 족적을 남긴 사람이다. 그가 활약한 18세기 후반 유럽에서는 경제와 정치에서 근대 세계사에 중대한 영향을 미치는 두 가지 사건이 일어난다. 하나는 영국의 산업혁명이고 다른 하나는 프랑스혁명이다. 영국의 산업혁명은 영국의 근대 자본주의 경제체제를 비약적으로 발전시켜 결국 그 여파가 전 세계의 자본주의화를 강제하기 시작하는 계기가 된다. 군주제 폐기를 핵심으로 하는 프랑스혁명 역시 유럽뿐만 아니라 전 세계 근대 민주주의 혁명의 시발점이 되었다. 영국의 산업혁명과 근대 자본주의의 비약적 발전이 가져온 변화가 정치인 버크의 사상 체계에 미친 영향, 또는 그 영향에 대한 반작용으로서 버크가 현실 변화에 역으로 미친 사상의 영향력은 별반 없는 것 같다. 버크가 아담 스미스와 교분을 나누며 그와 대등한 수준에서 정치경제학의 논제들을 다룰 줄 알았지만, "버크는 18세기 사회문화적 환경의 몰락을 불러온 경제적 영향력을 분명히 무시했다고 여

---

22 그가 태어난 때에 관해서는 여러 가지 설이 있는데, 이는 그의 생전에 그레고리력에 변화가 있었기 때문이라고 한다. 1730년 1월 1일 설은 영국의 현역 정치인이자 버크 연구자인 제시 노먼이 최근에 출간한 버크 전기에 근거한 것이다. Jesse Norman, Edmund Burke: The First Conservative (New York: Basic Books, 2015), p.10.

겨진다."[23] 보수주의자 버크에게 이것이 특히 문제인 것은, "보수주의의 가장 충성스런 신봉자들은 시골에" 있었고 "휘그 실력자들에게 권력을 가져다준 근원이었던 대대적인 인클로저 운동은 자작농, 날품팔이 농부를 비롯해 다양한 하위 계층의 시골 거주자들을 대거 도시로 내몰"고 있었는데도 그가 당대의 그러한 상황을 "걱정하거나 염려하지 않았다"는 사실 때문이다. "버크는 실제로 중요하게 영향을 미치는 현실을 고려에서 제외한 적이 거의 없"기 때문에 "이 대목의 버크는 예외적"이라는 변론은 설득력이 없어 보인다.[24] 버크가 보수주의의 원조로 인정받는 것은 프랑스혁명에 대한 일관되고 집중된 정치철학적 논의를 통해서이다.

버크의 보수주의 정치사상에 결정적 영향을 끼친 영국 정치사의 큰 사건인 명예혁명에 관해서도 미리 알아 둘 필요가 있다. 다른 많은 나라와 마찬가지로 근대 이전 영국 역시 왕과 귀족 사이의 권력 관계가 정치 제도 변화의 주된 동력이었다. 『에드먼드 버크의 보수의 품격』에서 버크가 집중해서 거듭 언급하는 데에서도 나타나듯이, 버크의 보수주의 정치사상의 직접 배경이 되는 영국 정치사의 사선이 바로 명예혁명이다. 헨리 8세가 1534년에 로마 가톨릭교에서 분리 독립하여 영국 성공회라는 독립 교파를 만들어 그 수장이 된 이래로 성공회는 영국의 국교가 되었는데, 후대의 제임스 2세는 가톨릭 신자로서 가톨릭교도에게 노골적으로 편중된 정책을 폈다. 결국 이것이 문

---

23 러셀 커크, 앞의 책, 87쪽.
24 위의 책, 88-89쪽.

제 되어 의회의 양당인 휘그당과 토리당[25] 가운데 휘그당 주도로 제임스 2세를 몰아내고 제임스 2세의 딸인 메리와 그의 남편인 네덜란드 총독 오렌지 공 윌리엄을 공동 국왕으로 옹립한 사건이 1688년에서 1689년에 걸친 명예혁명이었다. '명예'라는 명칭은 앞선 청교도혁명(1642-1660)의 내전에서 찰스 1세가 처형되었던 것과 달리 유혈 없이 혁명을 이루었다는 의미로 후대에 붙여진 것이다. 이 혁명이 후대에 '명예혁명' 이외에 '영국혁명'으로도, 그리고 버크 당대에는 '그 혁명(the Revolution)'으로 불린 데서 영국 정치사에서의 비중을 짐작할 수 있다. 이 혁명의 결과, 권리선언과 권리장전이라는 문서가 만들어졌는데 이것은 결국 영국이 전제군주제에서 입헌군주제 국가로 탈바꿈되었음을 의미한다. 『신 휘그가 구 휘그에 올리는 호소』의 마지막 문장에서 버크는 자신이 바로 이 명예로운 영국혁명을 주도하여 성취한 휘그당 선배들의 적통을 이은 마지막 휘그파라고 공언한다.

이러한 시대 배경을 염두에 두면서, 역시 그의 정치사상 형성의 밑바탕이 된 그의 개인사를 간단히 살펴보자. 아일랜드 더블린에서, 자수성가하여 변호사가 된 개신교도 아버지와 시골 출신의 가톨릭교도 어머니 사이에 태어난 에드먼드 버크는 종교적 관용이 자연스러운 가족 분위기 속에서 자랐다. 그에게는 형과 남동생, 그리고 누나가 있

---

25 휘그와 토리라는 명칭에 관해서는, 양자가 각각 스코틀랜드 맹약파(Covenanters : 장로주의 지지를 맹세한 사람들) 반란자들과 아일랜드의 무법자들을 지칭하는 말인데, 궁정에 반대하고 비국교도에게 관용적인 정치가들을 휘그로, 반면에 가톨릭인 제임스를 왕위 계승에서 배제하려는 배척파에 반대하는 편을 토리로 부르게 되었다는 설명이 유력하다.
이태숙, 「명예혁명과 휘그, 그리고 휘그 역사해석」, 『영국 연구』 15권, 영국사학회, 2006.6, 205쪽 참조.

었는데, 남자 형제들은 모두 개신교도로 컸고, 어머니와 누나는 가톨릭교도로 남았다. 도시와 미래를 상징하는 개신교, 농촌의 삶과 과거를 상징하는 가톨릭이 가족 내에 공존하는 분위기 속에서 버크는 가톨릭과 개신교뿐만 아니라 귀족과 혁명가, 최하층과 지배층을 동시에 이해하는 보기 드문 도덕적 상상력을 키울 수 있었다.[26] 1741년, 10대가 되어서는 밸리토어(Ballitore)라는 작은 마을에 있는 기숙학교에 입학했는데 이 학교는 퀘이커[27] 학교였다. 퀘이커의 솔직하고 공평무사한 태도 역시 버크에게 큰 영향을 미쳤다고 한다.[28] 이 학교에서는 고전어와 고전문학에 중점을 두고 가르쳤고, 버크는 이 학교에서 3년 동안 공부했다. 1744년에는 아일랜드 최고 명문 대학인 더블린의 트리니티 칼리지에 입학했고, 대학 졸업 후 아버지의 뜻에 따라 런던으로 가서 영국 법학원(Middle Temple)에 등록했으나 법률가의 길을 접고 문필가로서 활동을 시작했다. 20대 후반인 1756년과 1757년에 각각 『자연 사회의 옹호(A Vindication of Natural Society)』와 『숭고와 미 관념의 기원에 대한 철학적 탐구(A Philosophical Enquiry into the Origin of Our Ideas of the Sublime and Beautiful)』를 발표하여 정치와

---

26 Jesse Norman, op.cit., p.12.

27 퀘이커(Quaker) : 17세기에 조지 폭스가 제창한 명상 운동으로 시작한 기독교 교파이다. 퀘이커라는 이름은 '하느님 앞에서 떤다'는 조지 폭스의 말에서 유래했는데, 하느님 앞에서 모두가 평등하다는 정신을 뜻한다. 퀘이커는 올리버 크롬웰의 관용 정책으로 크게 확산하였으나 찰스 2세 치하에서 탄압받았다. 이후 윌리엄 펜이 불하받은 북아메리카 식민지 영토에 퀘이커를 비롯한 유럽의 소수 종파들을 위한 도피처로서 아메리카 펜실베이니아 연방을 세워 종교의 자유를 얻었다.

28 Jesse Norman, op.cit., p.13.

미학의 영역에서 상당한 영향력을 미쳤다. 특히 후자는 칸트의 『판단력비판』에도 큰 영향을 끼쳤다. 버크의 정치가 경력은 1759년에 국회의원 해밀턴의 비서가 되면서 시작되었다. 1765년에는 해밀턴과 결별하고 휘그파의 거물 로킹엄 후작의 개인 비서가 되었고, 이를 발판으로 이후 근 30년간 휘그당 하원의원으로 영국정치에 참여했다. 정치인으로서 1770년대에는 주로 아메리카 식민지 정책에 관심을 쏟았고 영국에 저항하는 식민지인들을 옹호했다. 아메리카 독립 후 1780년대에는 인도 문제에 주로 관심을 두었는데(버크 전집 가운데 3분의 1이 인도 문제에 관한 것이라고 한다) 인도 총독 헤이스팅스와 동인도회사 직원의 비리와 범죄를 규탄하면서 헤이스팅스에 대한 탄핵을 주장했다.

1789년에 프랑스혁명이 일어나면서 보수주의자 버크의 진면목이 나타난다. 1789년 7월 프랑스에서 국민의회가 제헌의회를 선포하고 민중이 바스티유를 함락하자 로킹엄의 후계자인 폭스를 비롯한 휘그당 지도자들이 프랑스혁명을 지지하면서 프랑스혁명의 원리를 영국에 도입할 움직임을 보였다. 이에 대해 버크는 강력한 반대 논리를 장대하게 펼치는데 그것이 바로 프랑스혁명 직후인 1790년 11월에 출간된 유명한 『프랑스혁명에 관한 고찰(Reflections on French Revolution)』이다. 이 책은 출간 1년 동안 1만 9천 부가 팔렸고, 프랑스어와 독일어로도 번역되어 반혁명 진영의 구심점이 되었다. 이 책에 대한 반응으로 수많은 저술이 쏟아져 나와서 '팸플릿 전쟁'이 시작되는데, 그중 가장 중요한 것이 1791년과 1792년에 각각 1부와 2부가 발간된 토머스 페인의 『인권(The Rights of Men)』이다. 이 책은 평이하고도 명징한 문체와 내용으로 프랑스혁명을 옹호하면서 영국에서도 공화주의 헌법을 만들자고 주장했다. 『인권』은 『프랑스혁명에 관한 고찰』보다

10배 이상 많이 팔렸다. 『인권』1부가 발표되자 버크가 곧바로 반격했는데 그것이 바로 『에드먼드 버크의 보수의 품격』에 실린 『신 휘그가 구 휘그에 올리는 호소(An Appeal from the New to the Old Whigs)』이고, 이에 대한 페인의 대응이 『인권』2부이다. 1794년 헤이스팅스 탄핵 기도가 실패하자 하원의원직에서 은퇴했고, 같은 해에 외아들 리처드가 죽자 큰 실의에 빠진다. 1795년에는 「궁핍에 관한 생각과 세부 고찰(Thoughts and Details on Scarcity)」을 써서 피트에게 제출했다. 이 글이 바로 『에드먼드 버크의 보수의 품격』에 실린 두 번째 글이다.[29] 에드먼드 버크는 1797년에 별세하여 런던 근교인 비콘스필드의 자신의 아들과 남동생 곁에 묻혔다(그의 아내도 나중에 이곳에 묻혔다).

3. 『에드먼드 버크의 보수의 품격』에 앞선 버크와 페인의 논쟁 : 『프랑스혁명에 관한 고찰』과 『인권』1부

『에드먼드 버크의 보수의 품격』의 두 편의 글 가운데 특히 『신 휘그가 구 휘그에 올리는 호소』를 이해하기 위해서는 버크가 앞서 출간한 『프랑스혁명에 관한 고찰』(1790.11)과 그에 대한 토머스 페인의 비판인

---

29 이상은 다음 책들을 참조했다.
　김동훈, 「경험론적 미학이론 체계의 완성」(옮긴이 해제), 에드먼드 버크, 『숭고와 아름다움의 이념의 기원에 대한 철학적 탐구』, 김동훈 옮김, 마티, 2006.
　이태숙, 「에드먼드 버크의 『프랑스혁명에 관한 성찰』과 보수주의」(옮긴이 해제), 에드먼드 버크, 『프랑스혁명에 관한 성찰』, 이태숙 옮김, 한길사, 2008.
　Jesse Norman, op.cit.

『인권』1부(1791.3)의 내용을 알아야 한다. 앞서 말했듯이 『신 휘그가 구 휘그에 올리는 호소』는 『인권』1부에 대한 비판이고 이에 대한 페인의 재반격이 『인권』2부이기 때문이다.

프랑스혁명의 진행 과정에서 중요한 사건들인 바스티유 점거(1789년 7월), 국민의회의 봉건제 폐지 법령 공포와 '인간과 시민의 권리 선언' 채택(8월), 파리 군중의 베르사유 행진(10월)으로부터 불과 1년 뒤인(게다가 루이 16세가 처형되는 1793년 1월보다 훨씬 이전인) 1791년 11월에 버크가 "펭귄 판으로 거의 300페이지에 이르는 분량에 내용을 정리해줄 목차도 없"[30]는 『프랑스혁명에 관한 고찰』을 서둘러 출간한 이유는 무엇일까? "프랑스에서의 사태가 버크를 놀라게 하고 그의 판단을 불균형하게 만들고 점잖게 감추어두었던 적개심을 드러내게 하고 또 무책임한 수사(修辭)의 홍수 속에서 그가 지켜온 공평성과 역사에 대한 판단 및 사물에 대한 종래의 통찰력을 크게 상실시켰다는 점"[31], 그래서 이 저작은 "수사적 비약이 합리적 논의를 대체"[32]하고 "서술의 비체계성으로 악명이 높"[33]다는 평가가 일반적임에도, 그 논리적 비체계성 속에도 "프랑스 대혁명에 대한 그의 공격에 작용한 것과 동일한

30 이태숙, 「프랑스혁명 논쟁자들의 영국 헌정 인식―버크, 울스턴크래프트, 페인」, 『영국 연구』14권, 2005.12, 165쪽.

31 조지 세이빈·토머스 솔슨, 『정치사상사 2』, 성유보·차남희 옮김, 한길사, 2007, 899쪽.

32 R. 니스벳·C. B. 맥퍼슨, 『에드먼드 보크와 보수주의』, 강정인·김상우 옮김, 문학과지성사, 1997, 275쪽.

33 이태숙, 「프랑스혁명 논쟁자들의 영국 헌정 인식―버크, 울스턴크래프트, 페인」, 『영국 연구』14권, 2005.12, 165쪽.

보수적 원리들이 이전에 쓴 모든 저작에 관류하고 있었다"³⁴는 점이 중요하다. 즉, 버크는 그 이전부터 자신의 정치철학으로 일관되게 품어 온 '보수의 원리'를 전면적으로 공론화하여 프랑스혁명이 영국으로 수입되는 것을 막아야만 한다는 절박한 심정으로 『프랑스혁명에 관한 고찰』을 썼다.

『프랑스혁명에 관한 고찰』은 한마디로 프랑스는 혁명으로 내버렸고 영국은 모범적으로 보존, 발전시켜 온 '보수의 원리'를 논한 책이다. 이 책에서 버크가 프랑스의 혁명주의자들을 비판하는 핵심 논지는, "당신들에게 속하는 모든 것을 멸시하면서 시작했기 때문"에 "당신네는 잘못 시작했다"는 것, 그리고 "프랑스인을 어제 갓 태어난 사람들로 간주하거나 1789년 해방의 해까지는 미천하고 예속된 가련한 사람들로 여기도록 하는 선택을"³⁵ 했다는 점이다. 즉, 프랑스혁명은 자국의 전통을 버렸다는 것이다. 그렇지만 "영국은 고래의 원리를 여전히 살아 있게 하고, 유럽의 옛 보통법을 현재의 국가에 맞추고 개량하여 유지하고 있다."³⁶ 프랑스혁명이 파괴하는 이 '전통'과 '고래의 원리'의 핵심은 다른 무엇보다도 군주제와 귀족제, 그리고 종교 제도다. 영국에는 '개량된 고래의 원리'인 입헌군주제와 귀족제가 살아 있다. 영국 입헌군주제의 본질은 이런 것이다. "왕은 어떤 의미에서는 의심할 바 없이 인민의 하인"이지만 "영국의 왕은 다른 어떤 사람에게도

---

34 조지 세이빈·토머스 솔슨, 앞의 책, 899쪽.
35 에드먼드 버크, 『프랑스혁명에 관한 성찰』, 이태숙 옮김, 한길사, 2008, 86쪽.
36 위의 책, 87쪽.

복종하지 않는다."[37] "왕이 우리에게 복종해야 하는 것이 아니라 우리가 왕에 체현된 법에 복종해야 하므로, 우리 헌법은 결코 왕을 하인처럼 책임지게 만드는 어떤 종류의 규정도 마련해놓지 않았다."[38] 즉, 국왕과 헌법과 국가는 유기적 일체이고 이러한 영국의 입헌군주제는 명예혁명을 통해 확고히 자리 잡았다. 또한 영국에서 "귀족은 공공질서를 유지하는 우아한 장식"이자 "세련된 사회를 떠받치는 기둥에 씌워진 코린트식 기둥머리"[39]로 존중받는다. 이로써 영국 정치 공동체, 즉 영국이라는 국가의 구성원은 왕, 귀족, 신민의 세 부분이며, 각각 대권(prerogative), 특권(privilege), 자유(liberty)를 지니고 있으면서 균형을 이룬다.[40] 종교(교회) 제도는 국가의 필수 불가결한 일부인데, "우리는 종교가 문명사회(civil society)의 기반이며 모든 선과 모든 안락의 근원임을 알고"[41] 있기 때문이다. 국가를 이루는 이러한 오랜 질서를 파괴하는 것은 "자연에 반하는 것"[42]이다. 왜냐하면 "모든 질서는 신의 섭리가 만들어낸 창조물"[43]이고 "신의 섭리는 자연적인 방법으로 작동"[44]하기 때문이다.

영국 출신의 미국인으로 미국 독립혁명의 사상적 토대를 제공하고

---

37 위의 책, 75쪽.
38 위의 책, 76쪽.
39 위의 책, 228쪽.
40 위의 책, 69쪽 참조.
41 위의 책, 163쪽.
42 위의 책, 90쪽.
43 러셀 커크, 앞의 책, 105쪽.
44 위의 책, 115쪽.

프랑스혁명에도 가담한 혁명가이자 인권 이론가인 토머스 페인(1737–1809)은, 프랑스혁명이 일어나고 버크가 『프랑스혁명에 관한 고찰』을 출간하기 전까지만 해도 에드먼드 버크와 정치적 동지 관계였다고 할 수 있다. 프랑스혁명에 대한 입장 차이 때문에 두 사람은 적대 관계가 되었는데, 그것은 버크의 『프랑스혁명에 관한 고찰』을 페인이 『인권』 1부로 비판하면서 시작되었다. 1776년 7월 4일에 미국 독립선언서가 발표되기 6개월 전인 이해 1월 10일에 출간되어 1년 만에 15만 부가 팔렸고 조지 워싱턴에 의해 한 지역의 모든 군인에게 독서 명령이 내려진 책 『상식』의 저자 페인은 이미 미국 독립혁명의 사상적 토대를 제공한 인물이었다. 이 책과 『인권』에 일관되게 담긴 생각이 "우리에게는 자연권이 바로 국가다"[45]라는 명제로 집약되는 자연권 사상이고, 이것이 『프랑스혁명에 관한 고찰』을 비판하는 핵심이다. '자연법에 의하여 인간이 태어나면서부터 가지고 있는 권리'라는 사전의 정의에서 알 수 있듯이, 페인이 말하는 자연권은 버크가 말하는 계급 차별의 자연권과 전혀 다른 인간의 평등한 권리이고, 이 권리에 기초하여 사회와 국가와 권력이 만들어진다고 그는 주장한다.

버크 씨는 이미 내가 제시한 견해, 즉 국가가 인민으로부터 생겨났거나 **인민**을 지배함으로써 생겨났다는 사실을 부정하지 않으리라고 나는 짐작한다. 영국이라는 국가는 정복으로 생긴 것이지 **사회**로부터 **자연적**으로 생겨난 것이 아니며, 따라서 인민을 지배함으로써 생겨난 것이다. 그리고 윌리엄 정복왕 이래 정세에 따라 수없이 수정되긴 했지

---

45 토머스 페인, 『상식, 인권』, 박홍규 옮김, 2004, 67쪽.

만, 영국이 스스로 쇄신된 적이 없기 때문에 헌법이 없다. (……)

엄격하게 말하면, 현존하는 프랑스 국민의회는 개인적인 사회계약이다. 그 구성원은 그 '본질적'인 성격에서 **국민**의 대표다. 그러나 미래의 의회는 그 '조직적'인 성격에서 국민의 대표가 되리라. 현재 의회의 권위는 미래 의회의 권위와 다르다. 현재 의회의 권위는 헌법을 제정하기 위한 것이고, 미래 의회의 권위는 그 헌법에 규정된 원리와 형식에 따라 입법을 하기 위한 것이 되리라.[46] (강조는 인용자가 함.)

이것이 페인의 자연권 사상의 핵심이자 그가 버크를 비판하는 핵심 논거이다. 영국은 자연권, 즉 천부 인권을 가진 인민이 자발적으로 사회와 국가를 형성하고 헌법을 만들지 못한 국가인데, 프랑스는 혁명을 통해 인민이 자연권을 행사하여 진정한 의미의 국민이 되었고 그 대표인 의회가 진정한 의미의 헌법을 만든 국가가 되었다는 것이다. 이것은 버크의 생각과 전혀 다른 사상이었다. 버크는 인간이 정치 권력을 행사하게 해주는 '자연권'이라는 개념은 "역사적, 물리적, 도덕적 근거가 없는 허구"이고 "전통, 신분, 교육, 재산, 정치적 기능을 수행할 도덕적 본성 등의 기준에 따라 자격을 갖는 사람들 안에서 적절한 다수가 만들어진다"[47]고 본 것이다.

자연권 사상을 중심으로 한 페인의 비판을 접한 뒤, 버크는 『프랑스혁명에 관한 고찰』에서 비체계적이고 다분히 감정적으로 개진한 자신의 생각을 차분히 가다듬어 쓴 『신 휘그가 구 휘그에 올리는 호소』

---

46 위의 책, 144–145쪽.
47 위의 책, 142쪽.

(1791.8)를 발표한다. 『인권』1부가 출간된 지 불과 5개월 뒤에 발표한 이 저작에서는 『인권』1부에 대한 비판과 명예혁명의 주역인 옛 선배 휘그의 집중 인용이라는 방법을 동시에 취하는데, 버크는 한편으로 자신의 정치적 정통성을 내세우고 다른 한편으로는 자신이 내세우는 보수주의의 미래 지향성을 적극적으로 주장한다. 그래서 이 저작은 "《성찰》(『프랑스혁명에 관한 고찰』을 말함-인용자)이 훨씬 더 보수적인 분위기로 대개 과거와 현재 사이의 연결 고리(……)를 다룬 데 반해, 《항소》(『신 휘그가 구 휘그에 올리는 호소』를 말함-인용자)는 현재와 미래 사이의 본질적 연관성을 강조한다. 다른 어떤 저술보다도 《항소》는 버크가 수호하고자 했던 종류의 사회적·정치적 생활에 관한 강건한 시각을 보여준다"[48]는 평가를 받는다.

4. 『에드먼드 버크의 보수의 품격』의 글 두 편의 위상과 내용

『에드먼드 버크의 보수의 품격』에 실린 두 편의 글은 버크의 전체 저작 가운데에서 『프랑스혁명에 관한 고찰』과 더불어 가장 중요한 세 편의 글로 꼽히기도 한다. 즉, "『프랑스혁명에 관한 고찰』은 혁명에 대한 (오류가 많은) 분석보다는 그 현란한 수사학과 (독자에게 버크 사상에 관해 제공하는) 통찰력으로 인해 여전히 독자를 매료시키는 저작"이고 "그에 못지않게 중요한 것이 『성찰』(『프랑스혁명에 관한 고찰』-인용자)보

---

48 유벌 레빈, 『에드먼드 버크와 토머스 페인의 위대한 논쟁』, 조미현 옮김, 에코리브르, 2016, 66쪽.

다 훨씬 짧은" 「궁핍에 관한 생각과 세부 고찰」이며, 그 밖의 저술들 중에서는 『신 휘그가 구 휘그에 올리는 호소』가 "아마도 가장 중요한 것"[49]이라는 평가가 그것이다.

이 두 편의 글 모두 한국어로는 이번에 처음으로 번역하는 것인데 (목차의 장의 번호와 제목은 원본에 없는 것으로 독자의 이해를 돕기 위해 옮긴이가 붙인 것이다), 『신 휘그가 구 휘그에 올리는 호소』를 경어체로 번역한 이유는 이 글의 화자가 호소의 대상으로 삼는 이들이 "100년 전 명예혁명을 일으킨 정치인들이고 구체적으로는 그 20년 후 서셰브럴 박사(Dr. Sacheverell) 재판 사건 때 기소발언을 담당했던 휘그 의원들"[50]이기 때문이다. 즉, 프랑스혁명이라는 전대미문의 대사건을 맞아 절체절명의 위기의식을 갖게 된 한 까마득한 후배 정치인이, 명예혁명을 주도한 자기 정당의 이미 고인이 된 대선배 정치인들에게 자신의 정치적 신념의 정당성을 확인받기 위해 더없이 간절한 심정으로 호소하듯 올리는 글이 바로 이 글이다. 게다가 자신의 지지자로 가상한 제3자의 입을 빌리는 형식으로 문학 작품을 창작하듯 쓴 글이기 때문에 경어체 번역이 맞다고 보았다(옮긴이가 번역과 해제를 위해 참고한 어떤 글에서도 경어체로 번역한 경우를 보지 못했다. 『프랑스혁명에 관한 고찰』도 '파리의 한 신사'에게 보내는 편지글 형식이므로 이 역시 경어체로 번역하는 것이 적절하다고 생각하지만, 이 책 또한 경어체로 번역한 경우를 보지 못했다).

---

49 R. 니스벳·C. B. 맥퍼슨, 앞의 책, 313쪽.
50 이태숙, 「보수주의 사상가 에드먼드 버크의 명예혁명 해석」, 경희사학회, 『경희 사학』제24집, 2006.2, 325쪽.

1) 『신 휘그가 구 휘그에 올리는 호소』: 버크 보수주의 정치학의 정점

버크가 프랑스혁명의 진행 과정을 보면서 정작 우려한 것은 앞서 말한 것처럼 그것을 영국에 도입하려는 영국 정계 안팎의 움직임이었다. 『신 휘그가 구 휘그에 올리는 호소』는 그 움직임을 완전히 차단하기 위해 쓴 글인데, 이러한 시도는 그의 보수주의론의 완성도를 훨씬 더 높이는 결과를 낳았다. 이 글은 "그 자신이 『성찰』(『프랑스혁명에 관한 고찰』―인용자)에서 취했던 입장에 대한 방어이자 그 입장이 그가 이전에 신봉하던 원리들로부터 이탈한 것이라는 주장에 대한 강력한 반박이었다."[51]

버크는 선배 휘그 지도자들이 수행했고 자신이 정치적 신념의 기준점이자 토대로 삼는 명예혁명의 의미를 재강조하는 것을 논의의 출발점으로 삼는다. 명예혁명은 낡은 가치와 더 나은 가치를 견주어 신중하게 준비하고 진행한 모범적 혁명이었다. "신중함은 정치적이고 도덕적인 미덕 중 최상의 것일 뿐만 아니라 그 모든 것의 관리자이자 감시자이자 기준"인데, 이 신중함이라는 최상의 미덕이 구현된 것이 바로 명예혁명이라는 것이다.

우리가 1688년의 우리의 혁명을 칭찬할 때, 국민은 그 행위 속에서 방어적 입장에 있었고, 방어 전쟁의 온갖 해악을 초래하는 것이 정당화되었음에도 우리는 그 상태로 머무르지 않습니다. 우리는 낡은 정부의 전복과 그것에 뒤따른 새 정부의 행복한 정착의 조치를 항상 병행

---

51 R. 니스벳·C. B. 맥퍼슨, 앞의 책, 266쪽.

합니다. 우리가 이 혁명을 평가할 때에는, 결별하는 것의 가치와, 그것과 맞바꾸어 받아들이는 것의 가치를 모두 계산에 넣고 이해하고자 합니다.

이러한 생각에 기반을 두고 『프랑스혁명에 관한 고찰』에서 했던 프랑스혁명 비판을 또 다시, 그러나 훨씬 간결하게 한다. 그가 보는 프랑스혁명의 본질은 이런 것이다.

사기, 폭력, 신성 모독, 가족의 대대적인 파괴와 몰락, 한 위대한 나라의 자부심과 정수의 이산과 망명, 무질서, 혼란, 무정부 상태, 재산 침해, 잔인한 살해, 비인간적 몰수, 그리고 마침내 잔학하고 흉포하며 무감각한 사교 단체들의 무례한 지배.

무엇보다도 '가족의 대대적인 파괴와 몰락'이라는 구절이 두드러져 보이는데, 이 문제를 특별히 심각하게 보는 버크의 사고 속에서 그의 보수주의 정치사상의 핵심을 발견할 수 있다. 그가 보기에 '가족의 대대적인 파괴와 몰락'은 그 자체로 끝나는 것이 아니라 신의 섭리로 이루어지는 국가와 인간 사회 전체의 오랜 질서가 무너지는 것이다.

우리가 이 세상으로 들어오는 길은 신비스럽고 불가사의합니다. 자연의 이 신비스러운 과정을 낳는 천성은 우리가 만들어내는 것이 아닙니다. 우리에게 알려져 있지 않은, 아마도 우리가 알 수 없는 물질적 원인으로부터 도덕적 의무가 발생합니다. 우리는 그 의무를 완전히 이해할 수 있기 때문에 반드시 수행해야 합니다. 부모는 자신의 도덕적 관계에 동의하지 않을 수도 있지만, 동의하건 하지 않건 간에 그들은 자신이 어떤 종류의 관련된 관습도 만든 바 없는 사람들에게 길게 이어진 힘든 의무의 유대 관계에 묶여 있습니다. 아이들 역시 자신이 맺은 관계에 동의하지 않을 수 있지만, 그들이 맺은 관계는 그들의 실제 동의 없이도 그들을 그 관계의 의무에 묶어 둡니다. 달리 말하자면 그 관계가 그들의 동의를 암시하는 것인데, 모든 합리적 존재의 추정된 동의는 미리 만들어져 있는 사물의 질서와 일치하기 때문입니다. 사람은 그러한 방식으로, 모든 혜택을 부여받고 자신의 상황에 따른 모든 의무를 짊어진 자기 부모의 사회적 상태를 지닌 채 공동체에 들어옵니다. 만일 국가의 기본 요소인 그러한 물질 관계에서 만들어지는 사회적 유대와 결속이 우리의 의지와 무관하게, 그래서 우리가 만드는 어떤 계약도 없이 대부분 경우에 시작되고 항상 계속된다면, 우리는 우리의 나라라 불리는 그 관계에 매여 있게 되고, 우리의 나라는 (이제까지 적절히 언급된 바처럼) "모든 사람에 대한 모든 자선 행위"를 의미하게 됩니다.

어떤 인간도 자신이 함께할 가족 구성원을 결정하거나 만들어 낼 수 없는 것과 마찬가지로, 국가를 비롯하여 인간 사회에 존재하는 모든 중요하고 오랜 질서에는 신비스럽고 불가사의한 섭리가 작용하고 있으므로 인간이 자의로 그것을 변경할 수 없다는 것이다. 이것이 바로 "18세기 합리주의자들이 대체로 무시했던"[52] 인간 삶의 '비밀'을 놓치지 않으려 한 보수주의자 버크의 중요한 면모다. 여기서 자연권 사

---

52 위의 책, 275쪽.

상가 페인과 보수주의 사상가 버크가 뚜렷이 구별되기도 한다. 즉, "권리와 선택에 대한 이해가 페인 정치사상의 중심에 놓여 있는 것처럼, 선택하지 않았음에도 불구하고 구속력 있는 의무라는 이러한 비전이 에드먼드 버크의 도덕적·정치적 철학의 최고 핵심을 이룬다."[53]

버크가 보기에 그렇게 신비스럽고 불가사의한 섭리가 오랜 세월의 전통과 관습을 통해 최고도가 발현된 정치체제가 바로 영국의 헌정 체제인데, 그것은 서로 다른 특유의 원칙 위에 성립한 세 가지 요소, 즉 군주제와 귀족제와 민주주의로 구성되어 있다.

영국의 헌정 체제는 실제로 그것을 구성하는 세 가지 요소와 세 가지 서로 아주 다른 본질로 이루어져야 한다고 생각하고, 세 가지 요소 각각을 적절한 자기 자리에 놓고, 적절한 권력 분배를 이루게 하며 보존하는 것을 자신의 의무로 생각하는 사람은, (각각의 요소가 공격당하는 일이 있을 것이기 때문에) 세 가지 요소의 각 부분이 각각에 특유한 원칙 위에 성립한다는 것을 정당화해야 합니다. 그는 군주제가 지지받는 원칙 위에서 민주주의라는 부분을 주장해서도 안 되고, 군주제나 민주주의 또는 양자 모두의 근거 위에서 귀족제를 주장해서도 안 됩니다. 이 삼자가 실제로는 하나의 조화로운 조직체로 통합될 수도 있고, 행복하게도 우리의 경우에는 그렇게 되어 있다 할지라도, 그는 이 삼자를 서로 완전히 다른 근거 위에서 지지해야 합니다. 버크 씨가 비난받고 있는 것과 같은 종류의 비일관성을 지니고 있지 않은 사람은 그렇게 다양하고, 처음 보아서는 이질적 요소가 혼합된 헌정 체제의 부조

---

53 유벌 레빈, 앞의 책, 149쪽.

화한 부분들을 일관되게 옹호할 수는 없습니다.

이러한 발언을 보면 버크가 『프랑스혁명에 관한 고찰』과는 다르게 이 글에서는 민주주의의 독립된 가치를 적극적으로 주장하는 것처럼 보인다. 그러나 이 대목에서도 실제로 그가 강조점을 두는 것은 민주주의의 원리가 군주제와 귀족제, 특히 귀족제의 원리를 침범해서는 안 된다는 점이다. "버크는 자유주의자였으나 민주주의를 지지하지는 않았다"든지, 더 나아가 "버크는 아마도 근대 민주국가를 두려워했을지 모른다"[54]는 판단은 옳다고 생각된다. "민주주의는 전적으로 나쁘거나, 일정한 유보를 전제로 받아들일 만하거나, 전적으로 바람직할 수도 있다. 나라와 시대, 민주주의가 채택되는 특정한 조건에 따라 그 판단은 다 달라진다"[55]고 할 수 있으나, 버크가 보기에 프랑스혁명의 주도자들을 비롯한 당대의 민주주의자들은 급진적 '평준화'를 추구하는 세력이었다. 그의 생각으로는 "평준화를 추구하는 급진주의는 모든 느낌과 감정을 평범함이란 같은 수준에 몰아넣으려 노력한다. 그렇게 해서 동물과 인간을 구별하게 해주는 도덕적 상상력을 지워버리려 한다."[56] 그가 다수결 원칙을 반대하는 것도 자신이 기준으로 삼는 수준 이하로 평준화된 인간 사이에서 그 원칙이 실행될 본질적 위험성을 보았기 때문이다. 버크가 생각하는 바람직한 정치는 진정한 귀족에 의해 이루어지는 귀족정치다. 이런 의미에서, 20세기

---

54 러셀 커크, 앞의 책, 85쪽.
55 위의 책, 141쪽.
56 위의 책, 152쪽.

들어 현실 정치에 보수주의의 강력한 이론적 토대를 제공했다고 평가받는 러셀 커크가 "소수가 다수를 대변하는 대의제 정치는 기본적으로 귀족정치"[57]라고 보면서 민주주의가 아닌 귀족정치를 지향한 것은 매우 명료하고도 솔직한 입장이었을 뿐만 아니라 에드먼드 버크를 제대로 계승한 것이었다. 버크의 귀족 정치학은 그것이 전제하는 주체 계급의 본원적 제한성 문제를 논외로 하고 본다면 정치 지도자 양성론으로서 대단히 설득력 있고 매력적이기까지 하다.

진정하고 자연스러운 귀족은 국가 안에서 독립되어 있거나 국가와 별개의 관심사가 아닙니다. 그것은 올바르게 구성되어 있는 모든 다수 사람들의 필수적 구성 부분입니다. 그것은 실제적 진실 때문에 일반론으로 틀림없이 인정받는 정당한 신념을 지닌 계급에서 형성됩니다. 존경받는 곳에서 자라고 어릴 때부터 저급하고 지저분한 것을 보지 않고, 자기 자신을 존중하도록 가르침을 받고, 대중의 눈으로 검열과 감사를 받는 것에 익숙해지고, 일찍부터 여론에 주의를 기울이고, 그러한 수준 높은 토대 위에 서 있음으로써 큰 사회의 인간과 공적 문제의 광범하고 무한히 다양한 조합 양상을 폭넓게 볼 수 있는 능력을 갖고, 읽고 성찰하고 대화할 수 있는 여유를 갖고, 어디에 있건 지혜롭고 학식 있는 사람들의 경의와 관심을 끌 수 있는 능력을 갖고, 군대에서 명령하고 복종하는 데 익숙해지고, 명예와 의무를 추구할 때 위험을 무시하도록 배우고, 어떤 잘못도 처벌 없이 넘어가지 못하고 가장 사소한 실수도 가장 파멸적인 결과를 가져오는 상태에서 최고 수준의

---

57 위의 책, 36쪽.

조심성과 통찰력과 신중함이 몸에 배도록 교육받고, 동료 시민이 가장 염려하는 문제들의 교사로 여겨지고 신과 인간의 중재자로 행동한다고 생각하면서 신중하고 단정한 행동을 하고, 법과 정의의 집행관으로 채용되어 인류에게 처음으로 자선을 베푸는 사람 중 하나가 되고, 과학과 인문학과 순수예술의 스승(professor)이 되고, 사업에 성공하여 예리하고 원기 왕성한 이해력이 있고 근면, 질서, 꾸준함, 조화로움의 미덕을 지니고 있으며 교환의 정의에 대한 배려가 몸에 배어 있다고 여겨지는 부유한 상인이 되는 것, 바로 이러한 것들이 제가 말하는 자연적(natural) 귀족을 형성하는 상황이며, 이런 자연적 귀족이 없는 국가는 없습니다.

이러한 귀족정치는 폭력과 무질서뿐만 아니라 극단주의를 배격한다. 버크는 『신 휘그가 구 휘그에 올리는 호소』의 결론 격으로 '중용의 정치'론을 제시한다.

그들의 원칙은 항상 극단으로 갑니다. 그러나 버크 씨의 책에 담겨 있는 옛 휘그의 원칙과 함께하는 사람들은 절대로 과도하게 멀리 갈 수가 없습니다. 그들은 어떤 유해하고 애매한 탁월함까지는 실제로 가지 않을 수 있는데, 실제로 소유할 수 있는 합리적 수준의 선함보다는 그러한 탁월함의 가치를 하위에 두도록 배울 것이기 때문입니다. 버크 씨의 책에서 주장하고 있는 견해는 극단으로 이끌 리가 만무한데, 그 기초가 극단에 대한 반대에 놓여 있기 때문입니다. 정부의 기초는 (기껏해야 법의 원리와 시민의 원리의 혼동일 뿐인) 상상으로 지어낸 인권이 아니라 정치적 편리함과 인간의 본성에 있는데, 그 본성은 보편적인 것이거나, 지역의 기질과 사회의 습성에 의해 수정되는 것이기 때문입니다. (……) 버크 씨의 저서를 따르지 않는 사람들은 그 반대자들과 함께하는 사람들입니다. 중용(medium) 자체를 제외하고는 중용이 없기 때문입니다. 그 중용은 그 책에서 찾아볼 수 있기 때문에 중용인 것이 아니라, 그것이 진실과 본성에 부합하기 때문에 그 책에서 찾아볼 수 있는 것입니다. 이런 점에서 볼 때 우리는 그 저자를 따르는 것이 아니라 우리와 그 저자가 같은 안전한 중용의 길(middle path) 위에서 함께 여행하고 있는 것입니다.

『신 휘그가 구 휘그에 올리는 호소』에서 버크를 대신하는 제3자의 말은 버크에 대한 다음 두 문장의 비장한 헌사로 마무리되는데, 그것은 이 글 전체에 담긴 버크의 정치사상을 압축한 것이다. 프랑스혁명에 대한 반대와 명예혁명의 계승이 그 핵심인데, 이후 영국은 버크의 기원대로 프랑스혁명의 폭풍우를 피하고 자신들의 정치 전통을 계속이어 나갈 수 있었다.

만일 새로운 질서가 도래하고 있고, 우리 조상이 신의 계시로서 숭배한 정치적 견해가 꿈처럼 사라져야 한다면, 저는 그에게 이러한 말을 바치겠습니다. 그는 우리 헌정사에서 우리 조상의 날인도 받지 않은 채 프랑스의 금형으로 자기들 멋대로 휘그의 원칙이라는 동전을 찍어 낸 자들의 첫 번째이자 가장 위대한 인물이 되기보다는, 그 휘그 종족의 (분명히 그는 그 종족 가운데 최연소이기에) 마지막 인물이 되고자 했다고 말입니다.

『신 휘그가 구 휘그에 올리는 호소』가 발표된 지 불과 3개월 뒤인 1792년에 페인이 이 글을 재반박하는 『인권』 2부를 발간한다. 『인권』 1부와 마찬가지로 페인은 버크의 군주제-귀족제 주장과 민주주의에 대한 몰이해를 신랄하게 비판한다. 그 비판 내용은 논외로 한다 하더라도, 페인도 지적하는 바와 같이 버크가 『신 휘그가 구 휘그에 올리는 호소』에서 페인의 『인권』 1부의 여러 부분을 인용하며 비판하면서 그 출처를 밝히지 않은 것은 어떤 이유로도 납득할 수 없는 일이다.

2) 「궁핍에 관한 생각과 세부 고찰」 : 버크의 보수주의 경제학

이 글은 에드먼드 버크가 쓴 글 가운데 경제학 논문에 가장 가까운 것으로 평가받는데, 경제학을 전면적으로 다루고자 한 것은 아니었고 당면 정책 문제에 관해 윌리엄 피트 수상에게 보내는 다소 긴 제안서였다. 버크가 자발적으로 쓴 것은 아니고 피트의 요청으로 쓴 글이었다. "피트는 극심한 기아와 같은 국내적 재앙에 처했을 때 정부가 취해야 할 바람직한 조치에 대해 버크의 조언을 구했었다."[58] 그리 길지 않은 이 제안서 역시 그러한 일시적 상황에 관해 발언하는 특별 목적 문서의 성격이 아주 강하지만, 보수주의자 에드먼드 버크의 경제사상을 집약해서 보여준다.

프랑스혁명의 폭풍우가 채 그치지도 않았고 『프랑스혁명에 관한 고찰』과 『신 휘그가 구 휘그에게 올리는 호소』의 문제의식이 여전히 자신의 사유를 지배하고 있었기 때문에 버크는 이 경제학 논문을 체계

---

58 R. 니스벳·C. B. 맥퍼슨, 앞의 책, 114쪽.

적이고 일관성 있게 쓰기 힘들었다. 바로 전해인 1794년에는 외아들이 세상을 떠나 극심한 실의에 빠져 있기도 했다. 이 글의 앞에 달린 두 엮은이의 서문에서 알 수 있듯이, 이 제안서는 쓰인 지 5년이나 지나서 그의 문서 관리자들인 프렌치 로렌스와 워커 킹에 의해 출간되었다. 두 사람이 이 서문에 썼듯이 이 글 속에는 이들이 찾아서 끼워 넣은 버크의 다른 글이 세 군데에 들어 있다.

버크가 이 글에서 말하고자 하는 바의 핵심은 이 글의 첫 부분 두 문장과 마지막 문장에 담겨 있다. 즉, "만사 가운데 식량 거래에 부주의하게 간섭하는 것이 가장 위험한데, 사람들이 그렇게 느끼기가 가장 쉬울 때, 다시 말해 궁핍의 시대에 그것은 항상 가장 나쁘다." "정부를 잘 사용하는 것은 자제하는 것과 같다." 그래서 "내 견해는 어떤 종류의 행정에 대해서건 과도한 행위에, 그리고 더욱 특히 권력이 개입하는 이 가장 중대한 행위, 즉 국민의 생계에 개입하는 행위에 반대하는 것이다." 애덤 스미스의 자유방임주의와 맥을 같이하는 생각이다.

이 글에 나타난 그의 경제사상을 테제 형식으로 요약, 정리해 보면 다음과 같다.

- 부자와 빈자의 존재는 자연스러운 것이다.
- "노동하는 사람들은 가난할 수밖에 없는데, 그들은 다수이기 때문"이고 "본성상 다수라는 것은 가난을 암시한다."
- 가난한 다수 노동자에게는 "인내, 노동, 냉철함, 검소, 그리고 종교"가 권장되어야 한다.
- 부자는 노동하는 사람들의 재산 관리인이고 그들의 저장고는 노동

하는 이들의 은행이다.

- 농부와 (농업) 노동자의 이해관계도 적대적이지 않다. 농부가 노동자의 노동 생산물에서 충분한 수익을 얻는 것이 노동자에게도 이익이다.

- 농부와 노동자의 이익 문제는 당국이 개입하지 말아야 하는 그들 상호간의 계약과 관습의 문제이다.

- 노동은 하나의 상품이기 때문에 거래에 관한 법률과 원칙에 복종해야 하고 그 가치, 즉 임금은 시장에서의 수요-공급 법칙에 의해 (즉 구매자의 수요에 따라) 매겨진다. 따라서 그 가치가 당국에 의해 결정되어서는 안 된다.

- 개인의 노동의 가치는 균등하지 않다.

- 농업과 마찬가지로 상업에서도 정부가 가격 형성에 개입해서는 안 된다.

- 상업의 법칙은 "자연의 법칙"이자 "신의 법칙"이다.

- 정부가 특정한 불변 가격으로 소비자에게 공급하는 곡물을 확보하기 위해 중개인을 없애고 공공 곡물 창고를 설치해 운영하게 되면 전체 경제체제가 붕괴될 뿐만 아니라 정부마저 파산할 것이다.

- 한마디로 "정부가 시장에 나타나는 순간, 시장의 모든 원리가 전복된다."

- 따라서 "국가는 국가와 관련된 것 또는 국가의 산물, 다시 말해서 국가 종교의 외적 제도, 치안판사 업무, 세수입, 바다와 육지의 군사력, 국가에 복종해야 하는 법인들, 한마디로 말해서 진정으로, 그리고 엄밀하게 공적인 모든 것으로, 공공의 평화로, 공공의 안전으로, 공공의 질서로, 공공의 번영으로 자기 업무를 국한해야 한다."

- 노동자 임금이 필수 생계비에 터무니없이 모자라고 기근으로 인한 재앙이 막심할 경우에는. 상업의 규칙과 사법의 원칙 대신에 개인의 자발적 자비라는 기독교 정신에 호소하는 것이 옳다.
- (이 글을 쓴 바로 전해인) 1794년의 농산물 작황도 신문에서 떠드는 것처럼 그렇게 나쁘지 않다.
- "우리와 지역적으로 가장 가깝고, 모든 면에서 우리와 가까우며, 그 폐허가 우리의 머리 위에 떨어질 위협이 되고 있는, 한때 막강했던 정부"가 정부 개입 정책의 오류를 보여주는 강력한 예이다.

자유방임주의뿐만 아니라 '낙수효과론'마저 연상케 하는 극히 자본주의적인 사고방식이다(그는 "자본의 독점은(……) 아주 큰 혜택이고, 특히 가난한 사람들에게 혜택"이라고 명시한다). 경제를 논하면서도 '자연의 법칙'과 '신의 섭리'와 '관습'을 재강조하는 버크는 일반적으로 "항상 계급 종속의 전통적이고 세습된 사회 질서의 옹호자"[59]로 비쳐지지만, 그가 "자연적이고 필연적이라 보았고, 효율적이고 공정한 것이라고 찬양했던 제도는 독립적인 소규모 생산자들, 즉 농민이나 수공업자가 자신의 생산물을 상호 이익이 되는 조건하에서 교환하는 단순한 시장 경제"가 아니라 사실은 "특별히 자본주의적인 경제였다."[60] 나아가 "버크가 중요시하였던 전통적 질서라는 것이 단순히 종류를 불문한 위계질서가 아니라 자본주의적 위계질서"[61]였다는 점을 주목해야 한

---

59 위의 책, 296쪽.
60 위의 책, 285쪽.
61 위의 책, 296쪽.

다. 오늘날 구미의 보수주의 정치 세력이 버크를 자신들의 사상적 지주로 전유하고자 하는 것이, 단순히 그가 제시한 보수주의의 정신적 가치 때문만은 전혀 아니라는 사실을 알 수 있다.

정부의 노동자 임금 개입 정책에 대한 18세기 말 버크의 강력한 반대는 2018년 한국의 최저임금 인상 반대론자들을 연상케 한다. 그러나 그가 이 글을 쓰던 시대는 아직 자본주의의 모순이, 특히 오늘날처럼 국가 권력을 좌지우지할 정도로 극도로 심화된 독점자본주의의 문제점이 아직 싹조차 보이지 않던 때였다. 국민 복지를 위한 정부의 개입에 적극적으로 반대하고 자본(가)의 '선의'를 철저히 전제하고 신뢰하는 버크의 입장은 이런 역사적 한계로 이해하는 것이 맞지 않을까 싶다. 다시 말해 오늘날 보수주의자들이 경제 문제에 관한 버크의 생각을 현재의 상황에 이용하는 것은 두 말도 필요 없는 시대착오라는 것이다. 이 점은, 오늘날 정부에서는 적극적인 복지 정책이 보편적으로 필요하고, 특히 한국 정부는 당분간 재정 적자를 무릅쓰고라도 복지 정책을 확대하고 적극적 보완책을 마련하여 최저임금 인상 정책도 계속 밀고 나가야 한다는, 버크의 나라 영국의 명문 캠브리지대학교의 경제학 교수 장하준의 설명과 주장[62]을 참고할 때 더 분명해진다.

이 글에서 강한 인상을 주는 것은 버크의 자본주의 지향성이 아니라 '농부 버크'의 해박한 농사 지식과 증류주 예찬이다. 이것은 아주

---

62 "장하준 "앞으로 3~4년 적자 보더라도 복지지출 과감히 늘려야"", 〈한겨레〉, 2018. 7.25, 〈http://www.hani.co.kr/arti/economy/economy_general/854729.html?_fr=mt2〉, (2018. 8. 8).

재미나는 아이러니인데, 오히려 이러한 면모가 '땅'을 중시하는 보수주의자 버크의 진면목이 아닐까 생각한다. 이 글을 보면 버크는 오랫동안 스스로 농사를 지어 온 것으로 짐작될 만큼 농사의 다방면 지식이 매우 풍부하다. 버크는 술에 관한 적극적 관심과 지식도 아주 많은 애주가로 보이는데 특히 '독한 증류주'를 "마음에 투여하는 약"으로 표현할 정도로 증류주가 육체와 정신에 주는 이익을 극찬한다. 특히 증류주의 이러한 효용성을 전체 경제 체계 가운데에서 증류주 산업이 갖는 중요성과 연관 지어 설명하는 방식이 아주 재미나면서도 효과적이다.

5. 에드먼드 버크의 보수주의론, 그리고 우리가 보수해야 할 전통의 문제

> 傳統은 아무리 더러운 傳統이라도 좋다
> — 김수영, 「巨大한 뿌리」 중에서

근대 보수주의의 원조 에드먼드 버크가 그 사상의 핵심으로 삼는 전통이 우리에게는 과연 무엇일까?

보수주의의 원조 에드먼드 버크는 정작 보수 또는 보수주의라는 말을 쓰지 않았다(영국의 보수당도 버크 사후에 만들어진 당이다). 이것은 프랑스혁명의 파급으로 인해 위기에 처한, 보수해야 할 영국 정치의 전통을 그가 자명한 가치로 생각하고 의심하지 않았음을 의미하는 것일 수도 있다. 그러나 보수라는 개념이 자명하지 않은 것처럼, 유구한 세월을 거치며 아무런 역사의 우여곡절 없이 자명한 것으로 인정된 보수의 가치는 없다. 예컨대 버크는 영국의 헌정 체제의 가장 중요한 요소로서 영국의 군주제를 역설하고, 그 군주제의 가치를 확인한 역사적 사건으로서, 왕족을 능멸한 프랑스혁명과 대조하며 자국의 명예혁명을 강조하지만, 사실은 프랑스혁명이 일어나기 약 140년 전, 영국은 청교도혁명의 와중인 1649년에 찰스 1세라는 자국 왕을 처형한 역사를 이미 가진 나라였다. "왕이 혁명 프로그램의 결과로 참수된 일은 세계 역사상 초유의 사건이었다."[63] 요컨대, 버크는 프랑스혁명이 던진 충격에 대응하면서 보수해야 할 자국의 진정한 전통에 관해 깊이 사유하게 되었고, 이것이 근대 보수주의론의 시발점이 된 것이다.

우리의 경우에는 18세기 말 영국의 버크가 처했던 것과 유사한 역사적 계기가 없었을까? 버크와 동시대에, 유라시아 대륙에서 영국의 정반대 편 동쪽 끝에 있는 나라, 조선에 살고 있었던 실사구시학파 선비들이 그와 유사한 위기의식을 갖고 있었다. 그러나 그들이 유교의 나라 조선의 전통을 더 나은 것으로 변화, 발전시키고자 한 시도는 완성되지 못한 채 끝났고, 조선은 주권마저 잃고 말았다. 만화 같은 가정처럼 들릴 수 있지만, 만일 조선이 실사구시학파 선비들의 개혁 사상을 현실 정치에서 구현하고 식민지로 전락하지도 않았다면 오늘날의 한국 역시 영국과 같은 입헌군주국이 되어 있을 수도 있다. 우리 역사는 그렇게 흘러가지 않았다. 대한민국 임시정부의 최초 헌

---

63 디트리히 슈바니츠, 『교양 : 사람이 알아야 할 모든 것』, 인성기 외 옮김, 들녘, 2004, 189쪽.

법인 '대한민국임시헌장'의 제8조가 '대한민국은 구황실을 우대한다' 인 것은 "봉건적 잔영이라기보다 국가정통성을 연계한다는 차원의 고려"[64]였고, "입헌군주제를 생략한 채 전제군주제에서 민주공화제로 직행하는 과정에는 국망이라는 비극과 국권회복을 꿈꾸던 독립운동이 자리하고 있었다"[65]는 것, 다시 말해 조선이 일제의 식민지로 전락한 1910년 8월 29일에 "군주가 주권을 포기한 것으로 간주"하여 이날을 "군주권이 소멸하고 민권이 발생한 날이자 구한국 최후의 날이며 신한국 최초의 날"[66]로 보았기 때문에, 대한'민국'이 탄생한 것이다. 우리 역사의 흐름을 보면서도 알 수 있듯이, 결국 전통의 문제는 위기에 빠진 공동체의 자기 성찰과 그 기존 질서에 대한 반성을 통해 바람직한 전통을 새롭게 찾아내는 문제이다.

에드먼드 버크가 보수주의론을 개진하면서 '자연의 법칙'과 '신의 섭리'를 엄숙히 운위하는 것을 보면서 우리가 배워야 할 것은 전통에 대한 진지한 사유이다. 그런데 서양에서 "종교와 법률에서 전통이라는 단어의 어근인 'tradere'는 '성스러운 보관물'을 의미"[67]한 것처럼, 버크를 비롯한 당대 서구의 보수주의자들이 적어도 '의도'한 것은 오랜 세월 동안 전해져 내려온 그러한 '성스러운' 것을 지켜서 후대에 전해 주는 것이었다. 예컨대 버크가 『신 휘그가 구 휘그에 올리는 호소』

---

64 이상훈, 「독립운동과 민주공화국의 이념」, 『시대와 철학』61호, 한국철학사상연구회, 2012.12, 210쪽.

65 김정인, 「초기 독립운동과 민주공화주의의 태동」, 『인문과학연구』24권, 덕성여대 인문과학연구소, 2017.2, 33쪽.

66 위의 책, 42쪽.

67 R. 니스벳·C. B. 맥퍼슨, 앞의 책, 101쪽.

의 말미에서 인용하는 시를 지은 존 드라이든과 「궁핍에 관한 생각과 세부 고찰」에서 인용한 시의 작자인 알렉산더 포프는 모두 보수주의 시인들인데, 버크와 동시대를 산 사상의 동지인 포프가 주로 쓴 풍자시는 "풍자 대상에 대한 공격"과 더불어 "이상적 세계관 제시를 핵심으로 한다."[68] 그가 제시하는 그 '이상적 세계관' 속에 그가 생각하는 전통, 즉 '성스러운 보관물'을 담고자 한 것이다.

자국의 전통에 대한 무한한 자부심을 일관되게 내비치는 에드먼드 버크의 보수주의론은 우리에게 전통의 문제를 깊이 생각해보지 않을 수 없게 한다는 점에서는 좋은 교사 노릇도 하지만, 사실 그 내용은 우리의 전통에야말로 정말 좋은 것이 있음을 발견하게 해 주는 반면교사이기도 하다. 무엇보다도, 전근대 우리의 보수주의자들, 즉 조선이라는 나라를 이끌어 간 군주와 귀족(선비)의 사상 전통은 적어도 애초부터 백성을 나라의 뿌리로 본(民本) 사상이었다는 점만을 비교해서 보더라도, 버크는 군주제와 귀족(제)의 미덕만을 강조할 뿐 그 토대가 되는 민중의 구체적 삶의 모습과 민중 고유의 삶의 전통에 관한 관심을 너무나 결여하고 있다. 버크와 역사적 논쟁을 벌인 페인이 "거의 예외 없이 자신이 직접 개입한 사건들에 관해" 글을 쓴 데 반해, "버크는 언제나 책상에서 작업했지 절대 사건 현장으로 달려가지 않았다는 점에 주목하라"[69]는 지적이 이러한 평가를 뒷받침하는 간접적이지만 유력한 증거다.

---

68 김옥수, 「해설」, 알렉산더 포프, 『포프 시선』, 김옥수 옮김, 지식을만드는지식, 2010, 10쪽.

69 유벌 레빈, 앞의 책, 322쪽.

더 나아가, 무질서와 유혈 참극과 대비하면서 자국의 명예혁명을 그야말로 명예롭게 자랑하는 버크의 발언을 듣고 있자면, 오늘날 우리는 우리의 민본주의 전통을 훨씬 더 발전된 형태로 현실화하고 있다는 사실을 뿌듯이 절감하게 된다. 영국을 비롯한 전 세계 국가들이 입을 모아 경탄한 우리의 '촛불혁명'을 말하는 것이다. 그런 의미에서 '촛불혁명'은 보수주의를 배경으로 한 것이 전혀 아님에도 우리의 진정한 전통의 가치를 보수한 역사적 사건이다(그런데, 이 '촛불혁명'을 전후한 와중에, 남녀노소, 가족, 친구, 연인들의 그 지극히 평화로운 시위대에 대한 발포 모의를 포함한 쿠데타 음모가 꾸며지고, 사법부의 최고 엘리트 집단에 의한 사법 농단이 자행되고 있었다는 사실이 적나라하게 드러나고 있다. 이 음모와 농단의 장본인들은 아마도 스스로를 '보수'라고 생각할 것이다. 그들을 실질적으로 비호하는 정치인 집단과 마찬가지로).

버크의 보수주의론을 볼 때 누구보다도 먼저 떠오르는 한국 작가가 한 사람 있다. 한국 현대문학에 아주 크고 뚜렷한 족적을 남긴 작가 이문구 선생이다. 그는 '보수'일까, '진보'일까? 6.25 발발 당시 그의 아버지는 충남 보령의 남로당 총책으로 경찰에 붙잡혀 처형되었고, 큰형은 일제의 강제 징용으로 이미 실종된 상태였으며, 둘째 형과 셋째 형도 아버지와 함께 죽임을 당하는데 특히 셋째 형은 10대의 나이에 대천 앞바다에서 산 채로 수장을 당했다. 이렇게 처참한 비극의 가족사를 지닌 그 역시 등단 이래로 줄곧 군사 독재 정권과 맞서 싸우는 투쟁 대열의 맨 앞에 있었다. 그런데 70년대 당시 근대화와 산업화 드라이브가 정신없이 휘몰아칠 때 그 근대화와 산업화 때문에 벌어지고 있는 전통 붕괴의 위기를 언급하는 글을 보면 이문구야말로 진짜 보수주의자의 면모가 있음을 알 수 있다.

걸핏하면 향토의 '발전 과정'이니 '개발 단계'니 또는 '근대화 촉진' 운
운하며 떠들기 즐기는 사람을 흔히 보지만, 그것이 실상은 제 고향을
스스로 앗기며 잃는 과정임을 깨우쳐 함부로 흰소리 칠 일이 아니란
것도 알아야 하리라고 생각한다. 대개 산천은 의구한데 인걸이 간데없
다고 곧잘 비유하지만, 이제는 사람보다도 강산이 먼저 변하는 세상
이 되었기 때문이다.[70]

자신의 글에서 조선의 북학파 가운데 한 사람인 초정 박제가의 『북
학의』의 중요성을 반복해서 강조하는 이문구는 "오늘날 '요원의 불
길' 같다는 새마을 사업의 내용도 일찍이 2백여 년 전 선생이 주장했
던 바의 되풀이에 불과"[71]하다고 단호히 폄하하는데, 이는 우리가 계
승해야 할 전통에 관해 그가 분명한 관점을 가지고 있음을 증명한다.
그의 문학 스승인 김동리 선생이 한국 보수 문단의 거두이기도 했지
만, 실천적 관심이라는 면에서는 오히려 김동리의 제자인 이문구가
훨씬 더 진짜 보수주의자였는지도 모른다. 이러한 이문구의 모습은,
바람직한 인간 삶의 방침을 진정으로 모색하고 실천하고자 하는 사
람은 '진보'와 '보수'의 본질 모두를 조화롭게 보유한다는 것을 보여준
다.
근대 보수주의의 원조 에드먼드 버크의 사상을 계승한 그의 오늘
날 제자들이 보는 버크 보수주의의 현대적 의미를 보면, '진보'와 '보

---

70 이문구, 『이문구 전집 18 : 마음의 얼룩(산문집)』, 랜덤하우스중앙, 2005, 29-
   30쪽.
71 위의 책, 46.

수'라는 개념조차 재고해야 한다는 생각마저 든다. 그들이 보기에, 각자가 사는 작은 지역뿐만 아니라 지구 전체가 고향이지 않을 수 없는 현대인들이 오늘날 맞닥뜨리고 있는 삶의 위기, 즉 "사라지는 숲, 침식돼 스러져가는 토양, 낭비되는 석유와 무차별 채굴, 채무 이행이 불가능할 정도로 무책임하게 늘어나는 국가의 빚, 계속 개정되는 실정법"[72], 그리고 "핵에너지의 부산물에 대한 무분별한 경시"[73] 등등은 "신의 섭리를 존중하지 않는 시대가 자신과 후손에게 어떤 일을 하는지 보여주는 증거"[74]여서 "우리는 미래의 세대들에게 어떤 의무를 지고 있는가? 우리의 권리와 그들의 권리를 어떻게 저울질해야 하는가?"[75]라는 질문을 스스로에게 던지지 않을 수 없다. 그러나 과연, 이 질문이 보수주의자의 전유물일 수 있을까? 2018년 여름, 온난화라는 말이 한가하게 들릴 만큼 온 지구가 정체불명의(!) 이상 열기로 몸살을 앓는 지금, 에드먼드 버크와 그 현대 계승자들의 보수주의론을 보면서 오늘날 우리가 해야 할 바는, 보수주의를 퇴행적인 특정 정치 집단의 터무니없는 담론으로 치부하는 데 만족하는 것이기는커녕, 우리의 전통 가운데 무엇을 보수하지 않았기 때문에 우리가 이런 삶의 위기에 빠지게 되었는지를 먼저 생각해보는 것이다.

---

72 러셀 커크, 앞의 책, 121쪽.

73 R. 니스벳·C. B. 맥퍼슨, 앞의 책, 276쪽.

74 러셀 커크, 앞의 책, 121쪽.

75 R. 니스벳·C. B. 맥퍼슨, 앞의 책, 275쪽.

4-2

『에드먼드 버크 : 보수의 품격』
개정판 출간에 부쳐

◆◇◆

에드먼드 버크, 『에드먼드 버크 : 보수의 품격』(개정판), 좁쌀한알, 2021

초판을 출간한 지 3년이 채 못 되어 『에드먼드 버크 : 보수의 품격』의 개정판을 내놓게 되었다. 200년이 훨씬 넘은 이 고전의 내용과 문체 모두가 결코 만만하지 않다는 사실을 감안한다면, 이 책이 독자에게 받은 관심이 얼마나 컸는지 역으로 짐작할 수 있다. 옮긴이로서는 뿌듯함보다 무거운 책임감을 새로이 훨씬 더 강하게 느끼게 된다. 또한 진심으로 독자들께 감사 말씀을 드린다.

무엇보다도 개정판에서는 초판 번역에서 다소 부자연스럽거나 문제가 있는 표현을 최대한 자연스럽고 명료하게 다듬고 고쳤다. 이렇게 다듬고 고치는 작업은 버크의 이 저작을 옮긴이 스스로 이전보다 더 잘 이해하려고 노력하는 과정이었다. 이런 의미에서, 모든 글쓰기가 그렇지만, 번역 역시 끝없는 고쳐쓰기의 과정일 수밖에 없다는 진리를 다시 한번 깊이 생각했다. 어쨌든 초판 출간 이후에 옮긴이로서 가졌던 마음의 짐을 조금은 덜 수 있었다.

또한 개정판에는 에드먼드 버크의 연설문 두 편을 새로 실었다. 1774년 브리스틀에서 국회의원으로 출마할 때의 연설 두 편으로, 하나는 브리스틀에 도착해서 한 일종의 후보 추천 수락 연설이고, 다른 하나는 당선 연설이다. 『신 휘그가 구 휘그에 올리는 호소』가 1791년 저작이니, 이보다 이 두 편의 연설문이 훨씬 먼저 쓰인 것이다. 영국 정계에서 두각을 나타내던 40대 중반의 중견 정치인 버크가 역시 영국 정치사에서 매우 중요한 시점에 자신의 정견을 밝힌 연설문이라는 점에서, 그 짧은 길이가 아니라 그 역사적 배경의 맥락과 그가 말하고자 하는 바의 핵심을 주목해야 한다.

1766년부터 웬도버라는 곳을 지역구로 삼아온 하원 의원 버크는 1774년 선거에서 브리스틀이라는 도시의 대표적 상업가들에 의해 이 도시에서 국회의원으로 출마해줄 것을 강력하게 요청받는다. 브리스틀은 당시 잉글랜드에서 두 번째로 큰 도시로서 특히 식민지 아메리카와의 교역을 통한 상업을 주도하는 도시였는데, 1773년 말 이른바 '보스턴 차 사건'으로 경색된 영국과 아메리카의 관계를 원만하게 풀어줄 적임자로 버크가 호출된 것이었다. 이처럼 브리스틀의 유력한 상인들로부터 상업과 식민지 문제의 최적의 전문가로 인정받아 그와 같은 중책을 맡아줄 것을 요청받은 버크는 처음에는 그들의 요청을 받아들이지 않았다. 자신의 버젓한 지역구가 이미 있을뿐더러 브리스틀에서의 당선도 불확실했기 때문이다. 그러나 선거 첫날인 10월 7일, 선두를 달리던 휘그당 후보 클레어가 이런저런 정치적 이유로 돌연 사퇴하고 브리스틀의 상인들이 버크를 재호출하자 이번에는 버크가 이 요청을 받아들인다.

지금 우리의 정치 상식으로는 이해가 안 되지만, 이미 투표가 시작된 이후에 버크는 클레어의 대체 후보로 지명되었고, 당선 소감 연설에 나타나듯이 선거 전에 유세도 한 번 해보지 못한 상태에서 2위로 당선까지 된다. 그리고 이 때문에, 버크에게 패배한 브릭데일 측은 버크가 투표 개시 이후에 후보로 등록했으므로 그의 당선이 무효라는 청원을 하원에 제출한다. 이러한 우여곡절 모두를 배경에 놓고 보면 버크가 두 번의 연설에서 말하고자 하는 바의 핵심이 무엇인지 이해할 수 있다(이와 관련하여 다음 논문을 참조했다. 김대륜, 「브리스톨 상인과 에드먼드 버크—18세기 후반 지방 의회 정치의 일면」, 『영국 연구』 제18호, 영국사학회, 2007.12).

위에서 말한 바와 같이, 버크의 연설문 두 편은 몇 가지의 중요한 정치적 견해를 담고 있다. 첫째, 브리스틀에서의 자신의 국회의원 당선이 법적으로나 도덕적으로 정당한 것이고, 반대로 브릭데일 측의 이의 제기의 논리는 정당성이 없고 자기모순임을 무엇보다도 역설한다. 둘째, 자신에게 중책을 맡기고자 한 브리스틀의 상인들과 마찬가지로, 당대 영국이 해가 지지 않는 제국을 이루는 데 상업이, 특히 브리스틀에서 이루어지는 미국과의 교역이 맡은 중대한 역할을 자신 역시 완전히 공감한다는 점을 분명히 한다. 셋째, 그런데 이렇게 상업이, 특히 미국과의 교역이 다시 원만하게 이루어지도록 자신이 국회의원으로서 역할을 할 때, 브리스틀의 유권자들, 특히 그 중심에 있는 브리스틀의 상인들은 자신을 브리스틀 상인들의 이해관계가 아닌 식민지 본국 영국, 나아가 대영제국 전체의 이해관계를 대변하는 진정한 의미의 공인으로 보아야 한다는 의미심장한 발언을 한다.

위의 마지막 메시지, 즉 자신은 브리스틀 지역 유권자들의 지지로 국회의원이 되었으나, 대의민주주의 체제의 국회의원으로서 올바른 사상과 양심에서 우러나오는 독자적인 정치적 판단과 실천 의지를 가진 독립된 헌법기관의 일원으로서 일해야 한다는 생각, 이것은 곧 오늘날 우리가 아는 '자유 위임'이라는 근대 정치사상의 원형이다. 대한민국 헌법 46조가 '① 국회의원은 청렴의 의무가 있다. ② 국회의원은 국가이익을 우선하여 양심에 따라 직무를 행한다. ③국회의원은 그 지위를 남용하여 국가·공공단체 또는 기업체와의 계약이나 그 처분에 의하여 재산상의 권리·이익 또는 직위를 취득하거나 타인을 위하여 그 취득을 알선할 수 없다.'고 되어 있듯이, 버크가 최초로 분명히 보여준 이 '자유 위임'의 사상은 이후 모든 대의민주주의 국가의 핵심 정치사상이 되었다.

어찌 보면 괜한 멋을 부리는 듯한 특유의 만연체 문장을 오랜만에 다시 대하며 '아, 그렇지, 버크였지?!'라는 생각을 새삼 하기도 했지만, 고백하건대, 버크의 문장에는 묘한 매력이 있다. 지속적인 사상적 생명력을 지닌 사상가들의 문장에 공통된 것이지만, 버크 문장의 그 매력 또한 그의 깊이 있고 독자적인 비판적 사고와 성찰 능력이 그 원천이 아닐까 하는 생각을 했다. 그리고 이러한 능력 또는 태도는, 초판의 옮긴이 해제에서도 잠깐 언급했듯이, 그가 지닌 정치적 '보수'의 이념과 본질적으로 무관한 것이라고 생각한다. 어떤 사람의 사상에 담긴 가치와 매력은 '보수'나 '진보'의 이념에서 나오지 않는다. 보수건 진보건, 또는 다른 어떤 이념을 표방하건 간에, 진정으로 자신의 깊은 내면의 양심과 사고에 흔들림 없는 토대를 두고, 현실 문제의 핵심을 타협 없이 합리적이고 비판적으로 보고 지적하면서, 동시에 그와 똑같은 정도 또는 그 이상으로 진정한 자기 성찰을 할 줄 아는 인물만이 그러한 가치와 매력을 참으로 보여주리라. 초판의 번역을 다시 다듬고 버크의 두 편의 연설문을 새로이 번역하면서 절실히 느낀 점이다.

『에드먼드 버크: 보수의 품격』, 보수란 무엇인가?

◆◇◆

[(주) 멀티캠퍼스(SERICEO) 강의 원고](2021.2)

챕터1. 보수란 무엇인가?

안녕하십니까? 아주대학교 다산학부대학의 정홍섭입니다. 오늘은 제가 번역하고 해제를 쓴 『에드먼드 버크: 보수의 품격』이라는 책을 통해서 진정한 보수에 관해 생각해보겠습니다.

[보수, 쓰기는 쉽지만 이해하기는 어려운 단어]

주변에서 흔히 정치 이야기를 할라치면 빠지지 않고 나오는 단어가 보수 아니면 진보입니다. 여기서 여러분께 질문을 하나 드리겠습니다. 과연 보수와 진보는 어떤 의미일까요? 많은 분이 머릿속에 여러 가지를 떠올리실 테지만, 막상 설명을 하려면 딱히 한마디로 정의 내리기는 어려울 겁니다. 사실 진보나, 오늘 주제의 핵심어인 '보수'는 정치, 경제, 사회, 문화, 역사의 모든 면에서 중대한 의미가 있음에도 불구하고, 그 의미를 정확히 의식하면서 쓰는 사람은 드뭅니다.

『표준국어대사전』에서 '보수'의 뜻을 찾아보면, "급격한 변화를 반대하고 전통의 옹호와 현상 유지 또는 점진적 개혁을 주장하는 사고방식. 또는 그런 경향이나 태도"라고 정의 내려져 있습니다. 한마디로 '보수'의 핵심은 '전통의 옹호'란 것이죠. 동양 고전에서도 '보수'의 이런 의미를 찾아볼 수 있습니다. 사마천의 『사기 열전』 가운데 「노중련-추양 열전」에 이 단어가 등장하는데요. 여기서는 '보수'가 요성(聊城)이라는 이름의 '(성을) 지킨다'는 뜻의 동사로 쓰입니다. 이것을 일반화하면, 적의 침략에 맞서 삶의 터전을 '지킨다'는 뜻으로 볼 수 있겠죠. 『표준국어대사전』의 뜻풀이와 『사기 열전』의 용례를 종합하자면, '보수'의 핵심이 자기 공동체의 전통 파괴 기도에 맞서 그것을 지키는 것에 있음을 알 수 있습니다.

그런데, 여기서 한 가지 의문이 듭니다. 보수는 왜 '전통을 지키다'라는 뜻을 내포하게 됐는지 말이죠. 그 질문에 대한 답의 실마리를, 오늘의 주인공인 서구 근대 보수주의 사상의 원조 에드먼드 버크가 줄 수 있지 않을까 합니다.

챕터 2. 서구 근대 보수주의 사상의 원조, 에드먼드 버크

[에드먼드 버크는 누구인가?]

에드먼드 버크는 1730년에 태어나 1797년에 별세하기까지 정치인이자 정치 사상가, 그리고 문필가로서 뚜렷한 족적을 남긴 영국인입니다. 본디 부친의 뜻에 따라 법률가가 되려고 했지만, 1759년 한 국회의원의 비서가 되면서 본격적으로 정치계에 발을 들여놓게 되죠.

당시 영국 정치계는 토리당과 휘그당의 체제로 되어 있었습니다. 토리당은 현재의 보수당의 전신이고, 휘그당은 훗날의 자유당, 그리고 오늘날의 노동당의 전신이라 할 수 있습니다. 이렇게만 보면, 에드먼드 버크가 보수주의의 원조로 꼽히는 만큼 토리당 소속일 것 같은데요. 의외로 그는 휘그당 소속이었습니다. 그는 30년간 휘그당 하원의원으로 영국정치에 참여하면서 영국의 식민지 정책에 관심을 쏟았습니다. 1770년대에는 아메리카 식민지 정책을 들여다보며 영국에 저항하는 식민지인들을 옹호했고요. 아메리카 독립 후 1780년대에는 인도 문제에 주로 관심을 두었습니다. 인도 총독 헤이스팅스와 동인도회사 직원의 비리와 범죄를 규탄하면서 헤이스팅스에 대한 탄핵까지 주장했을 정도였죠.

[버크의 정치적 입장을 변화시킨 중대한 사건]

이렇듯 에드먼드 버크는 처음부터 타고난 보수주의 정치사상가가 아니었습니다. 그는 애초에 보수주의라는 말을 쓰지도 않았고요. 정치에 입문했을 때부터 별세하기까지 그의 삶 대부분을 훗날의 자유당, 그리고 오늘날 영국 노동당의 뿌리에 해당한다고 볼 수 있는 휘그당에 소속되어 있었습니다. 이런 그가 보수주의 정치사상을 갖게 된 중대한 역사적 사건이 있었습니다. 바로 1789년에 일어난 프랑스 대혁명입니다.

당시 프랑스에서 국민의회가 제헌의회를 선포하고 민중이 바스티유를 함락하자 찰스 제임스 폭스를 비롯한 영국의 휘그당 지도자들은 프랑스혁명을 지지했습니다. 그러면서 프랑스혁명의 원리를 영국에도 도입할 움직임을 보였죠. 이에 대해 에드먼드 버크는 휘그당 내에서 거의 혈혈단신으로 강력한 반대 논리를 펼치게 됩니다. 그가 보기에는 프랑스혁명이 영국 헌정사의 빛나는 전통을 만든 명예혁명의 정신과 완전히 배치되는 사건이었기 때문입니다.

[팸플릿 전쟁과 『보수의 품격』]

프랑스혁명 직후인 1790년 11월, 에드먼드 버크는 『프랑스혁명에 관한 고찰(Reflections on French Revolution)』을 출간합니다. 이 책은 프랑스혁명에 대한 그의 적개심이 고스란히 드러나 있었는데요. 화려한 수사와 비체계적인 논리가 지배적이었지만, 반혁명 진영의 구심점이 된 덕분에 출간 1년 동안 1만 9천부가 팔렸고 프랑스어와 독일어로도 번역이 되었습니다.

이 책에 대한 반응은 무척 뜨거웠습니다. 프랑스혁명에 대한 다양한 고찰을 담은 저술이 쏟아져 나왔고, 서로가 문서로 논쟁하는 이른바 '팸플릿 전쟁'이 시작된 겁니다. 이 중 가장 유명한 것이, 프랑스혁명을 계기로 보수 진영의 대표자가 된 버크와 당시 '진보'의 아이콘이었던 토머스 페인 간에 있었던 논쟁입니다.

토머스 페인에 대해 잠깐 설명하고 넘어가자면, 토머스 페인은 미국 독립 전쟁의 사상적 기반을 제공한 인물인데요. 미국 독립의 아버지인 조지 워싱턴은 토머스 페인이 쓴 『상식』이라는 책을 미국 독립민병대 사령관 시절 자신의 대원들에게 모두 읽게 명했을 정도였습니다. 그런 그가 버크의 저서를 반박하면서 내놓은 것이 1791년에 나온 『인권(The Rights of Men)』이라는 책입니다. 이 책에서 토머스 페인은 평이하고도 명징한 문체와 내용으로 프랑스혁명을 옹호하면서 영국에서도 공화주의 헌법을 만들자고 주장했죠.

『인권』이 발표되자 에드먼드 버크가 곧바로 반격했는데, 그것이 『에드먼드 버크: 보수의 품격』에 실린 『신 휘그가 구 휘그에 올리는 호소(An Appeal from the New to the Old Whigs)』입니다. 이 책에서는 『인권』이 명예혁명으로 이룩된 빛나는 영국 헌정 체제를 왜곡, 비방하는 방식으로 프랑스혁명을 옹호하는 논리를 제공한다고 반박했습니다.

이에 대해 토머스 페인이 곧바로 대응하는데, 그것이 1792년에 나온 『인권 2』입니다.

이런 논쟁을 펼치면서 에드먼드 버크는 비로소 보수주의 정치사상을 대표하는 정치인으로 거듭나게 되었습니다.

챕터 3. 버크가 프랑스혁명을 보면서 절박한 위기감을 느끼게 된 이유

앞서, 에드먼드 버크가 프랑스혁명에 반대했던 이유를 간략히 말씀드렸는데요. 사실 그의 사상을 이해하기 위해서는 이 점을 조금 더 자세히 짚고 넘어갈 필요가 있습니다.

[버크의 이념과 배치되는 프랑스혁명]

여러분께서도 잘 아시다시피 프랑스혁명은 신흥 계급인 부르주아가 중심이 되고 그들이 농민을 비롯한 민중의 지지를 받아 앙시앵 레짐, 즉 왕과 귀족이 지배하는 구체제를 폭력으로 철폐하고 공화정을 수립하는 방향으로 진행되었습니다. 그런데 이것은 왕을 존립시킨 채 귀족이 중심이 되어 입헌군주제를 유지, 발전시키는 것을 이상으로 본 버크의 정치 이념과 완전히 배치되는 것이었습니다. 프랑스혁명이 진행되면서 주된 수단이 된 폭력과 공포 또한 마찬가지였습니다. 사실 프랑스혁명 옹호자였던 토머스 페인조차 루이 16세를 처형하지 말고 유형에 처하자는 주장을 했는데, 페인은 이 때문에 로베스피에르 정권에 의해 투옥되기도 했죠.

[빛나는 정치 전통의 기틀, 명예혁명]

이런 상황을 목도하면서 에드먼드 버크는 보수주의 정치사상가로서 위기감을 느끼기 시작했습니다. 제가 앞서 '보수'의 핵심이 자기 공동체의 전통 파괴 기도에 맞서 그것을 지키는 데 있다고 언급했습니다. 보수주의 정치인으로서 버크에게 자기 공동체, 즉 영국의 정치 전통은 무엇이었고, 프랑스혁명이 왜 그 전통을 파괴할 것이라 생각했는지를 안다면, 그가 느꼈던 위기감을 비로소 이해할 수 있을 텐데요. 그 실마리를 1688년에 일어난 명예혁명에서 찾을 수 있습니다.

에드먼드 버크는 명예혁명이 영국의 정치 전통의 기틀을 세웠다고 생각합니다. 실제로 그는 『에드먼드 버크: 보수의 품격』에 실린 글에서도 명예혁명을 거듭 언급하는데요. 여러분도 아시다시피 명예혁명은, 자신의 신앙을 위해 전제적이고 독단적인 종교 정책을 펼친 제임스 2세에게 대항해, 휘그당과 토리당이 손잡고 왕의 폐위를 결의한 것으로부터 시작됩니다. 그리고 유혈 사태 없이 제임스 2세의 딸인 메리와 메리의 남편인 윌리엄을 공동 국왕으로 옹립하는 혁명을 이뤄냈

죠. 이 혁명의 결과, 권리선언과 권리장전이라는 문서가 만들어졌는데, 이것은 영국이 전제군주제에서 입헌군주제 국가로 탈바꿈되었음을 의미합니다. 또한 이 이후로 근대적 의미의 정당 정치가 시작되죠.

버크가 보기엔 이런 과정을 거친 명예혁명은, 낡은 가치와 더 나은 가치를 견주어 바람직한 영국식 헌정 체제를 신중하게 준비하고 자리 잡게 한 모범적 혁명이었습니다. 신중함이야말로 정치적이고 도덕적인 미덕 중 최상의 것일 뿐만 아니라 그 모든 것의 관리자이자 감시자이자 기준인데, 신중함이라는 최상의 미덕이 구현된 것이 바로 명예혁명이었다는 겁니다. 그래서 『신 휘그가 구 휘그에 올리는 호소』라는 글의 마지막 문장에서 자신이 바로 이 명예로운 영국혁명을 주도하여 성취한 휘그당 선배들의 적통을 이은 마지막 휘그파라고 공언하는데요. 그만큼 그는 이 명예혁명을 이룬 영국의 정치 전통을 다른 어느 나라에서도 찾아볼 수 없는 빛나는 정치적 자랑거리로 생각했던 겁니다.

[진정한 영국의 정치 전통이란?]

그가 생각하기에 명예혁명으로부터 자리 잡게 된 영국의 헌정 체제는 그야말로 보수해야 할 전통이었습니다. 그 배경에는 무엇보다도 깊은 종교적 사고가 있었는데요. 에드먼드 버크는 "인간은 신의 섭리에 따라야 한다"고 생각했습니다. 그래서 종교가 인간의 삶의 질서를 잡아주어야 하는데, 바로 국가의 형성 과정에도 신의 뜻이 들어 있다고 봤던 겁니다. 그러면서 왕과 귀족과 신사 계급으로 권력이 구성된 영국의 입헌군주제가 바로 신의 뜻에 따른 가장 모범적인 헌정 체제라고 생각했던 거죠. 결국 버크는 영국의 이 헌정 체제가 오랜 세월의 전통과 관습을 통해 신의 섭리를 최고도로 발현한 정치체제라고 생각했던 겁니다.

버크의 보수주의 정치사상에서 핵심이 되는 것은, 바로 이 정치체제가 서로 다른 특유의 원칙 위에 성립한 세 가지 요소, 군주제와 귀족제, 그리고 민주주의로 구성되어 있다는 생각입니다. 그의 말을 직접 들어보죠.

"영국의 헌정 체제는 실제로 그것을 구성하는 세 가지 요소와 세 가지 서로 아주 다른 본질로 이루어져야 한다고 생각하고, (중략) 세 가지 요소의 각 부분이 각각에 특유한 원칙 위에 성립한다는 것을 정당화해야 합니다. 군주제가 지지받는 원칙 위에서 민주주의라는 부분을 주장해서도 안 되고, 군주제나 민주주의 또는 양자 모두의 근거 위에서 귀족제를 주장해서도 안 됩니다"

앞서 언급했듯이 세 가지 요소란 군주제와 귀족제와 민주주의를 말합니다. 그런데 그의 글 전체의 맥락을 면밀히 짚어보면 알 수 있듯이, 이 가운데에서도 버크가 가장 강조점을 두는 것은 사실상 귀족제입니다. 영국의 자랑스러운 정치 전통은 다른 누구보다도 명예로운 귀족들에 의해, 다시 말해 왕도 일반 민중도 아닌 귀족들에 의해 지탱되어왔다는 것이 버크의 보수주의 정치사상의 핵심입니다. 이를 두고, 20세기 미국의 보수주의에 큰 영향을 미친 정치 이론가 러셀 커크는, 소수가 다수를 대변하는 대의제 정치, 즉 오늘날의 의회 정치는 기본적으로 귀족 정치라고 설명한 바 있죠.

[버크의 눈에 비친 프랑스혁명]

이렇게 생각하던 에드먼드 버크의 눈에 프랑스혁명은 명예혁명과 완전히 대조되는 본질을 가지고 있었습니다. 그가 보는 프랑스혁명의 본질은 이런 것이었습니다.

"사기, 폭력, 신성 모독, 가족의 대대적인 파괴와 몰락, 한 위대한 나라 의 자부심과 정수의 이산과 망명, 무질서, 혼란, 무정부 상태, 재산 침 해, 잔인한 살해, 비인간적 몰수, 그리고 마침내 잔학하고 흉포하며 무 감각한 사교 단체들의 무례한 지배."

어떻게 보시나요? 우리가 흔히 프랑스혁명하면 떠올리는 이미지와 는 차이가 있는 것 같습니다. 저에게는, 버크가 생각했던 프랑스혁명 의 여러 본질 중에서 무엇보다 '가족의 대대적인 파괴와 몰락'이라는 구절이 두드러져 보이는데요. 이 문제를 특별히 심각하게 보는 버크 의 사고 속에서 그의 보수주의 정치사상의 핵심을 발견할 수 있습니 다. 그의 눈엔 '가족의 대대적인 파괴와 몰락'은 그 자체로 끝나는 것 이 아니라 신의 섭리로 이루어지는 국가와 인간 사회 전체의 오랜 질 서가 무너지는 것으로 비친 겁니다.

어쨌든, 버크가 보는 프랑스혁명은 온갖 혼란과 무질서와 폭력이 난무하는 끔찍한 사건이었고, 그것을 주도하는 세력도 '근본 없는' 시 정잡배일 뿐이었습니다. 이들은 그가 말하는 영국의 자랑스러운 정 치 전통을 지탱하고 이끌어온 귀족의 모습과 너무도 대조적인 것이었 습니다. 그가 묘사하는 영국 귀족의 참모습은 그 사실 여부와 무관하 게 매우 매력적으로 보이기까지 합니다. 그가 영국의 정치 전통을 이

끌어왔다고 말하는 귀족은 이런 사람들입니다.

"자기 자신을 존중하도록 가르침을 받고, 대중의 눈으로 검열과 감사를 받는 것에 익숙해지고 (…) 어디에 있건 지혜롭고 학식 있는 사람들의 경의와 관심을 끌 수 있는 능력을 갖고, (…) 명예와 의무를 추구할 때 위험을 무시하도록 배우고 (…) 사업에 성공하여 예리하고 원기 왕성한 이해력이 있고, 근면, 질서, 꾸준함, 조화로움의 미덕을 지니고 있으며, 교환의 정의에 대한 배려가 몸에 배어 있다고 여겨지는 부유한 상인이 되는 것 (…)"

그는 이 밖에도, 신과 인간의 중재자가 될 만큼의 지도적 위치에 있다는 마음가짐으로 책임감과 통찰력과 신중함과 단정함이 몸에 배도록 교육받고, 법을 정의롭게 집행함으로써 뭇 사람들에게 자선을 베풀며, 과학과 인문학과 순수예술에서도 남들의 스승이 될 만한 소양을 갖추는 것을 귀족의 필수 덕목으로 제시합니다. 한마디로 에드먼드 버크의 '노블리스 오블리제'론(論)인 셈이죠.

요컨대 버크는 프랑스혁명의 폭력과 공포, 무질서를 보면서 영국 헌정 체제의 중심이라 할 귀족정치를 더욱 확고히 옹호하게 되었고, 그 내용으로서 극단주의를 배격하는 일종의 중용의 정치론을 제시하게 된 것입니다.

챕터 4. 버크와 『보수의 품격』이 오늘날 우리에게 건네는 말

동양의 것이건 서양의 것이건, 모든 고전은 지금 여기의 우리에게 우리가 맞닥뜨린 어떤 중대한 문제와 관련하여 살아 있는 현실적 의미를 던져줍니다. 『에드먼드 버크: 보수의 품격』에 실린 글들이 지금 여기의 우리에게 주는 그러한 의미는 무엇일까요?

보수주의의 원조 에드먼드 버크는 정작 보수 또는 보수주의라는 말을 쓰지 않았습니다. 이것은 프랑스혁명의 파급으로 위기에 처한, 보수해야 할 영국 정치의 전통을 그가 자명한 가치로 생각하고 의심하지 않았음을 의미하는 것일 수도 있습니다. 하지만 유구한 세월을 거치며 아무런 역사의 우여곡절 없이 자명한 것으로 인정된 보수의 가치 또는 전통의 가치는 없습니다. 요컨대 버크는 프랑스혁명이 던진 충격에 대응하면서 보수해야 할 자국의 진정한 전통에 관해 깊이 사유하게 되었고, 이것이 근대 보수주의론의 시발점이 된 겁니다. 결국 에드먼드 버크는 지금 우리가 '보수'해야 할 전통이 무엇인가 하는 질문을 우리에게 던지고 있는 셈인데요.

에드먼드 버크가 말하는 보수해야 할 전통을 생각해 볼 때 일제의 강점에 맞서 절체절명의 우리의 전통과 자존을 바로 세우기 위해 노블리스 오블리제를 실천한 우리네의 '귀족' 정신이 가장 유사하지 않나 생각해 봅니다. 대표적으로 전통 명문가 출신인 우당 이회영 선생이 떠오르는데요. 우당 이회영 선생은 을사늑약 직후 집안의 노비를 모두 해방하고, 조국을 되찾기 위한 군사와 교육 사업에 재산을 비롯한 자신의 모든 것을 바쳤습니다. 간송 전형필 선생도 마찬가집니다. 부친에게서 물려받은 천문학적 액수의 전 재산을 『훈민정음 해례

본』을 비롯한, 민족의 정신을 상징하는 유물을 사들이고 지켜 전통의 수호라는 보수의 핵심 정신을 실천했지요. 양반가 출신으로서 일제 강점기에 이러한 일에 온몸을 던진 우리의 수많은 전통적 '귀족'들은, 에드먼드 버크가 말하는 자기 전통의 수호라는 보수의 정신을 실천하는 단호함과 철저함이라는 면에서 영국의 귀족들에 조금도 부족한 점이 없습니다. 오히려 그 반대라고 할 수 있을 텐데요. 이분들처럼 노블리스 오블리제의 정신을 우리의 상황에서 실천하는 것, 무엇보다도 이것이 버크의 보수주의 정치사상이 오늘날 우리에게 주는 의미가 아닐까 합니다.

'보수'와 맞서는 개념으로 흔히들 말하는 '진보'가 무엇인지를 깊이 생각해보면, 보수의 의미가 더 명료해집니다. 진보라는 말 역시 『표준국어대사전』에서 찾아보면, '정도나 수준이 나아지거나 높아짐', '역사 발전의 합법칙성에 따라 사회의 변화나 발전을 추구함'이라고 두 가지로 정의 내려져 있습니다. 여러분은 어느 뜻으로 이 말을 쓰십니까? 만일 두 번째 뜻으로 이 말을 쓴다면, 이 말의 의미는 그리 간단하지 않습니다. 이것은 사회의 변화나 발전이 역사 발전의 합법칙성에 따라 이루어진다는 신념 또는 이념에 기반한 것이기 때문입니다. 과연 사회가 발전하는 것이 역사의 필연일까요? 역사가 흘러가는 과정에서 사람들이 어떻게 하느냐에 따라 사회는 발전할 수도 후퇴할 수도 있는 것 아니겠습니까. 게다가 인간에게 무엇이 진정한 발전이냐 하는 것도 문제시됩니다. 사실 이 뜻으로 진보라는 말을 쓰는 경우 가운데 대표적인 것은, 서양의 역사 발전 단계를 보편적 표준으로 삼는 마르크스주의입니다. 요컨대 이런 의미로 이 말을 쓰는 것, 그래서 보수주의와 진보주의를 적대하는 개념 쌍으로 설정하는 이분법적 사고방식은 서양에서 유래한 것으로 볼 수 있습니다.

하지만 진보를 첫 번째 것으로 쓸 때는 그 의미가 전혀 다릅니다. 이것은 우리가 공감할 수 있는 '상식'을 기준으로 하여 이 말을 쓰는 것이기 때문입니다. 그리고 이때에는 진보와 보수가 서로 적대하거나 모순되는 개념이 되지 않습니다. '온고지신(溫故知新)', '옛것을 익히고 그것을 미루어서 새것을 앎'이라는 뜻으로, 『논어』의 〈위정편(爲政篇)〉에 나오는 공자의 말씀입니다. 여기서 '옛것'이란 바로 전통이 아니겠습니까. 참된 전통에 근거해야 새것의 가치를 제대로 판단할 수 있다는 것, 즉 '나아지거나 높아질 수 있다'는 뜻이 아니겠습니까. '법고창신(法古創新)', 즉 '옛것을 본받아 새로운 것을 창조한다'는 뜻으로, 조선 후기 실학자 연암 박지원의 『연암집』에 나오는 말씀입니다. 이 역시 공자의 말씀과 일맥상통합니다. 요컨대 이러한 맥락에서는 보수와 진보가 적대하기는커녕 완전한 일체라는 것입니다. 보수주의와 진보주의라는 개념 자체도 당연히 어불성설이 됩니다.

저는 에드먼드 버크의 『보수의 품격』을 거울로 삼아 볼 때, 보수와 진보를 반대 개념으로 보는 게 아니라 일체로 보았던 동양적 지혜의 가치를 오히려 재발견하게 됩니다. 그렇다면, 오늘날 우리가 안고 있는 핵심 문제가 무엇인지 깊이 생각하면서 진정한 창조적 비전을 가능케 해줄 참된 전통을 찾는 것만이 우리의 과제가 됩니다. 바로 이것이 『에드먼드 버크: 보수의 품격』을 논하는 우리가 얻을 수 있는 중요한 교훈이 아닐까요? 감사합니다.

벤담과 밀,
민주주의와 행복을 논하다

◆◇◆

제러미 벤담·존 스튜어트 밀, 『벤담과 밀의 공리주의』, 좁쌀한알, 2018

1. 벤담과 밀의 공리주의와 수능 사회탐구 영역의 '생활과 윤리'

이 책의 두 저자인 제러미 벤담과 존 스튜어트 밀을 깊이 연구해 본 일도 없거니와 철학 전공자도 아닌 역자가 공리주의를 대표하는 이 두 사상가의 저작에 관해 논하는 것이 분수를 모르는 일인지도 모르겠다. 그러나 문외한인 역자를 고무하는 아주 중요한 사실도 없지 않은데, 대학 수학능력시험 사회탐구 영역의 '생활과 윤리' 과목이나 고졸 검정고시의 도덕 과목에서도 주요 출제 대상이 될 만큼, 벤담과 밀의 공리주의가 우리에게 '친숙한' 사상이라는 점이 그것이다. 학생들이 실제로 공부하는 관련 참고 자료를 인터넷에서 검색해 보면, 예컨대 '생활과 윤리'에서는 벤담의 공리주의를 양적 공리주의로,

밀의 공리주의를 질적 공리주의로 규정하고 설명할 만큼 그 정리가 매우 간명하다(고백을 하나 하자면, 이 후기의 제목을 애초에는 '벤담과 밀, 양적 공리주의에서 질적 공리주의로'로 삼았다가 위와 같이 고쳤는데, 현재 우리나라 고등학교 과정에서 이루어지는 공리주의 교육의 '수준'을 내가 미처 몰랐기 때문이다. 인터넷 검색을 해 보고는 화들짝 놀라, 더 그럴 듯하고 조금이라도 더 독자의 '상상력'을 촉발할 만한 제목이 무엇일까 한참을 고심하다 생각해 낸 것이 이 해제의 제목이다. '생활과 윤리'를 포함해서 사회탐구 영역에만 아홉 과목이나 있다는 것을 알고 사실은 또 한 번 놀랐다).

벤담과 밀의 공리주의를 고등학교 교육과정에서 이렇게 쌈박하게 정리한 학생들에게 그것이 정작으로는 무슨 의미가 있을까? 입시 때문에 이렇게 '요점 정리'한 벤담과 밀의 공리주의가 학생들의 실제 사고방식과 '생활과 윤리'에 무슨 영향을 미치고 어떤 변화를 낳을까? 철두철미 입시를 위한, 그것도 단순 암기를 위한 주입식 교육이 한국 교육의 본질이라는 사실을 나 역시 물론 잘 알고 오래전에 그 교육을 너무도 충분히 몸소 겪었으면서도, 새삼 이런 의문이 생긴다. 벤담과 밀의 공리주의 사상의 핵심을 담은 저작의 번역을 하면서 갖가지 생각의 자극을 받은 나에게는 지금, 단지 '최대 다수의 최대 행복', '양적 공리주의와 질적 공리주의'라는 유명한 용어로 전달되는 이 사상이 우리 학생들에게 최소한의 지적 자극을 줄 수 있을지도 회의감이 든다.

요컨대, 입시 준비를 하면서 외운 공리주의라는 개념의 의미를 확인하고 실감해보기 위해서라도 누구보다 우리 젊은이들이 벤담과 밀의 이 고전을 직접 읽어보기를 간곡히 권한다. 또한 말할 필요도 없이 노소와 부류를 막론하고 이 책은 읽을 가치가 있는, 고전이라는 이름에 값하는 책임을 옮긴이가 먼저 직접 확인했다. 모든 고전이 그런 것처럼 이 책 역시 직접 읽고 음미해보아야 그 진가를 제대로 알 수 있고, 그러면 그 자체가 분명히 독자의 자아 성장의 진정한 자양분이 될 수 있다. 특히 지금 옮긴이가 소개하는 이 책은 벤담과 밀의 공리주의 사상의 핵심과 연관성을 효과적으로 이해하는 데 아주 적합하다. 이 책의 세부 내용을 살펴보기 전에, 먼저 그 이유를 간단히 설명하려고 한다.

우선, 벤담과 밀은 벤담과 (존 스튜어트 밀의 아버지인) 제임스 밀 간의 사상적 동지 관계를 매개로 아주 특별한 사제의 인연을 맺은 사이다. 이런 두 사람의 저작을 한 책 안에서 함께 읽어볼 수 있다는 것만으로도 이 번역서는 특별한 이점이 있다. 둘째, 이 책에 실린 벤담의 글은 원저인 『도덕과 입법의 원칙 서론(An Introduction to the Principles of Morals and Legislation)』의 전체 17장 가운데 1장에서 5장까지를 옮긴 것인데, 이 내용은 원저의 앞부분이면서 핵심이기도 하다. 물론 이 원저의 완역본도 있고 완역본을 읽는 것도 당연히 필요하고 좋은 일이지만[76], 6장 이후 내용은 5장까지의 핵심 원칙을 부연하거나 특히 그 원칙에 입각한 형벌 정책과 세목을 장황하게 열거하는 것이 주를 이루어 지루함을 느끼는 것이 보통이기 때문에, 원저 전체

---

76 나는 이 완역본 덕분에 번역의 수고를 아주 많이 덜 수 있었다. 이 자리를 빌려 선행 번역서의 역자들께 진심으로 감사와 존경의 말씀을 드린다.
제러미 벤담, 『도덕과 입법의 원리 서설』, 고정식 옮김, 나남, 2011.
_____, 『도덕과 입법의 원칙에 대한 서설』, 강준호 옮김, 아카넷, 2013.
나는 이 두 번역서를 충분히 참고하여 이 책을 번역했고, 오역으로 생각되는 몇몇 부분은 바로잡았으며 원문을 되도록 이해하기 쉽고 더 자연스러운 우리말 문장으로 옮기려고 노력했다.

를 읽어야 한다는 중압감을 피하면서도 벤담 '공리주의'의 핵심을 효과적으로 이해하는 데 이 책은 아주 '공리성'이 크다. 셋째, 이 책에 실은 밀의 글은 처음 번역해서 소개하는 것인데, 내 생각으로는 기존에 번역되어 있고 밀의 공리주의 사상을 대표하는 저서로 알려진 『공리주의(Utilitarianism)』보다도, 밀 자신의 공리주의 사상 자체는 물론 벤담의 공리주의 사상과 그것을 낳은 '인간 벤담'에 관해 논하고 있는 이 글이 오히려 더 높은 사고의 밀도와 재미가 있다.

2. 가깝고도 먼 벤담과 밀의 특별한 사제 인연

벤담과 밀의 공리주의 사상의 공통점과 대립성의 배경을 이해하기 위해서는 두 사람이 실제 삶에서 어떤 관계를 맺었는지 알아야 한다. 사실은 이 두 사람의 관계뿐만 아니라 밀의 아버지인 제임스 밀과 벤담의 관계, 그리고 밀의 사상 형성에 결정적이라 할 만한 영향을 끼친 운명의 여성 해리엇 테일러와 밀의 만남 등을 모두 살펴보아야 한다.

1748년에 영국 런던에서 부유한 법조계 집안의 아들로 태어나 1832년에 생을 마감한 제러미 벤담은, 요즘 흔히 하는 말로 금수저를 물고 태어난 덕에 웨스트민스터 스쿨과 옥스퍼드 대학에서 정통 엘리트 교육의 혜택을 누렸으나, 법관이 되기를 바란 아버지의 기대와는 달리 법률과 정치 제도의 개혁을 연구하고 그 연구 성과를 국가의 실제 정책에 반영하는 작업을 자신의 평생 업으로 삼을 만큼 강한 독립심, 일관된 소신과 추진력도 지닌 인물이었던 것 같다.[77] 그는 그 평생의 연구 결실로서 『정부에 관한 단상(A Fragment on Government)』(1776), 『이자 옹호론(Defence of Usuary)』(1787), 『도덕과 입법의 원칙 서론』(1789), 『파놉티콘(Panopticon)』(1791), 『의회 개혁에 관한 문답집(Catechism of Parliamentary Reform)』(1817), 『법제화와 공적 훈령에 관한 논고(Papers upon Codification and Public Instruction)』(1817), 『근본적 개혁 법안(Radical Reform Bill—with Explanations)』(1819), 『헌법의 주요 원칙(Leading Principles of a Constitutional Code)』(1819), 『법적 증거의 근거(Rationale of Judicial Evidence)』(1827) 등등, 법률 및 제도 개혁과 관련된 수많은 저작을 남겼다. 이 저작의 목록만 보아도 그가 일관되게 관심을 두고 연구하고 활동한 대상이 무엇이었는지 쉽게 알 수 있다.

제러미 벤담과 존 스튜어트 밀의 인연은 존의 아버지 제임스 밀과 벤담이 만난 1808년, 그러니까 벤담의 나이가 꼭 환갑이 되던 해에 시작되었다. 1806년생인 존 스튜어트 밀이 (한국 나이로) 세 살 되던 해였다(이하에서 언급하는 나이는 모두 한국식 나이인데, 우리의 실감에 도움이 될 것 같다). 그는 자신의 부친이 벤담에게 어떤 존재였는지를 한 마디로 이렇게 말한다. "아버지야말로 어느 정도 유명한 영국 사람으

---

77 이하 벤담과 밀의 전기와 관련된 내용은 위 두 번역서의 '옮긴이 해제'와 다음 책들, 그리고 그 옮긴이 해제를 참조했다.
존 스튜어트 밀, 『존 스튜어트 밀 자서전』, 배영원 옮김, 범우사, 1983.
_____, 『여성의 종속』, 서병훈 옮김, 책세상, 2006.
_____, 『공리주의』, 서병훈 옮김, 책세상, 2007.
_____, 『존 스튜어트 밀 자서전』, 최명관 옮김, 창, 2010.
_____, 『자유론』, 서병훈 옮김, 책세상, 2012.

로서 최초로 윤리와 정치와 법률에 관한 벤담의 일반적인 견해를 철저히 이해하고 대체로 이를 채택한 사람이었다."[78] 공리주의 사상과 그에 기반을 둔 사회개혁에 힘을 합치게 된 제러미 벤담과 제임스 밀이 동지 관계를 넘어서 사적 친분도 얼마나 깊은 사이였는지는, 존 스튜어트 밀의 유년기인 1814년에서 1817년까지 그의 가족이 1년의 반을 벤담의 거처(데번셔의 포드 수도원)에서 함께 기거했고, 1820년에는 그가 제러미 벤담의 동생인 새뮤얼 벤담의 초대로 프랑스에 있는 새뮤얼 벤담의 집에 가서 1년 간 머물렀다는 사실만 보아도 잘 알 수 있다. 또한 벤담은 제임스 밀이 아들을 학교에 일절 보내지 않고 가정에서 직접 교육하는 방법과 내용에 큰 흥미를 느꼈다고 한다. 아들 밀은 아버지로부터 네 살 때에 그리스어(와 산수)를 배우면서 『이솝 우화집』을 읽은 것을 시작으로 온갖 그리스어 고전을, 그리고 아홉 살 때 라틴어를 습득한 이후로는 방대한 라틴어 고전을 배웠다(그는 자서전에서 이 고전들뿐만 아니라 자신이 읽은 국내외 작가와 저자들의 다방면의 고전과 문학 작품, 그리고 이를 포함하여 아버지에게 자신이 배운 '교양' 과목의 종류를, 그의 뿌듯한 자부심을 생생히 느끼게 할 만큼 몇 쪽에 걸쳐서 아주 자세히 나열하는데, 일일이 나열하기 힘들 만큼 그 목록이 대단하다). 벤담은 밀이 아버지부터 받은 이 범상치 않은 '홈스쿨링'의 수준을 잘 알았고 밀에 대한 신뢰와 애정이 깊었기 때문에 자신의 말년 역작인 『법적 증거의 근거』(전 5권)의 교정을 밀에게 맡기고 이 책의 편찬자로 존 스튜어트 밀이라는 이름을 올리기도 했다.

한편 밀의 평생을 통틀어 사상 면에서나 실제 삶의 면에서나 아버

---

[78] 존 스튜어트 밀, 『존 스튜어트 밀 자서전』, 최명관 옮김, 창, 2010, 65쪽.

지나 벤담 못지않게, 아니 사실은 그 이상으로 그에게 크고 깊은 영향을 끼친 인물이 있었으니, 그 사람이 바로 밀의 운명의 여인 해리엇 테일러다. 아주 남다른 가정교육을 통해 성장해 오던 밀은 만 스무 살 무렵에 자기 자신에 관한 깊은 허무감에 빠지게 되는데, 자신이 아주 어릴 적부터 받은 교육을 통해 길러진 "분석적 습관은 감정을 약하게 한다"[79]는 것, "이로 말미암아 언제나 열정이나 미덕이 송두리째 없어지기 쉽다"[80]는 사실을 뒤늦게 깨달은 것이다. "이렇게 된 인생이 도무지 살 보람이 없다는 데 대해서 나는 누구보다도 강한 확신을 품었다"[81]고 스무 살 시절의 자기 상태를 고백한다. 또한 "벤담의 학설에도 고려해야 할 것을 고려하지 않은 점이 많이 있는 것을 깨달았다."[82] 밀은 이런 허무감을 콜리지와 워즈워드의 시, 괴테의 글, 베버의 음악 같은 문학과 예술 작품에 심취하면서 극복했다. 해리엇 테일러를 만난 것은 이 정신적 방황을 끝낸 지 얼마 되지 않은 1830년, 그의 나이 25세 때였다. 테일러는 그보다 두 살 적은 23세였는데, 이미 결혼을 해서 두 아이를 둔 유부녀였다. 두 사람이 사랑의 감정을 느끼게 되는 1831년에 테일러는 셋째 아이인 헬렌을 낳았는데 이 딸이 나중에 새아버지가 된 노후의 밀을 돌보았고 밀 역시 이 양녀에게 특별한 애정을 보였다. 1849년에 해리엇 테일러의 남편인 존 테일러가 병으로 죽자, 그 2년 뒤인 1851년에 두 사람은 정식으로 결혼했다. 밀

---

79 위의 책, 147쪽.
80 위의 책, 148쪽.
81 같은 쪽.
82 위의 책, 166쪽.

의 나이 46세 때였다. 밀의 어머니를 비롯해 가족들은 이 결혼을 받아들이지 않았지만, 두 사람은 행복한 결혼 생활을 했다. 그러나 결혼 생활 7년 반 만인 1858년, 두 사람이 남부 프랑스로 여행을 가던 중 아비뇽에서 테일러가 갑자기 폐 충혈로 세상을 떴다. 밀은 그녀가 묻혀 있는 곳 근처에 오두막집을 짓고 딸 헬렌과 함께 1년을 살았고, 죽은 뒤에는 부인 곁에 묻혔다. 밀에게 그녀가 어떤 존재였는지는, 그녀와의 관계를 빼놓고는 『여성의 종속(The Subjection of Women)』(1869)을 비롯한 그의 저서 곳곳에 담겨 있는 남녀평등 사상을 이해할 수 없다는 것, 그리고 그의 대표 저서인 『자유론(On Liberty)』(1859)의 "대부분이 그녀의 업적"[83]이고 "다른 어느 책보다도 더 직접적으로 또 문자 그대로 우리 둘의 합작"[84]이며, "그녀를 기억함은 나에게 하나의 종교요, 그녀가 옳다고 여긴 것은 가치 있는 모든 것의 총화요, 또 내가 내 생활을 규모 있게 해 나가려고 애쓰는 표준이다"[85]라는 그의 고백만으로도 충분히 미루어 짐작할 수 있다. 두 사람의 관계는 이를테면 프레데리크 쇼팽과 조르주 상드의 관계 이상이다. 밀의 사상을 이해하는 데에는 그와 해리엇 테일러의 이러한 관계를 항상 염두에 두는 것이 관건이다.

---

83 위의 책, 252쪽.
84 위의 책, 253쪽.
85 위의 책, 252쪽.

3. 벤담의 공리주의 : 누구나 누리고 수치로 확인할 수 있는 쾌락의 추구

제러미 벤담의 『공리주의』의 본래 제목은 '도덕과 입법의 원칙 서론'이다. 다시 말해서 공리주의 또는 공리성을 도덕과 입법의 원칙으로 내세우면서 그 근거를 논하는 책이다. 잘 알려진 바와 같이 공리주의의 핵심은 '최대 다수의 최대 행복' 원칙이다. 도덕이건 법률이건 이 원칙을 기본으로 해야 한다는 것이 공리주의 사상이다. 벤담이 이 공리주의 사상을 대표하는 것은, 그가 최초의 공리주의 사상가여서가 아니라[86] 이 원칙을 일관되게 고수하면서 비로소 그것을 실제로 관철하는 방법의 체계를 세우고 세목을 작성했기 때문이다. 원문의 각주 1번에서 자세히 설명하듯이, 공리주의의 실제 핵심은 행복과 쾌락의 양을 최대한 증가시키는 것이다. 그런데 "어떤 종류의 쾌락이 다른 것보다 더 바람직하고 가치 있다는 사실을 인정한다고 해서 공리주의 원리와 어긋나는 것은 결코 아니다. 다른 것을 평가할 때는 양뿐만 아니라 질도 고려하면서, 쾌락에 대해 평가할 때는 오직 양만 따져 보아야 한다고 말한다면 전혀 설득력이 없다"[87]는 존 스튜어트 밀의 말은, 자신의 스승인 제러미 벤담의 공리주의 사상에 대한 비판이라 볼 수 있다. 벤담의 공리주의를 '양적 공리주의'로 비판하는 데 다른 누구도 아닌 그의 애제자 밀이 가장 앞장선 셈이고, 이것은 타당한 비

---

86 뒤에서 살펴볼 「벤담론」에서 밀은 "철학이 있었던 모든 시대에, 즉 에피쿠로스 시대뿐만 아니라 그 이전 시대에도 여러 학파 중 하나는 공리주의 학파였다"고 까지 말한다.

87 존 스튜어트 밀, 『공리주의』, 서병훈 옮김, 책세상, 2007, 26-27쪽.

판이다.

그러나, 벤담의 공리주의에 대한 밀의 전체적 평가를 통해서도 알수 있는 바처럼, 벤담의 공리주의에는 이렇게 명백한 결함이 있음에도 아주 분명한 장점이 있다. 역자는 벤담의 글에 나타난 그의 생각과 논리를 보면서 무엇보다도 '어쩌면 이렇게 단순하고 순진하고 솔직하면서도 실용적 사고방식을 지닌 사람이 있을까?'라는 생각이 자연스럽게 들었다. 그 가장 좋은 예로, 이 책에 실린 벤담 글의 가장 마지막 부분이기도 한 '5장 쾌락과 고통의 종류'의 마지막 주석을 보자.

눈과 귀가 받아들이는 쾌락은 일반적으로 매우 복합적이다. 예컨대 시골 풍경을 보는 쾌락은 보통 무엇보다도 다음과 같은 쾌락으로 구성된다.

(1) 감각의 쾌락

① 기분 좋은 색깔과 모양, 푸른 들판, 살랑거리는 나뭇잎, 반짝이는 물, 기타 등등을 지각함으로써 자극되는 시각의 단순한 쾌락.

② 새들이 지저귀는 소리, 시냇물이 졸졸 흐르는 소리, 나무들 사이로 바람이 스치는 소리를 지각함으로써 자극되는 청각의 단순한 쾌락.

③ 꽃이나 갓 베어 낸 풀, 또는 그 밖의 막 발표되기 시작한 식물성 물질의 향기를 지각함으로써 자극되는 후각의 쾌락.

④ 피가 활발하게 돌고, 도시에서 들이마시는 공기와 흔히 비교되는 시골 공기처럼 맑은 공기를 폐에서 호흡할 때 생기는 기분 좋은 내적 감각.

(2) 연상에 의해 생기는 상상의 쾌락

① 눈에 보이는 대상을 소유하는 데서 나오는 풍요의 관념과 그 관념에서 생기는 행복의 관념.

② 새·양·소·개 등등 온순하거나 집에서 기르는 동물에 의한 천진함과 행복의 관념.

③ 이 모든 피조물들이 향유한다고 생각되는 건강함의 지속적 흐름이라는 관념. 이 관념은 가상의 관찰자가 향유하는 건강함의 우연적 흐름에서 생겨나기 쉽다.

④ 이런 축복의 창조자로 우러러보는 전능하고 자비로운 절대자(Being)를 명상함으로써 자극되는 감사의 관념.

이 마지막 네 가지 모두는 적어도 어느 정도는 공감의 쾌락이다.

어떤 사람에게서 이런 종류의 쾌락을 빼앗는 것은 그를 감옥에 가둠으로써 생기기 쉬운 해악 중 하나다. 불법적 폭력에 의한 것이든 법이 정한 처벌에 의한 것이든 그렇다는 것이다.

이런 식의 쾌락의 분류가 얼마나 타당한지보다는, 벤담이 왜 이런 시도를 한 것인지 그 자체의 의도와 배경을 충분히 이해하는 것이 중요하다. "본능은 아무리 꼼짝 못하게 해도 교육으로 결코 죽일 수 없다"는 벤담의 언명에 나타나듯이, 우선 이것은 현세의 쾌락과 행복을 짐짓 무시하는 금욕주의의 위선을 비판하는 벤담의 사상을 표현한 것으로 볼 수 있다. 그러나 이보다 더 중요한 의도는 다른 곳에 있는 것 같다. 매우 상징적이게도, 벤담은 이 저서의 초판을 프랑스대혁명이 일어난 해인 1789년에 출간했는데, 그 후 20여 년이 지나 2판을 내면서 큰 비중을 두고 길게 덧붙인 주석이 있다. 주석 4번을 보자.

다른 어느 대목보다도 이 주석에 벤담 공리주의 사상의 핵심 문제의 식이 담겨 있다.

공리성의 원칙을 모든 것을 포괄하고 모든 것을 지배하는 특징을 지닌 원칙으로 본 『정부에 관한 단상』을 출간한 지 얼마 되지 않았던 1776년에, 위와 같은 취지의 논평을 한 사람이 있었다. 그는 **알렉산더 웨더번**이라는 이로, 당시에 법무 장관인가 법무 차관이었고, 나중에는 러프버러 경과 로슬린 백작이라는 상속 작위를 받고 민사 법원 수석 재판관(Chief Justice of Common Pleas)과 대법관(Chancellor of England)을 차례로 지낸 인물이다. (……) 그런데 그에 의해, 혜택 받는 소수의 최대 행복이 있건 없건 간에, 지배하는 **한 개인**의 최대 행복이 어떤 경우에도 정부 정책 방향의 유일한 목적이라는 것이 이제 아주 명백하게 보인다. **공리성의 원칙**은 당시에 채택된 하나의 명칭이었는데, 앞서 보았듯이 더욱 명료하고도 유익하게 **최대 행복의 원칙**이라는 이름으로 나타낼 수도 있었지만, 다른 사람들이 그랬던 것처럼 내가 채택한 말이었다. 그런데 웨더번은 "이 원칙은 위험한 원칙이다"라고 말했다. 이렇게 말함으로써 그는 어느 정도 엄밀한 진실을 말했다. 최대 다수의 최대 행복이 정부의 유일하게 **옳고** 타당한 목적이라고 단언하는 원칙, 이런 원칙이 어찌 위험한 원칙이 아니라 말할 수 있겠는가? 이 원칙은 의문의 여지없이, 상대적으로 소수인 다른 일부 사람들을 덧보태건 않건 간에, 어떤 **한 개인**의 최대 행복을 실제 목적 또는 목표로 삼는 모든 정부에 위험한 것이다. 그 한 개인에게는, 상대적으로 소수인 다른 사람 각자가 아주 많은 하위 동업자들을 발판 삼아 이익에 한몫 끼도록 허용하는 것이 쾌락 또는 타협의 문제다. 따라서 공리성의 원칙은 웨더번 자신을 포함한 모든 공무원들의 이익에, 그 사악한 이익에 참으로 **위험한** 것이었다. 왜냐하면 그들이 얻는 이익이란, 비용에서 뽑아낼 수 있는 이익을 챙기기 위해 사법 절차나 그 밖의 절차를 최대한 지연시키고, 성가시게 만들고, 비용을 많이 들게 해서 얻는 것이기 때문이었다. 최대 다수의 최대 행복을 목적으로 삼는 정부에서도 알렉산더 웨더번이 법무 장관이 되고, 그러고 나서 대법관이 되었을지도 모른다. 그러나 연봉 1만 3천 파운드를 받는 법무 장관이 되지는 못했을 것이고, 모든 재판에 거부권을 행사할 수 있는 귀족 작위와 연봉 2만 5천 파운드를 받으면서 유급 성직 및 기타 명목으로 한직 500개를 마음대로 이용할 수 있는 대법관은 되지 못했을 것이다. (강조는 원문 그대로임.)

고위 공직자들의 이기심과 이기적 작태에 대한 격렬한 분노와 비판, 이것이 바로 벤담의 '최대 다수의 최대 행복' 사상의 본질 가운데 중요한 한 면이었다. 또한 그것은 바로 민주주의 정치사상을 벤담식으로 표현한 구호였다. 그가 1인 1표의 보통선거와 완전한 비밀선거의 도입을 주장하면서 국회의원 선거권 확대 운동에 열성적으로 뛰어든 활동가이기도 했다는 사실을 기억해야 한다. 현재는 보편화되어 있는 보통선거권이 당시에는 아주 혁명적인 것이었다. 당시로 보아서는 진보주의 진영으로 분류될 수 있었던 자유주의자들에게도, 오늘날에는 보편화된 민주주의와 보통선거권은 대개 두려움의 대상이었다. 산업화의 진전과 더불어 무산자 대중이 출현했는데, 이들에게 민주주의는 사유재산의 특권을 제한하기 위한 수단이 되었기 때문이다.

자유주의자들이 보통선거권을 두려워한 데에는 그럴 만한 정당한 이유가 있었다. 보통선거권은 분배 투쟁을 정치화하고, 시장을 왜곡하며, 비효율성을 부채질할 가능성이 높기 때문이었다. 많은 자유주의자들은 민주주의가 시장을 침탈하거나 파괴할 것이라고 생각하였다.[88]

뒤이어 살펴볼, 벤담의 공리주의를 검토하는 글에서 밀이 벤담을 "진보적 철학자"로 분명히 규정하면서, "정책 원칙과 제도 두 가지 모두에서 영국 혁신의 아버지"이자 "당대의 위대한 체제 전복적, 또는 대륙 철학자들의 언어로 말하자면 위대한 비판적 사상가"로 평가한 것은, 위와 같은 사정을 감안할 때 별로 과장이 아니다. 이런 역사적 맥락을 보면서 벤담의 공리주의를 이해한다면 벤담의 '양적 공리주의'의 의의와 한계를 좀 더 온전하게 파악할 수 있을 것이다. 벤담의 '양적 공리주의'를 일방적으로 폄하하기만 하는 것이 부당한 이유가 또 있다. 양으로, 다시 말해 수치로 나타낼 수 있는 쾌락과 행복의 지표를 체계화하고자 한 벤담의 노력이 없었다면, UN 세계 행복 보고서의 '행복지수' 같은 계량화된 행복 지표가 오늘날처럼 보편화되지 못했을지도 모른다. 대중의 행복 추구를 위한 정책에서는 주관적 요소

---

88 G. 에스핑앤더슨, 『복지 자본주의의 세 가지 세계』, 박시종 옮김, 성균관대학교 출판부, 2007, 31쪽.
　　당시에 '분배' 문제가 얼마나 심각했는지는, 본 번역서의 자매편인 『존 스튜어트 밀의 사회주의론』에서 밀이 사유재산과 분배 문제에 관한 사회주의자들의 주장의 일부는 수용하면서 자신의 대응 논리를 적극적으로 펼치는 것만 보아도 잘 알 수 있다.

와 객관적 요소, 질적인 면과 양적인 면을 모두 고려해야 할 터인데, 벤담은 그중에서도 특히 객관적 요소와 양적인 면을 자기 나름대로 체계화함으로써 실제 정책을 통해 그것을 현실화하고자 한 것이라 할 수 있다. 심지어, 『도덕과 입법의 원칙 서론』의 4분의 1에 해당하는 내용이 위법행위와 형벌의 분류에 관한 내용이고, 『파놉티콘』이라는 저서를 내기 전에 그가 실제로 이 이름의 감옥을 설계해서 정부에 제안한 것도, 역설적이게도 사람들의 전체 행복을 증대하기 위한 것이었다.

> 모든 형벌은 그 자체로 악이다. 공리의 원칙에 의거하면, 만약 어쨌든 형벌이 허용되어야 한다면 오직 그것이 더 큰 악을 제거하리라고 보장하는 한에서만 허용되어야 한다.[89]

「벤담론」에서 젊은 밀은 스승과 스승의 사상에 관해 '균형 잡힌' 평가를 하고자 하고 또 그래야 마땅하다는 말을 여러 차례 하고 있지만, 실제로는 매우 신랄한 비판으로 기울고 있다. 벤담을 고평하는 대목에서나 맹렬히 비판하는 대목에서나 밀은 설득력 있는 근거를 열정

---

89 제러미 벤담, 『도덕과 입법의 원칙에 대한 서설』, 강준호 옮김, 아카넷, 2013, 331-332쪽.
　　위 책의 옮긴이는, 한국의 일반 독자들이 흔히 미셸 푸코의 『감시와 처벌』을 통해 '파놉티콘'이라는 용어를 접하는데, 푸코는 벤담의 파놉티콘 구상이 "법률 개혁을 위한 벤담의 포괄적 시도들 중 일부임을 제대로 설명하지" 않고 오히려 "'감시'니 '권력'이니 하는 말들로 어쩌면 벤담의 진정한 설계 의도에 대한 잘못된 인상을 심어 주는 것 같다"(위의 책, 617쪽)고 말한다. 매우 적절한 지적이라고 생각한다.

적으로 제시한다.

4. 밀의 벤담론 : 민주주의의 수준과 행복의 차원에 관한 고민

존 스튜어트 밀의 공리주의 사상을 담은 책으로는 『공리주의』(1863)
가 유명하고 이 책은 이미 번역, 소개되었지만, 우리가 지금 함께 읽
고 살펴보는 「벤담론(Bentham)」(1838)은 한국 독자들에게 한글 번역
으로 처음 소개하는 글이다. 이 두 저작은 밀의 인생에서 아주 대조
적인 시기에 쓰였다는 점을 먼저 눈여겨보자. 『공리주의』는 사상가로
서나 사적 개인으로서나 그리도 깊이 사랑한 아내 해리엇이 세상을
뜬 지 5년이 지났고 밀의 나이가 노년을 향해 가던 58세 때에 쓴 것이
고, 「벤담론」은 밀이 혈기 왕성한 20대 청년 시절을 지나 사상으로나
인격으로나 성숙 단계가 높아가던 30대 초반의 젊은 시절, 그리고 해
리엇 테일러와의 특별한 애정도 깊어 가던 때에 쓴 글이다. 인생 원숙
기의 밀이 『공리주의』에서 자기만의 공리주의 사상을 펼쳐 보일 수 있
었던 것은, 벤담 공리주의 사상의 공과를 그 누구의 눈치도 보지 않
고[90] 패기만만하게 논한 젊은 시절의 이 글에 그 원동력이 있다.

밀은 우선, 당대 영국의 보수주의를 대표하는 사상가로 콜리지를
꼽으면서 벤담을 그와 쌍벽을 이루는 진보주의 사상가로 규정한다.
밀이 보기에 특히 벤담은 "현존하는 정책 원칙 및 제도와 모순되는

---

90 밀은 스승 벤담이 별세한 지 6년이 지났고 자신에게 무엇보다 엄한 선생이었던
　 아버지 밀도 작고한 지 2년이 지난 때에 「벤담론」을 발표했다.

사실들을 더욱 분명하게 알아차리도록 하기 위한" 가르침을 영국인들에게 주었다. 당대 영국의 "실질적 악습", 즉 "법률의 악습 문제"가 "식자들에게 어떤 분명한 양심의 가책을 느끼게 하지도 않았을뿐더러, 그들이 책에서, 의회에서, 또는 판사석에서, 기회가 주어질 때마다 그러한 법이 지성의 완성이라고 주장하는 것을 막지도" 못할 때, 용감하고 집요하게 그 문제를 파고들어 근본 해결책을 내놓은 것이 벤담 특유의 큰 업적이라고 밀은 평가한다. 밀이 벤담을 고평하는 둘째 면은 벤담이 "위대한 철학자가 아니라 철학의 위대한 개혁자였다"는 데에 있다. 즉, "그가 한 일의 새로움과 가치를 만들어 낸 것은 그의 견해가 아니라 그의 방법"인데, 그것은 "세부 항목의 방법, 즉 전체를 부분으로 나누어 다루고, 추상적 개념을 사물로 변형시켜서, 다시 말해 분류되어 있고 일반화되어 있는 것을 그것이 구성되어 있는 개별적인 것들로 구분하고, 모든 질문에 해답을 내놓으려 하기 전에 그것을 세부 질문으로 쪼개어 다루는 방법"이고, 바로 이 방법을 통해 벤담이 당대 영국의 악습을 철저히 분석하고 그 해결책을 제안할 수 있었다는 것이다.

오류는 일반화 속에 숨어 있다는 말, 즉 인간의 마음은 어떤 복잡한 전체를 모두 조사해서 그 전체를 이루는 부분들의 목록을 만들어내기 전까지는 그 전체를 받아들일 만한 능력이 없다는 것, 추상화한 것은 **그 자체로는** 현실이 아니라 나타나는 사실들을 축약하는 방법이라는 것, 그리고 현실을 다루는 유일한 실질적 방법은 (경험으로건 의식으로건) 그 속에서 나타나는 사실들을 되짚어 보는 것이라는 말은 온당한 금언이며, 벤담 이전에는 누구도 그렇게 일관되게 적용하지 않은 금언이다. (강조는 원문 그대로임.)

'성급한 일반화'가 아닌 이렇게 치밀한 '세부 항목화'의 방법을 동원한 추론을 당대 법률문제에 적용하여 "법철학을 과학이 되게" 한 것이 벤담의 위대한 성취라고 밀은 평가한다. 그 결과 벤담은 첫째, "법철학에서 신비주의를 몰아냈고, 어떤 명확하고 정밀한 목적의 수단으로서 현실 관점에서 법을 보는 본보기를 정립"했으며, 둘째, "법 개념 전반, 법에 관련된 조직의 개념, 그리고 이 두 가지와 연관되어 있는 다양한 일반 개념들과 한 몸이 되어 있는 혼란과 애매함을 깨끗이 없앴"고, 셋째, "성문화(codification), 즉 모든 법을 글로 쓰고 체계적으로 정리한 법전으로 전환할 필요성과 실행 가능성을 제시"했으며, "넷째, 민법이 해결하고자 하는 사회의 시급한 요청과 그 해결 방안의 타당성을 판단하는 기준이라 할 인간 본성의 원리에 관한 체계적 관점"을 제시했고, 다섯째, "법철학의 다른 어떤 부분보다도 더 형편없는 상태에 있었던, 사법기관 철학과 증거의 철학을 포함한 사법 절차의 철학을 새로 만들어냈다." 「벤담론」에서 밀이 벤담을 고평하는 것은 여기까지다. 결국 밀이 평가하는바 벤담의 득의의 성취는 나를 포함한 일반인으로서는 아주 친절한 설명을 들어야 겨우 그 실제 의미를 이해할 만한 '전문적' 법률 영역에 있었다.

그런데 그의 공리주의 철학은 우리가 알다시피 인간의 쾌락과 행복을 증대하고자 하는 것이 궁극의 목적이어서 그 탐구(와 개혁)의 대상이 전문적 법률뿐만 아니라 인간 자체가 되지 않을 수 없다. 여기서 문제가 생긴다. 밀이 보기에 "그의 방법은 (법률학이라는—옮긴이) 한 가지 종류의 포괄성은 보증하지만 (온전한 인간학에 기초한—옮긴이)

또 다른 종류의 (여러 방면의—옮긴이) 포괄성은 보증하지 못한다." 「벤담론」의 나머지 내용은 벤담의 인간관에 내재한 문제의 본질과 원인에 관한 더없이 통렬한 비판인데, 그 속에 밀의 일관된 인간학이 담겨 있고, 이것에 근거하여 이후에 모든 방면의 그의 사상이 전개되며, 이것이 밀의 벤담 비판에서 더 중시해야 할 점이다.

인간 본성과 인간 생명은 광범위한 주제들이어서, 이 주제들에 관해 철저한 지식을 요구하는 작업에 착수하려고 하는 사람은 누구나, 자기 자신의 풍부한 이야기의 저장고를 지니고 있어야 할 뿐만 아니라 다른 사람들에게 들은 온갖 이야기의 저장고에서도 도움을 받고 그것을 활용해야 한다. 그 사람이 이 작업에 성공할 자격이 있는지 여부는 다음 두 가지, 즉 그의 본성과 환경이 그에게 인간 본성과 환경에 관한 정확하고도 완전한 모습을 보여주는 정도, 그리고 다른 지성인들로부터 식견(light)을 얻어 내는 능력에 비례하여 결정된다.

벤담은 다른 지성인들에게서 식견을 얻어 내지 못했다. 그의 글에는 그의 사상 이외에 다른 어떤 사상 학파에 관한 정확한 지식의 자취는 거의 없으나, 다른 학파들이 그에게 알 만한 가치가 있는 것을 가르칠 수는 없다고 그가 철저히 확신한 증거는 많다. (……)

그러니 벤담이 다른 모든 사상가 학파를 경멸하고, 자기만의 사고 방식과 자신과 비슷한 지성인들이 공급하는 자료들에 전적으로 의존하는 철학을 창조하겠다고 결심한 것은 철학자로서 그의 첫째 결격 요소였다. 그의 둘째 결격 요소는, 그의 사고방식이 인간 본성을 두루 대변하는 것으로서 불완전하다는 점이었다. 그는 인성 본성 가운데 가장 자연스럽고 가장 강력한 여러 느낌을 공감하지 못했다. 그는 인간 본성에 관한 여러 가지 깊은 경험을 할 기회를 전혀 갖지 못했다. 또한 한 사람이 자신과 구별되는 다른 사람을 이해하고 스스로를 그 다른 사람의 느낌 속으로 던져 넣는 능력은 그의 **상상력**(Imagination) 결핍으로 인해 그에게 주어지지 않았다. (……)

그래서 인간 본성에 관한 벤담의 지식은 이 한계에 갇혀 있다. 그것은 완전히 경험적인 것인데, 그 경험주의는 경험이 거의 없는 사람의 경험주의다. 그에게는 내면의 경험도 외적 경험도 없다. 삶의 과정도 평온하고 사고방식도 건전했기에 그는 두 가지 경험 모두 할 수 없었다. 풍요로움과 역경, 열정과 싫증을 몰랐다. 그는 병약함이 주는 경험조차 없었다. 그는 유년 시절부터 85세까지 소년의 건강을 지니고 살았다. 그는 낙담도 마음의 무거움도 몰랐다. 그는 삶을 괴롭고 고단한 짐으로 느껴보지 못했다. 그는 죽을 때까지 소년이었다. (강조는 인용자가 함.)

만일 벤담이 이 비판을 접했다면 어땠을지 '상상'해 본다. 반대로, 밀은 벤담의 학식과 인품의 적나라한 모든 면을 볼 수 있을 만큼 어릴 적부터 20여 년 세월을 그와 아주 가깝게 지냈으니, 벤담에게 존경과 경멸이 뒤섞인 복잡한 감정을 품었을 것이다. 특히 인간 본성을 제대로 깊이 이해하는 데 기반이 되는 "풍부한 이야기의 저장고", 다시 말해 인간사의 폭넓은 직접 경험[91], 그리고 그에 관한 간접 경험을

---

91 밀은 책상물림 사상가 결코 아니었다. 그는 홈스쿨링을 마친 18세 나이에, 동인도회사에 다니던 아버지의 주선으로 이 회사에 들어가 아버지의 부하 직원으로 일을 시작해서 53세가 될 때까지 35년 동안 직장 생활을 했다. 그의 저작 대부분은 이렇게 직장 생활을 하는 동안 틈틈이 시간을 내어 쓴 것이었다. 밀은

제공하는 '문학'의 소양을 결여하고, 역사적–사회적으로 형성된 성 역할(gender)의 몰이해로 성별에 관해 심각한 편견을 지닌[92] 벤담에게 진한 반감마저 느꼈을 것이다. 벤담 별세 후 여러 해가 지난 뒤, 벤담에 대한 밀의 평가는 결국 이 글에서 보듯이 단호한 비판에 무게 중심을 놓는 쪽으로 정리되었다. 한마디로 말해서 벤담은 "정신의 완성"이라는 인간의 고차원 가치의 추구 본성을 보지도 못하고 인정하지도 않는다는 것이 그 핵심 이유다. 그래서 "벤담의 이론은, 일정한 정신 발달 상태에 도달했고 다른 경우라면 그 상태의 유지가 가능할 어떤 사회가 그 물질적 이익을 지킬 수 있는 규칙을 규정할 수 있게 해줄" 수는 있지만, "사회의 정신적 이익을 위해서는 아무것도 하지 못할 것이다." 그러나 벤담의 이론은 물질적 이익을 얻게 해주는 데에서도 큰 결함이 있으니, "어떤 물질적 이익도 얻을 수 있게 해주는 유일한 것, 어떤 인간 집단도 사회로 존재할 수 있게 해주는 유일한 것은 국민성(national character)"인데, 이렇게 중요한 '국민성'에 관한 이해가 그의 이론에는 결여되었기 때문이다. 그런데 이보다 훨씬 더 중요한 문제점은, 보통선거를 통해 탄생하는 다수파에게 절대 권력을 주고

꽤나 운 좋은 직장 생활을 한 것 같다.
"나 자신에 관해서 말하면, 일생을 통하여 직장에서 내가 할 일들은 이와 함께 내가 수행하고 있던 다른 정신적인 일에서 실상 휴식을 얻게 하는 것이었다. 그것들은 아무 재미없는 시시한 일이 되지 않을 만큼은 지적인 일이었고, 또 늘 추상적 사색을 하거나 곰곰이 생각해서 글을 쓰곤 하는 사람의 정신력에 지나친 부담을 주지는 않는 것이었다."
존 스튜어트 밀, 『존 스튜어트 밀 자서전』, 최명관 옮김, 창, 2010, 94쪽.
92 제러미 벤담, 『도덕과 입법의 원칙에 대한 서설』, 강준호 옮김, 아카넷, 2013, 144–146쪽의 '성별'에 관한 서술을 보라.

그것을 여론으로 뒷받침까지 해주고자 하는 벤담의 정치철학에 있다.

사회의 모든 힘이 단일한 방향으로 움직이는 곳은 어디에서나 개별 인간의 정당한 주장이 극단적 위험에 처한다. 다수파의 권력은, 개인 인격의 존중과 교양 있는 지성의 우월성에 대한 경의에 의해 그 행사가 진정되면서, 공격적으로가 아니라 방어적으로 사용되는 한에서 건전하다.

개별성을 짓밟는 체제는 그 이름이 무엇이 됐든 최악의 독재 체제이고, 정치를 지배하는 여론의 전제(專制)는 중우정치(衆愚政治)를 낳을 위험성을 점점 더 증대시키기 때문에, 이런 추세에서일수록 더욱 더 개성(의 자유)을 보호해야 한다는 『자유론』 사상의 핵심이 이미 이 글에서 명확하게 나타난다. 여기서 다시 논점은 인간에 관한 온전한 이해라는 근본 문제로 돌아온다. 이 지점에 오면 이미 밀은 벤담에 관한 비판에 별 의미를 두지 않는다(이 글 마지막 대목에서 나오는 벤담이 "죽을 때까지 그 본질이 소년이었다"는 밀의 말이 압권이다). 밀은 스승의 그늘에서 완전히 벗어나 '개성'에 바탕을 둔 자신의 인간학에 기초하여 독립된 사상 체계를 세우는 작업에 이미 접어들어 있었다.

5. 벤담과 밀의 공리주의에서 보는 현대 민주주의의 의의와 난제

제러미 벤담과 존 스튜어트 밀, 58세의 나이 차이가 나는 이 두 사람의 사제 관계는 적어도 제자의 눈에는 스승이, 한편으로는 일관된 공리주의 사상을 바탕으로 당대 영국의 법률과 정치의 '적폐'를 청산하고 제반 제도를 개혁하기 위해 평생을 헌신하면서 큰 가르침과 감동을 준 인물임과 동시에, 85세로 생을 마감할 때까지 인간의 내면과 정신세계를 폭넓고 깊이 있게 보지 못한 '철없는 만년 어린아이'로 비쳐졌다는 사실만으로도, 매우 기묘하고 별난 인연으로 보인다. 그러나 달리 보면, 두 사람의 이런 관계에는 두 사람이 살던 시대와 나라에서뿐만 아니라 오늘날 지구의 이곳저곳에서 사는 뭇사람들이 겪는 삶의 문제들의 본질이 숨어 있는지도 모른다.

공리주의를 공통분모로 하여 자신들의 사상을 정립하고 그 실현을 위해 활동한 벤담과 밀은 달리 말하자면 민주주의를 통한 대중의 행복을 궁극 목적으로 추구했다고 할 수 있다. 되도록 많은, 더 나아가 모든 사람의 수치화된 행복의 양을 어떻게 하면 최대화할 수 있을 것인지에 일관되게 생각을 집중한 사람이 벤담이다(그에 관한 비판은 밀이 부족함 없이 했으므로 더 이상은 필요 없을 것이다). 이때 가장 걸림돌은 '법률의 악습'이었고 그것을 자기 계급 이익의 토대로 삼은 것이 웨더번으로 상징되는, 법률제도를 장악한 (고위) 공직자들이었다. 사실 벤담은 웨더번같이 법률과 관계된 공직자들을 비판하면서 또 한 가지 역설적 진리를 보여 준 셈인데, 밀이 벤담을 신랄하게 비판한바 인간 이해의 폭과 깊이의 문제는 다른 누구보다도 당대의 '웨더번들'이 지닌 심각한 문제라는 것, 결국은 그들의 비뚤어진 '특권과 차별의 인간관'이 그들 계급의 이기주의를 낳았다는 사실을 폭로한 점이 그것이다. 이것이 어찌 벤담 당대로 그친 문제이겠는가? 오히려 오늘날 한국의 상황에서야말로, 법을 다루고 집행하는 사람들은 인간에 관해 다른 누구보다도 폭넓고 깊이 있는 소양, 예의 '문학적 소양'을 갖춘 사람들이어야만 한다는 진리를 우리 모두 절감하지 않는가?

밀의 사상에서는 개인과 사회의 중요성을 동시에 강조한다는 것이 일반적 평가인 것 같다. 즉, "밀의 자유주의는 개인만의 이익을 추구하는 편협한 개인주의가 아니라 공동선을 동시에 추구하는 고양된 개인주의를 추구한다고 볼 수 있는데『공리주의론』에서는 공동선이, 『자유론』에서는 개인주의가 더욱 강조된 감이 있다"[93]는 것이다. 내가 보기에는, 밀이 인생 원숙기에 접어든 이후 발표한 위 두 저서보다 훨씬 이전에 쓴「벤담론」은 '고양된 개인주의'와 '공동선'[94]에 관한 문제 의식을 함께 담고 있다. 그렇지만 결국 밀의 대표 저서는『공리주의』보다는『자유론』이 아닐까. 어떤 경우에도 개인의 독립성과 독창성이 침해당해서는 안 된다는 것, 거꾸로 개인의 독립성과 독창성, 즉 (다른 사람에게 해를 끼치지 않는다는 조건 아래에서) 사상 및 출판의 자유를 포함한 개인의 자유를 보호하고 촉진하면서 전체의 행복을 추구하는 사회가 좋은 사회라는 밀 사상의 핵심이「벤담론」에 이미 분명히 나타나 있다. 그 바탕에는 대량생산과 대량소비, 그리고 대중 교육을 토대로 한[95] 현대 민주주의가 사람들을 '획일화'하는 경향이 있다는 그

---

93 이근식,『존 스튜어트 밀의 진보적 자유주의』, 도서출판 기파랑, 2006, 91쪽.

94 공리주의의 한자를 보통 '功利主義'로 쓰는데 (『표준국어대사전』도 이 한자를 쓴다.) 이것은 일본인들의 번역을 따른 것이고 그 본래의 '공공성'의 취지를 살리자면 '公利主義'가 적합한 한자어라는 의견에 나 역시 동의한다.
위의 책, 38쪽.

95 오늘날에는 이것들에다가 인터넷을 포함한 대중매체가 당연히 더해질 것이다. 밀이 스마트폰과 같은 오늘날의 대중매체 기기의 영향력을 본다면 무슨 생각을 할지 충분히 짐작해 볼 수 있다.

의 위기감이 있었다. "인간의 본성과 삶이라는 영역은 아무리 많이, 또는 아무리 여러 방향으로 연구해도 다하지 않는 영역"이라는 그의 말을 잘 이해해 보면, 무차별 대중(의 삶)에 토대를 두지 않을 수 없는 현대 민주주의가 그 '무차별성' 때문에 인간 개개인 본연의 독립성과 창의성을 억압하게 되는 난문제를 놓고 밀이 고심할 수밖에 없었음을 알게 된다. 사실은 이 책의 번역 작업을 힘들게 하기도 한 밀 특유의 만연체에는 그의 그러한 고심과 생각의 복잡성이 담겨 있다(나는 되도록 쉽고 자연스러운 우리말로 옮겨야 한다는 대원칙을 명심하면서도 밀의 이 만연체가 풍기는 분위기를 중시하지 않을 수 없었다).

한편, 밀의 글을 번역하면서, 그리고 번역에 참고하기 위해 그의 다른 저작을 읽으면서, 밀의 방대한 학식과 사려의 수준에 전혀 어울리지 않는다고 생각한, 아주 거슬리는 대목을 보게 되었다.

자기주장을 하는 원칙들 가운데 어느 한 가지가 완전한 승리를 거두어 그 다툼이 끝나 버렸고, 새로운 경쟁이 낡은 경쟁의 자리를 대신하지 않은 곳에서는, 사회가 중국식 정체 상태로 고착화되거나 해체되어버렸다. (……) 그래서 예컨대 미국이 언젠가 또 다른 중국(역시 아주 상업화되고 산업화된 나라이다)으로 전락할 것인가라는 의문은 결국 우리에게, 그러한 저항의 중심이 점차 발달할 것인가 아닌가라는 의문이 될 것이다. (「벤담론」)

정확하게 말하자면, 이 세계의 대다수 지역에는 역사가 없다. 왜냐하면 그곳에서는 관습의 전횡이 극에 달하고 있기 때문이다. 아시아 전체가 바로 이런 상황이다. 그곳에서는 관습이 모든 문제에 대한 최종 결정권을 갖는다. 그래서 관습을 따르는 것이 곧 정의요, 올바른 것

으로 통한다.[96]

그는 이렇게 단정하면서도 당대 중국이나 아시아 현실에서 취한 구체적 논거를 전혀 제시하지 않는다. 이러한 일방적이고 오만한 단정이 제국주의자들의 사고방식이나 태도와 매우 닮아 있다는 의심이 드는 것은 당연하다. 실제로 그는 여러 저서에서 제국주의를 옹호하고 예찬했을 뿐만 아니라, 민망할 정도의 서구중심주의와 영국우월주의의 사고방식을 드러냈다.[97] 적어도 당시 그는, 중국과 조선을 포함한 아시아 여러 나라들, 그리고 그 밖의 비서구 지역의 대부분의 나라가 온갖 관습의 적폐를 일소하고 자기 나름의 사회개혁을 이루기 위해 고투하고 있었지만, 자기네 이익을 극대화하기 위해 오히려 점령 지역의 관습의 적폐를 온존시키고 활용하고 있었던 장본인이 바로 제국주의자들이라는 사실을 잘 몰랐음에 틀림이 없다.

밀이 벤담을 비판한 똑같은 논리로 볼 때, 그가 서구와 자기 나라 못지않게 아시아를 비롯한 비서구 지역 사람들의 당대 현실과 역사를 훨씬 더 폭넓고 깊이 있게 이해했다면, 그는 위와 같은 제국주의자의 사고방식과 태도를 갖지 않았을 것이다. 달리 말해 위와 같은 이해를 전제한다면, 밀은 타자에 대한 무지와 몰이해를 반성할 수 있는 지성인이었으리라고, 그리고 이러한 전제와 '상상'이 부당한 것이 아니라고, 나는 생각한다.

---

96 존 스튜어트 밀, 『자유론』, 서병훈 옮김, 책세상, 2012, 133쪽.
97 이근식, 앞의 책, 183-184쪽 참조.

6

사회주의라는 거울에 비친
J. S. 밀의 사회개혁론과 인간학

◆◇◆

존 스튜어트 밀, 『존 스튜어트 밀의 사회주의론』, 좁쌀한알, 2018

1. 사회주의의 도전에 대한 응전을 통해 보는 밀 사상의 핵심

『사회주의론』(1879)은 존 스튜어트 밀의 많은 저작 가운데 『종교에 관한 세 편의 에세이(Three Essays on Religion: Nature, the Utility of religion, and Theism)』(1874)와 더불어 그의 사후에 발표된 두 저작 중 하나다(그의 부인 해리엇 테일러와 그녀의 전 남편 사이의 소생인 의붓딸 헬렌 테일러의 손으로 발표되었다). 독자는 밀의 저서 가운데 이런 책도 있었나 하고 신기해할지도 모르겠는데, 그래서 이렇게 최초의 한글 번역으로 이 책을 소개하게 된 것이 우선 기쁜 일이다. 밀은 자서전의 마지막 대목에서 말하기를, 의원 활동을 마치고 야인으로 돌아간 1869년에서 1870년 사이에는(자서전은 1870년 무렵까지의 서술로 마무리

되며, 그가 유고로 남겨주었던 것을 역시 헬렌 테일러가 1873년에 출간했다)
자신의 친구인 몰리(Morley) 씨가 내는 〈격주평론(Fortnightly Review)〉
을 비롯한 여러 신문과 잡지에 다방면의 논문을 썼다고 했는데[98], 이
책도 처음에는 바로 이 〈격주평론〉에 유고로 발표되었다. 그 전달자
도 물론 헬렌 테일러였는데, 헬렌은 그 발표 지면에 이 유고에 관한
짧지만 매우 중요한 설명을 덧붙인다. 아래의 글이 그 전문이다.

세계가 온통 다른 문제들에 몰두하고 있었던 그 이전 20년 동안조차
사변적(speculative)[99] 사상가들의 사회주의 개념들이 모든 문명국가
노동자들 사이에 전파되었던 기세에 감명을 받아 밀 씨가 사회주의에
관한 책을 쓸 구상을 한 것이 1869년이었다. 현대사회는 자기 안의 문
제들을 언제나 점점 더 밖으로 내보일 수밖에 없는 경향을 지니고 있
다는 것을 확신한 그는, 그 문제들을 철저하고 공정하게 고찰하고, 고
통을 연장하거나 쓸 데 없는 혼란을 일으키지 않으면서, 최선의 추론
을 통해 검증된 이론을 현존 질서에 적용하는 방법을 제시하는 것이
중요한 현실적 결과를 낳을 것이라고 생각했다. 그래서 그는 이 주제
전체의 논점 하나하나를 철저히 검토하는 저작을 계획했다. 여기 발표
되는 이 네 장(chapter)의 글은 그 저작을 위한 초고다. 이 네 장들은,
저자의 글쓰기 습관에 따라 완성되고 퇴고되었다면, 지금 이 순서대

---

98 이 진술과 아래의 헬렌 테일러의 말을 보면 『사회주의론』은 1869년에서 (그가 별
   세한) 1873년 사이에 썼음을 알 수 있다.
99 사변적(speculative) : 당대 사회주의 사상이 경험 또는 실험에 의한 검증을 거치
   지 않은 것이라는 점을 지적한 말이다. 『사회주의론』에서 밀은 소규모 집단의 실
   험을 통한 현실화 가능성 검증을 사회주의의 핵심 선결 과제로 지적한다.

로 되지 않았을지도 모르고, 완성된 저작의 다른 부분과 합쳐졌을지도 모른다. 이 글을 세상에 내놓아야 한다는 〈격주평론〉 편집자의 끈질긴 바람을 따르는 데에는 망설임이 없지 않았다. 그러나 나는 그의 청에 응했다. 내게 이 글들은, 현재 세인들이 관심을 갖지 않으면 안 되는 문제들에 대한 특별한 적용 가능성뿐만 아니라 위대한 내적 가치 또한 지니고 있는 것으로 보이는 동시에, 저자의 문명(文名)을 손상하기는커녕 좋은 글을 이루어내는 끈기 있는 노력의 본보기를 보여줄 것이라고 나는 믿기 때문이다.

1879년 1월　헬렌 테일러

저자의 퇴고를 거치지 않은 글이라는 말이 우선 눈에 들어온다. 그러나 헬렌 역시 (의붓)아버지의 이 '초고'에 전혀 손을 대지 않았다. 이 책이 발표되기 꼭 20년 전에, 밀의 대표 저작이자 아내 해리엇 테일러와의 '합작'인 『자유론』(1859)을, 아내가 여행 중 급사하기 전까지 아내와 작업했던 상태 그대로 전혀 퇴고 없이 밀이 출간했던 일을 연상케 하는 장면이다(밀은 『자유론』을 해리엇 테일러가 세상을 뜬 직후에 출간한 것과는 달리, 헬렌 테일러는 『사회주의론』 유고를 밀이 별세한 지 6년이 지난 시점에 출판사에 넘긴 것에 차이가 있기는 하다). 오직 (공동)저자만이 원고에 손을 댈 수 있다고 생각하는 데에서 이 세 사람 사이의 깊고 확고한 신뢰와 존경을 확실히 볼 수 있다. 그렇다고 해서, 『자유론』의 경우와 마찬가지로, 『사회주의론』이 하자가 있음에도 어쩔 수 없이 낸 책이 결코 아니라는 점 또한 헬렌 테일러의 설명을 통해 분명히 알 수 있다. 게다가 오히려 초고 상태의 글이기 때문에 『사회주의론』이 사회주의 문제에 관해 "보다 솔직한 밀의 생각을 보여준다"[100]는 평가 또한 참고해둘 만하다.

'사회주의론(Chapters on Socialism)'이라는 표제가 말해주듯이 이 책은 당대 사회주의 운동과 사회주의 사상가들에 관한 비평이다. 그런데 중요한 것은, 위의 헬렌 테일러의 말에서 잘 알 수 있는 바와 같이, 노동자들이 이 사회주의 운동과 그 사상에 강한 영향을 받는 이유가 무엇인지를 밝히고, 나아가 그 주장의 현실 적용 가능성을 정확하게 짚어보는 것이, 밀이 이 글을 쓴 목적이라는 점이다. 이렇게 현대 세계의 실상을 직시하면서 그 모순에 적극적으로 대응하는 존 스튜어트 밀의 살아 있는 논리를 통해 사회개혁 사상가로서의 그의 다양한 진면목을 압축해서 볼 수 있다는 데에 이 책의 특별한 의미가 있다. 나아가 밀 말년의 최후의 저작(가운데 하나)인 이 책은 또 다른 중요한 의미도 지니고 있는데, 그것은 사회주의 이념과 사회주의 운동, 그리고 그 토대를 이루는 현대 세계의 사회 모순에 대한 대응에 짙게 서려 있는, 존 스튜어트 밀 사상의 핵심을 이루는 그의 인간학을 더욱 분명하게 알려준다는 점이다.

2. 합리적 소신의 사상가 밀

『사회주의론』이 초고 상태의 글이기 때문에 사회주의 문제에 관한 보다 솔직한 밀의 생각을 보여준다는 평가가 있다는 것을 앞서 소개

---

100   이근식, 『존 스튜어트 밀의 진보적 자유주의』, 도서출판 기파랑, 2006, 188쪽.

했는데, 이 책을 실제로 읽어보면 그러한 솔직성은 초고라는 이 책의 성격과 무관하게 밀의 성품과 사고방식을 그대로 보여주는 것이라는 느낌을 무엇보다도 강하게 받는다. 이 해제의 다음 장에서 말하겠지만, 말년의 밀에게 당대 사회주의가 제기한 문제들은, 사상 면에서나 실제 삶의 면에서나 그가 평생 대응한 어떤 문제 못지않게 강력한 도전이 되었을 것이 틀림없어 보인다. 한편으로는 대체로 사회주의에서 제시하는 전망 또는 이상은 밀이 볼 때 (충분한 실험과 경험을 통해 검증하지 않을 때는 특히) 매우 위험할 뿐만 아니라 실패할 가능성이 높은 것이었지만(이에 관해서도 뒤에서 살펴보겠지만, 이 역시 결국은 그의 '인간학'에 근본을 둔 판단이다), 당대 자본주의 체제에서 사회주의라는 급진 사상이 노동자들에게 큰 호응을 얻을 수밖에 없는 현실의 본질적 모순을 밀은 정확히 보았기 때문이다. 중요한 것은, 밀이 이러한 상황에서 사회주의의 도전을 회피하지 않고 정면으로 받아들였다는 점이다. 『사회주의론』에 나타나는 사상가로서의 성실성에 비춰볼 때, 그보다 더 강력한 사상적 도전 과제가 들이닥쳤다 해도 밀은 그것을 외면하지 않고 자신의 일관된 생각에 근거하여 그것에 차분히 대응했을 것이라는 상상을 자연스럽게 하게 된다.[101]

---

101 이러한 상상을 뒷받침하는 밀 자신의 증언, 그리고 이와 관련하여 그가 제시하는 사례가 많이 있는데, 그의 국회의원 활동에 관한 증언 하나를 우선 소개하자면 다음과 같다.
"대체로 나는 다른 사람들이 할 것 같지 않은 일을 떠맡으려 했기 때문에, 내 발언의 대부분은 자유당 의원의 대부분, 심지어 그중에서 진보적인 생각을 가진 사람들까지 나와 다른 견해를 가졌거나 혹은 비교적 무관심한 태도를 취한 문제에 쏠렸다."
존 스튜어트 밀, 『존 스튜어트 밀 자서전』, 최명관 옮김, 창, 2010, 283쪽.

밀이 사회주의에 정면 대응할 수 있었던 것은, 한편으로는 자신의 일관된 소신에 근거한 자신감이, 다른 한편으로는 그러한 자신감이 가능케 한 열린 태도가 그 원동력이 되고 있는 것 같다.[102] 바로 이렇게 건강한 소신과 한 몸을 이루는, 자신의 소신과 마찬가지로 상대방 입장을 존중하고 그 선의의 핵심을 이해하여 수용하면서 '최선'에 이르고자 하는 열린 태도야말로 '합리적'이라는 말에 합당한 첫째 요건이라 할 것이다. 밀의 열린 태도는 우선 이 책 1장에 나오는 다음 두 문장에서, 즉 "그래서 지금 필요한 토론은 현존하는 사회의 최우선 원칙까지 짚어보는 토론이다. 이전 세대들에 의해 이론의 여지가 없는 것으로 여겨진 기본 원리들이 지금은 다시 시험대에 놓여 있다"

그의 이러한 소신과 그에 입각한 주장은 '비타협적' 개혁주의자로서의 그의 면모를 잘 보여줄 뿐만 아니라 오늘날 볼 때에도 대단히 중요한 의미를 갖는 것인데, 다음 장에서 그 중 대표적인 몇 가지를 소개해보겠다.

102 밀이 『사회주의론』을 쓴 시점은, 혁명적 사회주의 또는 공산주의 운동의 이론적 지도자인 칼 마르크스(1818-1883)가 『공산당 선언(Manifest der Kommunistischen Partei)』(1848), 『정치경제학 비판을 위하여(Zur Kritik der Politischen Ökonomie)』(1859), 『자본론(Das Kapital: Kritik der Politischen Ökonomie)』1권(1867) 등의 주저를 이미 발표했을 뿐만 아니라 실제 노동운동 노선을 둘러싸고도 밀과 입장 대립을 보인 바 있었던 때다. 그런데 밀은 『사회주의론』을 비롯한 자신의 저술에서 마르크스를 전혀 언급하지 않고 공산주의의 내용만을 소개하고 비판한다. 그러나 마르크스는 1872년의 '국제근로자연맹대회(International Workmen's Congress)'의 공개 석상에서 밀과 밀을 추종하는 영국 노동운동 지도자들을 "정치인들에게 스스로를 팔아먹은 사람들"이라고 비난했고, 그 후 영국 노동운동 지도자들은 이 모욕을 결코 용서하지 않았다. 이에 반해 "신사였던 밀은 그의 저서에서 그 어느 누구도 이름을 거명하며 모욕적인 언사로 비난한 일이 한 번도 없다"고 한다(이근식, 앞의 책, 195쪽). 역설적이게도 오히려 그가 가장 신랄하게 비판한 인물은 자신의 스승인 공리주의 사상가 제러미 벤담이 아니었나 싶다. 이 책의 자매편인 『벤담과 밀의 공리주의』의 「벤담론」을 보라.

는 언명에서 분명히 확인된다. 사회주의에서 제기하는 현존 자본주의 체제의 핵심 문제로 그가 받아들이고 주목하는 것은 바로 사유재산(과 분배) 문제인데, 이 문제를 대하는 그의 태도를 보면, "노동자의 인정을 받는 데 가장 중요한 것은 아주 완전히 솔직한 태도"이며, "이런 태도만 있으면 저들의 마음속에 아주 강력히 반대하는 생각이 있다 하더라도 그것을 극복할 수 있지만, 이런 태도가 없는 것이 분명해지면 제아무리 다른 점에서 훌륭하다 하더라도 이 결함을 메울 수가 없다"[103]는, 국회의원 출마 연설 때의 유명한 일화의 의미를 소개하는 그의 말이 결코 허언이 아니라는 것을 잘 알 수 있다. 그가 당대 노동계급 또는 '흙수저들'이 사회주의에 경도되는 현상에 반응하는 그의 열린 태도는 허세가 아님은 물론, 진심에서 나오는 상대방 이해와 (진정한 엘리트로서의) 철저한 자기 성찰에 근거한 것이다.

그러므로 (……) 사회주의에 의해 제기된 일반적 의문들을 그 토대로부터 검토하는 것이 바람직하다. 또한 이 검토는 아무런 적대적 편견 없이 이루어져야 한다. 재산에 관한 법률을 옹호하는 주장이, 그 법률을 태곳적부터의 관습과 개인의 이익이라는 이중의 위세로 떠받드는 사람들에게는 아무리 논박 불가능한 것이라 할지라도, 정치에 관해 사색하기 시작한 노동자가 그 법률을 아주 다른 관점에서 보는 것만큼 자연스러운 일은 없다. (……) 이제까지 이루어진 모든 것, 그리고 시민권의 확장으로 이루어질 것으로 보이는 모든 것에도 불구하고, 소수 사람들은 큰 부자로 태어나고 많은 사람들은 그와 대조적으

---

103 존 스튜어트 밀, 앞의 책, 281-282쪽.

로 더 불쾌감만을 주는 가난뱅이로 태어난다. 대다수가 더는 법의 힘에 속박되거나 좌우되는 것이 아니라 빈곤의 힘에 속박되거나 좌우된다. 그들은 여전히 한 장소에, 한 직업에, 그리고 고용인의 의지에 순응하도록 묶여 있고, 우연한 태생에 의해, 다른 사람들은 불모의 시대와 상관없이 노력 없이 물려받는, 즐거운 일과 정신적이고 도덕적인 이점 두 가지 모두를 금지당한다. 이것은 인류가 이제까지 투쟁한 거의 모든 것과 맞먹는 악이라고 가난한 이들이 믿는 것은 잘못된 일이 아니다. (……) 사회 제도의 전 영역이 재검토되어야 하고, 확신을 가질 수 있는 사람들은 자신들의 안락과 중요성을 현재의 체제에 신세 지는 사람들이 아니라, 공동체의 추상적 정의와 일반적 이익이라는 문제에만 관심을 가지는 사람들이라는 사실을 항상 마음속에 두고 생각하면서, 마치 지금 처음으로 제기되는 것처럼 모든 의문이 고찰되어야 한다고, 노동계급은 주장할 자격이 있다.

교양 수준이 매우 높은 논리 전개와 문장 구사라는 점을 빼놓고 내용의 골자만 본다면, 영국에서 밀의 이 글이 발표된 지 무려 140년이 지난 지금, 이를테면 한국에서라면 대번에 예의 그 '종북' 딱지를 붙이려 드는 자들이 득달같이 달려들 만한 언사가 아닌가? 뒤에서 보겠지만, 사회주의자들이 제기하는 현존 체제의 문제들을 있는 그대로 인정하는 태도는 이보다 더 나아가는데, 이러한 열린 태도는 앞서도 말했듯이 그의 일관되고 당당한 소신에 근거한 것이다. 여기서 밀은 '합리적'이라는 말의 둘째 요건이라 할 만한 사상가로서의 덕목을 보여준다. 그것은 바로 과장을 배격하고 사실을 '있는 그대로' 보는 공정한 태도다.

(사회주의에서 제기하는—인용자) 여러 가지 문제가 현존하는 사회 질서에 불리하거나 이 세상에 사는 인간 자신의 위치에 불리한 끔찍한 실상을 보여주고 있다는 것을 부정하는 것은 불가능하다. 사회가 얼마나 많은 해악에 주목해야 하는지, 인간이 얼마나 많은 해악에 주목해야 하는지가, 해결해야 할 주요한 이론적 문제다. 그러나 **가장 강력한 진상은 과장되기가 쉽다.** (……) 이 때문에, 마지막으로 말하건대, 정치경제학자들이 주장한 정책의 어떤 실제 원칙도 부정하고자 하는 것이 아니다. 나는 경제적 **사실**에 관한 무지, 그리고 **있는 그대로의** 사회의 경제 현상이 실제로 결정되는 원인에 관한 무지를 말하는 것이다. (강조는 인용자)

과장을 철저히 경계해야 하고(그렇다면 과장과 똑같은 본질의 축소나 왜곡도 마찬가지 경계 대상이 될 터이다) 사실을 '있는 그대로' 보아야 한다는 밀의 생각과 주장은 이 맥락에서, 그저 중요하고 누구나 인정할 만한 상식을 강조하는 것 또는 자신의 입장을 강화하기 위한 아전인수의 포석으로 치부할 수 없는 묵직한 울림을 준다. 특히 중요한 문제일수록 과장해서 보는 것을 경계하고 사실을 가장 정확히 보아야 한다는 말은, 이 책이 밀의 말년에 씌었다는 사실만큼의 무게감을 느끼게 하고, 특별한 의미에서 그를 합리적 사상가로 부르는 데 주저함이 없게 한다.

3. 사회주의의 분류 관점과 비판에 나타난 개혁주의자-평화주의자-법치주의자 밀

19세기 초에 (『사회주의론』에서도 중요하게 언급하는) 영국의 로버트 오언이라는 사회개혁 운동의 선구자가 스코틀랜드의 뉴 래너크에서 시작한 획기적 '협동 마을' 실험 이래로, 밀이 『사회주의론』을 쓰던 시기에 이르기까지 사회주의 운동은 부침을 겪으면서도 다양한 갈래로 지속되었다. "존 스튜어트 밀이 국가 간섭을 옹호하면서 택하게 되었던 중도적 철학은 벤담주의의 이론뿐 아니라 산발적인 사회주의 운동에도 그 뿌리를 두고 있었다"[104]는 평가가 있을 뿐만 아니라, 1848년 프랑스혁명 후에는 "일반 사람들의 마음이 새로운 사상을 받아들이는 데 더욱 개방되었고, 또 얼마 전에는 세상에 큰 충격을 주었을 학설이 이제는 온건하게 여겨지게" 되자, "그 후 1, 2년 동안 나는 대륙의 가장 훌륭한 사회주의 사상가의 저술을 연구하고 이 방면의 논쟁에 포함되는 문제의 전 범위에 대하여 사색하고 토론하는 데 많은 시간을 썼다"[105]는 밀 자신의 증언에서도 알 수 있듯이, 사회주의는 성숙기의 사상가 밀에게 가장 중요한 고찰 대상 가운데 하나였다.[106] 사회주의 연구를 본격적으로 시작한 이 시점을 감안한다면,

---

104 리처드 D. 앨틱, 『빅토리아 시대의 사람들의 사상』, 이미애 옮김, 아카넷, 2011, 224쪽.

105 존 스튜어트 밀, 앞의 책, 238쪽.

106 사회주의자들이 제기하는 문제들에 관해 적극적 고찰에 나서게 된 것도 아내 해리엇 테일러의 강한 영향 때문이라는 것을 밀이 고백한다. 위의 책, 249쪽. 존 스튜어트 밀과 해리엇 테일러의 운명적 관계는 『벤담과 밀의 공리주의』의

『사회주의론』이 사회주의에 관한 얼마나 오래고 깊은 사색의 결과물인지를 짐작할 수 있다.

사회주의에 관한 고찰을 담고 있는 밀의 주요 저서로는 『사회주의론』 이외에 『정치경제학 원리(Principles of Political Economy)』(초판 1848년, 7판 1871년)가 있는데, 명칭 사용과 사회주의자의 이념 분류 등에서 두 저서 사이에 다소 혼란이 나타난다. 그러나 두 저서의 설명을 종합하자면, "사회주의는 생산수단의 공유를 주장하는 이념으로, 공산주의(또는 혁명적 사회주의—인용자)는 생산수단의 공유와 아울러 중앙계획당국에 의한 국가경제의 집중적 운영, 노동의 집단화와 균등분배 및 혁명에 의한 사유제의 전복을 주장하는 극단적인 형태의 사회주의라는 의미"[107]로 이해하는 것이 타당하다.

위 두 저서에 담긴 설명을 볼 때 밀이 공산주의는 전반적으로 부정적으로 보고 사회주의에 대해서는 '호의적 비판'의 관점을 지니고 있음을 분명히 알 수 있다. 그러나 "공산주의에서 행하게 될 규제라는 것은 대다수 인간의 현재 상태와 견주어 보면 오히려 자유일 것이다"라는 『정치경제학 원리』의 한 구절을 『사회주의론』의 '2장 : 현 사회질서에 대한 사회주의의 반대'의 맨 앞에서 인용하면서 이 장을 시작할 정도로, 그는 현존 자본주의 체제의 모순에 대한 두 부류의 사회주의자들의 비판 모두에 열린 자세를 보인다. 그런데 밀이 소개하는, 현존 질서에 대한 사회주의자들의 비판이 아주 절절하고 설득력 있기 때문에, 언뜻 보아서는 그것이 사회주의자들의 비판인지 (앞선 인

해제에서 간략히 소개했다.

107 이근식, 앞의 책, 187–188쪽.

용문의 사회 비판 맥락의 연장선상에 있는) 밀 자신의 비판인지 분간하기 힘들 정도다. 이러한 '혼동'은 밀이 교묘하게 의도한 것처럼 보일 정도 인데, 어쨌거나 그 효과로 현존 질서의 모순이 더 적나라하게 드러난 다.

가장 적게 받는 사람들이 가장 많이 일하고 절제한다. (…) 분배의 정 의, 또는 성공과 장점, 또는 성공과 노력 사이의 비례 원칙이라는 바 로 이 개념은 현 사회 상태에서 아주 명백히 현실과 동떨어진 것이어 서 지어낸 이야기(romance)의 영역으로 밀쳐내어질 정도다. (…) 상황 을 결정하는 모든 것들 가운데 가장 강력한 것은 태생이다. 대다수 사 람들은 태어났을 당시 모습 그대로다. 어떤 사람들은 일하지 않는 부 자로 태어나고, 다른 사람들은 일해서 부자가 될 수 있는 자리에 태어 나고, 대다수 사람들은 평생 고된 일과 빈곤을 겪도록 태어나고, 많은 사람들이 지독한 가난뱅이로 태어난다. 인생에서 태생 다음으로 주요 한 성공 원인은 우연한 사건과 기회다. 부자로 태어나지 않은 어떤 사 람이 부를 획득하는 데 성공할 때에는, 그 자신의 부지런과 재주가 대 개는 그 결과에 기여한 것이다. 그러나 소수의 운명에만 주어지는 우 연한 사건과 기회가 동시에 발생하지 않았다면 부지런과 재주만으로 는 충분치 않았을 것이다. 만일 사람들이 세상살이를 하면서 자신의 미덕의 도움을 받는다면, 아마도 그만큼이나 자주, 자신의 악덕, 노예 근성과 아첨 근성, 매몰차고 인색한 이기심, 거래에서 허용되는 거짓 말과 속임수, 도박의 투기, 이따금 하는 노골적 부정행위의 도움도 받 을 것이다. 정력과 재능은 미덕보다 인생에서 성공에 훨씬 더 도움이 된다. 그러나 만일 어떤 사람이 일반적으로 쓸모 있는 어떤 일에서 정력과 재능을 써서 성공한다면, 또 다른 사람은 경쟁자를 계략에 빠뜨리고 파멸시키는 데 정력과 재능을 써서 부자가 된다. 다른 조건이 주어진다면 정직이 최선의 정책이라고, 또한 같은 장점을 가지고 있다면 정직한 사람이 사기꾼보다 더 좋은 기회를 잡는다고 주장하는 것은 도덕주의적 모험이나 마찬가지다.

현존 질서에 대한 사회주의자들의 비판을 이렇게 충실히 수용하고 소개하는 것은[108], 달리 한마디로 말하자면 현존 질서에 대한 밀 자신의 개혁 의지를 여실히 보여주는 것이라고 할 수 있다. 그러나 정작 중요한 문제가 개혁의 방법인데, 사회주의와 공산주의를 구별해서 평가하는 데에서, 밀이 추구하는 개혁 방법이자 지향 이념인 평화주의가 나타난다. 공산주의를 주장하는 사람들의 폭력 혁명은 1789년 프랑스 대혁명의 가장 '유능한' 급진파 지도자들이라도 감당할 수 없을 정도의 유혈 사태와 참상을 초래할 수밖에 없다는 현실적 판단이 무엇보다 우선 되는 평화주의 지향의 명분이다. 또한 그는 공산주의자의 주장은 '사적 견해'라고 비판하는데, 그것은 『사회주의론』에서 일관되게 말하듯이 '실험의 증명'이 결여된 것이라는 의미다. 즉 "아직까지 어떤 **실험의 증명**에 의해서도 확인되지 않은 자기 자신의 **사적 견해**의 힘에 의지하여 이러한 게임을 하고자" 하고 "만일 그 시도가 저항에 부딪히면 뒤따르게 될 끔찍한 **유혈 사태와 참상**을 무릅쓰고자 하

---

108 이 중에는, 당시에 부당한 이득을 엄청나게 획득하고 있었던 상업 계급에 대한 사회주의자들의 매우 신랄한 비판을 그대로 소개하는 아주 많은 분량의 직접 인용문들도 포함된다.

는 사람들은, 한편으로는 자기 자신의 지혜에 침착한 자신감을, 그리고 다른 한편으로는 다른 사람들의 고통에 대한 무모함을 지니고 있어야 하는데, 여기서 이 두 가지는, 이제까지 이 두 가지의 결합된 자질을 지닌 전형적 인물들이었던 로베스피에르와 생 쥐스트가 미칠 수 없는 정도의 것이다."(강조는 인용자) 그러나 공산주의가 지닌 더 본질적인 문제는 '증오의 원칙' 위에 서 있다는 점이다.

(……) 혁명적 사회주의자들 중 너무도 많은 이들을 고무하는 원칙은 바로 증오, 즉 혼돈으로부터 더 나은 조화의 세계가 나타날 것이라는 희망에서, 그리고 어떤 점진적 개선에 관한 절망도 참을 수 없어서, 심지어 현 체제 때문에 고통 받는 사람들에 대해서조차 무슨 대가를 치르더라도 현 체제를 끝장냄으로써 분출하려고 하는, 현존하는 해악에 대한 아주 이유 있는 증오이기 때문이다. 그들은 혼돈이 조화의 건설 작업을 시작하는 데 가장 불리한 상태이고, 수백 년 동안 갈등과 폭력과 강자에 의한 약자의 폭압을 틀림없이 거쳐야 한다는 것을 깨닫지 못한다. 그들은 홉스가 묘사하는바(『리바이어던』 1부 13장) 만인이 만인의 적인 원시 상태로 인간을 아주 강제로 몰아넣으려 한다는 것을 알지 못한다.

공산주의이건 사회주의이건 간에 실험에 의한 증명이 성공의 관건이라는 것이 밀의 일관된 주장인데, 과연 무슨 실험이 필요하다는 말일까? "사적 소유의 사회경제와 공산주의의 사회경제에 있는 원동력의 차이는 **감독하는 사람들**의 경우에 가장 클 것이다"(강조는 인용자)라는 말에, 공산주의 체제에 대해 밀이 지닌 문제의식의 핵심이 있다.

밀이 보기에, 공산주의 체제를 실질적으로 지탱하는 것은 여러 가지 집단의 관리자들인데, 이 체제하의 관리자들은 무엇보다도 "각 개인의 의무가 고정된 규칙에 더 가까운" 의무 수행 체계에서 일을 하기 때문에 "운영의 효율성과 경제성을 위해 최대한도로 자신의 최선을 다하고자 하는 사람의 경우처럼 강력한 개인적 동기"를 갖지 못하고, "관리자들이 독립적으로 행동할 수 있는 권한이 제한되어" 있기 때문에 "새로운 방법으로부터 나오는 발견, 그리고 먼 미래의 불확실한 이득을 위한 지금 당장의 희생"을 과감하고 자유롭게 시도할 수 없다. 그래서 역설적이게도 "공산주의 체제하에서 관리에 가장 적격인 개인들은 그것을 떠맡기를 주저하는 일이 아주 잦을 가능성이 많다." 한마디로 공산주의에서는 그 체제를 떠받치고 이끌어가는 관리자들이 창의성을 살릴 수 없다는 말이다. 공산주의의 이러한 문제점에 대비해보자면, 밀이 보기에 오언과 푸리는 "일반적으로 더 생각이 깊고 철학적인 사회주의자들"이라 할 수 있는데, 이들은 "사유재산과 개인 간 경쟁을 다른 행동 동기로 대체하는 새로운 사회질서를 위한 계획을 마을 공동체나 읍(township) 규모에서 세우고 그러한 자율 행동 단위를 늘려서 나라 전체에 적용해보고자 하는 사람들"이기 때문이다.

밀의 대안은 무엇일까? 어느 부류의 사회주의에서건 공통으로 제기하는 현존 질서의 핵심 문제는 결국 '(사유)재산'의 문제라는 것이 밀의 판단인데, 이것은 『사회주의론』의 마지막 장인 4장의 맨 뒤에 '고정되지 않고 변화될 수 있는 사유재산 개념'이라는 제목의 일종의 '부기(附記)'까지 달아 사유재산 제도사를 다루면서, "재산이라는 개념은 역사를 통틀어 동일한, 그리고 변경할 수 없는 어떤 한 가지 실체가 아니라, 인간의 마음이 만들어내는 다른 모든 것과 마찬가지로 가변적인 것"이라는 말로써 현존 질서의 근본적 변혁 가능성을 명시하고 있는 데에서 잘 나타난다. 재산 문제는 『정치경제학 원리』에서도 독립된 한 장을 할애하여 중요하게 다루고 있는데, 부의 생산은 "물체들의 구성원리가 정해놓은 한계 안"에 있을 수밖에 없지만 부를 분배하는 일은 "순전히 인간 **제도**의 문제"[109](강조는 인용자)라는 간명한 주장에서 그의 생각을 명확히 알 수 있다. 여기서 그가 말하는 '제도'란 결국 '법의 정의'다. 그리스 신화의 정의(Justice)의 여신인 디케(Dike), 그리고 그에 해당하는 로마신화의 여신 유스티티아(Justitia)가 법의 상징인 것은 '법=정의'임을 의미하는데, 사회주의에서 제기하는 현존 질서의 문제를 해결하기 위해서도 무엇보다 엄정한 법의 정의를 확립하고 끊임없이 재확립해야 한다는 일관된 주장에서 법치주의자 밀의 면모가 명료하게 나타난다.

이 책 『사회주의론』을, "지금은 세계에서 거의 가장 강력한 나라이고 머지않아 논란의 여지 없이 그렇게 될 대서양 저편 위대한 나라에서 성년 남자 선거권이 보편화되었다"는 문장으로 시작하는 것에서 이미 밀은 자신의 법치주의 사상을 강력하게 드러낸다. 비록 성년 남자에게 국한된 것이기는 하지만 '대서양 저편 위대한 나라' 미국에서 선거법 개혁에 의해 보통선거권이 확립된 것은, 미국을 포함하여 프랑스와 독일, 그리고 영국 등 구미 '문명국'에서 제도에 의한 '합법적 개혁'이 거스를 수 없는 대세가 되었다는 사실을 말하고자 하는 것이다. 밀은 특히 영국의 1867년 '선거법 개정법'이 "노동계급의 손에 쥐어준, 크게 높아진 선거 권력은 영구적인 것"이기 때문에 "그들 집단

---

109 존 스튜어트 밀, 『정치경제학 원리(2)』, 박동천 옮김, 나남, 2010, 20쪽.

의 목적을 옹호하는 데 중요한 자기 집단의 선거 권력을 만드는 수단
을 머지않아 찾게 될 것"이라고 낙관한다. 또한 "현 체제하에서 겪는
해악과 불의는 크지만 (…) 일반적 경향은 그것들이 서서히 감소하는
쪽"이라는 것이 밀의 현실 진단이고, "만일 나쁜 법률이 방해하지 않
는다면(즉, 법의 정의가 제대로 선다면—인용자) 이 (삶의 질—인용자) 개선
은 꾸준히 진행될" 것이라는 게 법의 정의에 의거하는 진보주의자 밀
의 신념이다.[110]

그러나 인간 세계에서는 법의 정의보다도 더 중요한 것이 있다는 것
이 밀의 깊은 믿음인데, 그 믿음은 밀 사상의 핵심인 그의 인간학에
근본을 두고 있으며, 바로 그 인간학이 정치경제학 저작인 『사회주의
론』에서 뚜렷이 나타난다는 점에 주목해야 한다. '점진개혁주의'(또는
흔히 말하는 개량주의)라 이름 붙일 수 있는 밀의 사회개혁론의 근본에
는 이 인간학이 있다.

4. 『사회주의론』을 통해 보는 존 스튜어트 밀의 일관된 인간학

『사회주의론』에 담긴 밀의 사회개혁론을 보면 그가 자본가의 입장
과 자본가가 주도하는 사회체제를 옹호한 데에는 이견을 달기 힘들

---

110 예컨대 밀은 자서전에서 국회의원 시절에 "당시 많은 사람들에게 나 한 사람만
의 망령된 생각"(존 스튜어트 밀, 앞의 책, 283쪽)으로 여겨진 여성참정권과 비례
대표제를 주장한 것을 아주 자랑스럽게 소개한다. 법의 정의에 의한 진보라는
신념을 추구하는 데에는 밀이 혁명주의자들 못지않게 비타협적이었다는 것을
알 수 있다.

것 같다. 그러나 그가 '자본'주의'라는 말을 전혀 쓰지 않는 데에서도 알 수 있듯이, 현존 사회는 분배 정의를 추구하는 과정에서 아주 큰 변화를 수용하여 획기적으로 개선될 가능성이 충분히 있다고 그는 본다. 그는 '노사 간 동업 제도(industrial partnership)'를 그러한 변화의 대표적 실마리로 제시하는데, "이러한 **제도가 일반화되면**, 이 중 많은 회사가 그 우두머리가 사망하거나 은퇴하는 어느 시기에 **제도에 의해** 순수한 협동조합 상태로 될 수조차 있다"(강조는 인용자)는 전망을 내놓기도 한다. 그러나, "가장 부유한 경쟁자는 자신의 모든 경쟁자들을 없애버리지도 없애버릴 수도 없고, 스스로 시장을 독점 소유하지도 않"고 "이전에는 여러 분야로 나뉘어 있던 산업이나 상업의 모든 중요한 분야가 소수의 독점자본이 되었거나 되는 경향을 보여준다는 것은 사실이 아니"라는, 당대의 경제 현실에 대한 밀의 진단이 정확한 것인지 여부는 차치하더라도, 끊임없이 자기 몸을 부풀리고자 하는 것 자체를 본질로 하는 자본(가)의 '위험한' 속성을 그가 너무 만만히 보고 있고 분배 문제의 해결을 지나치게 낙관한다는 생각이 든다. "런던증시 주가지수(FTSE 100) 기업 최고경영자의 연봉 중간값은 345만파운드(약 49억6900만원)로, 정규직 노동자 평균인 2만8758파운드(약 4141만원)의 120배"[111]인 것이 밀이 낙관했던 그의 조국 영국의 분배 정의의 오늘날 처지이며, "2014년 기준으로 10대 그룹 상장사 78곳의 경영자의 보수는 일반직원의 35배, 최저임금의 무려 180배"

---

111 "영국 '살찐 고양이'들, 사흘만에 노동자 1년치 연봉 다 벌었다", 〈한겨레〉, 2018. 1. 4, 〈http://www.hani.co.kr/arti/international/europe/826318.html?_fr=mt2〉, (2018. 1. 5).

이고 "OECD 국가들에서 상위 10%와 하위 10% 사이 평균 격차는 5~7배 정도인데 반해 우리나라는 지금 11배가 넘"[112]는 것이 성공한 후발 자본주의국으로 칭송되곤 하는 오늘날 한국의 더 심각한 실정 이고 보면, 밀의 낙관이 더욱 더 문제시된다.

그가 분배 정의를 실현하는 중요한 대안적 제도로 협동조합을 누 차 강조하면서도 로버트 오언의 '실험'보다 푸리에'주의'를 훨씬 더 중 시해서 언급하는 것도 그래서 매우 의아스럽다(그러나, 뒤에 말하겠지 만, 사실 그 이유는 명백하다). 왜냐하면 푸리에는 "모든 쾌락 중에서 최 고인 사랑에 필연적으로 높은 중요성을 부여해야 한다"[113]는 자신의 이념의 '최고 강령'을 구현하기 위한 이상적인 자율적 조화의 공동체 '팔랑스테르(phalanstère)'를 유토피아로 구상하는 데 그쳤지만, 로버 트 오언이 뉴 래너크에서 실행하고 일시적이나마 매우 의미 있는 성 공을 거둔 작업은 단순히 실험이라고 말하는 것이 매우 부적절할 정 도로 당시는 물론 이후 현실에서도 크게 긍정적인 영향을 미친 역사 적 실험이기 때문이다. 또한 "(밀의 스승인—인용자) 공리주의자 제러미 벤담(Jeremy Bentham)이 공공연히 오언을 지지했고 정부 관료나 기 업가들도 오언을 지지했다"[114]는 사실, 게다가 오언이 자신의 저서 『사

---

112 "정의당 심상정 대표, '살찐고양이법'을 발의했다", 〈HUFFPOST KOREA〉, 2016. 6. 28, 〈http://www.huffingtonpost.kr/2016/06/28/story_n_10709714.html?utm_ hp_ref=korea&ir=Korea〉, (2018. 1. 5).

113 샤를 푸리에, 『사랑이 넘치는 신세계 외』, 변기찬 옮김, 책세상, 2007, 78쪽.

114 로버트 오언, 『사회에 관한 새로운 의견』, 하승우 옮김, 지식을만드는지식, 2012, 14–15쪽(해설).

회에 관한 새로운 의견』을 출간하기 전에 자신의 친우들 몇몇에게 초고를 회람하여 비판적 견해를 듣기도 했는데, 그중에는 "그의 새로운 동업자인 제러미 벤담의 가까운 벗들인 (존 스튜어트 밀의 아버지— 인용자) 제임스 밀(James Mill)과 프랜시스 플레이스(Francis Place)도 있었"[115]다는 사실, 그리고 엥겔스 이후 마르크스주의자들이 로버트 오언을 비롯해 샤를 푸리에와 생시몽을 싸잡아 '공상적 사회주의자들'이라고 매도했으나 정작 마르크스와 엥겔스는 이들을 깊이 존경하고 그 사상을 높이 평가했으며[116], 그 후대의 사상가들에게도 오언은 "형제애, 박애의 영웅"이자 "자본가였지만 자기 노동자들과 협력하여 형제애의 정신으로 일한"[117] 사람으로, 나아가 오언의 사회주의는 "복음서의 가르침이 결코 충분한 것이 될 수 없는" 현대인에게 최초로 "사회에 대한 깨달음"을 줌으로써 "인간의 자유에 대한 권리를 지지하는 것"[118]으로 평가받는다는 사실, 그리고 이 모든 사실보다도 더 중요하다고 볼 수 있는 사실로서, 오언은 "최고로 잘 다스려지는 국가란 최고의 국민 교육제도를 가진 국가일 것"[119]이라고 힘주어 공언할 정도로, 밀이 무엇보다 강조하는바 '인간을 인간답게 만드는 **교육**'을 오언이야말로 더없이 중시했을 뿐만 아니라, 대단히 창의적이고 흥미로운

---

115 G. D. H. 콜, 『로버트 오언』, 홍기빈 옮김, 칼폴라니사회경제연구소, 2017, 176쪽.

116 위의 책, 7–9쪽의 '역자 서문' 참조.

117 Charles Kovacs, The Age of Revolution (Edinburgh: Florisbooks, 2014), p.179.

118 칼 폴라니, 『거대한 전환』, 홍기빈 옮김, 도서출판 길, 2013, 602–603쪽.

119 로버트 오언, 앞의 책, 105쪽.

방법을 통해 자신의 교육철학을 실행했다는 것을 감안한다면, 그러한 의아함과 아쉬움이 더더욱 크게 남는다.

그러나 이러한 의아함과 아쉬움은 그대로 남겨두면서도, 밀이 주장하고 그 실현을 위해 스스로 힘쓰기도 한 법의 정의의 정신은 그것대로 인정하고 제대로 본받을 필요가 있다고 생각한다. 밀의 문제의식을 충분히 받아들이고 본다면, 그가 강조하고 진력한 쪽은 '노사 간 동업 제도'나 협동조합 같은 개혁 제도 자체라기보다는 이것들을 포함하여 분배 정의를 위한 온갖 제도를 밑받침하는 법률 개혁 쪽이었다고 이해할 수 있다. 이런 의미에서, 그가 『사회주의론』의 마지막 대목에서 "이 점 또는 다른 어떤 점에 관해, 주어진 시대와 장소의 법률과 관습이 판에 박은 주장을 영원히 하지는 않는다"고 한 말의 의미를 주목해야 한다. 과감한 법률 개혁을 통해 정의를 구현할 수 있고 구현해야 한다는 것이 밀의 일관된 강조점이다. 그러니 오늘날 악화되어 있는 분배 구조를 보면서 밀의 '낙관'을 문제 삼기 전에 그가 보여주었던 '비타협적' 법률 개혁의 정신을 새삼 되새기는 것이 먼저일 것이다. 그런데 밀이 재산권 문제를 언급하는 위의 대목에서 이 문장의 바로 다음 문장, 즉 "법률이나 관습으로 제안된 개혁이, 모든 인간사를 현존하는 재산 개념에 맞추는 것이 아니라, 현존하는 재산권 개념을 **인간사의 성장과 개선**에 맞춘다고 해서 반드시 반대할 만한 것은 아니다."(강조는 인용자)는 말이 더 눈길을 끈다. 결국 법률에 의한 사회 개혁조차 그보다 더 근본적인 원동력에 의해 이루어질 수밖에 없는데 그것은 바로 인간 그 자신의 성장이라는 것이다. 그런데 엄밀히 말하자면 이때 밀이 말하는 인간 그 자신이란 '개인'이다.

밀의 다른 모든 저작에 담긴 논지와 마찬가지로, 아니, 『사회주의론』에 나타난 사회주의 평가와 밀 자신의 사회개혁론의 근본에는 더욱 밀의 일관된 인간관 또는 인간학이 확고히 자리 잡고 있다. 밀의 대표 저작이자 그의 인간학을 대표하는 저서는 유명한 『자유론』일 터이지만, 개인 또는 개인 간의 '차이', 즉 개성을 중시하는 밀의 인간학의 현실적 의미가 더욱 부각되는 것은 사실 『사회주의론』에서다. '사회'를 (극단적으로) 강조하는 이념에 대응하면서 '개인의 자유'에 관한 그의 지론이 더욱 현실감 있게 다가오기 때문이다(이것이 그가 인간의 사회성을 중시하지 않았다는 의미가 아니라는 것은 굳이 설명이 필요하지 않을 것이고, '개인과 사회'의 관계에 관한 밀의 사유에 관해서는 여러 전문 연구자들의 많은 논의가 이미 있었으니 그것은 이 자리에서 언급할 몫은 아닌 것 같다).

그가, "준비되지 않은 사람들을 공산주의 사회 속으로 억지로 들어가게 하는 것은, 정치혁명이 그러한 시도를 할 수 있는 권력을 준다 할지라도, 실망스럽게 귀결될 것"이라 단정해서 '예언'하면서 공산주의의 성공을 의심하는 근거가 그의 인간학에 있다. 그는 『대의정부론(Considerations on Representative Government)』(1861)에서 "사람들이 이기적이라는 주장이 성립하지 않는다면 공산주의가 유일하게 실행 가능한 사회형태가 될 것"[120]이라고 반어적으로 말하는데, 그렇기 때문에 그가 보기에 공산주의라는 '이상'을 실현하기 위해서는 **"유도를 통해서가 아니라** 자기 협동체의 전체 이익에 참여하고 그 협동체에 대한 의무감과 공감으로써 삶의 노동에서 정직하고 정력적으로 자기 몫을 하기 위한 자격을 **스스로 갖추는 도덕성**, 그리고 먼 미래의

---

120 이근식, 앞의 책, 207쪽.

이익을 가늠하고 복잡한 문제들을 다룰 수 있는 능력을 스스로 갖추고, 이 문제들에 관해 좋은 조언과 나쁜 조언을 적어도 충분히 분간할 수 있는 **지성**"(강조는 인용자)을 길러주는 교육이 다른 어떤 체제에 비할 바 없이 필수다. 그래서 그 성공을 위해서는 실험이 반드시 선행되어야 한다는 것이다. "그렇다면 공산주의는 실제 실험을 통해 이러한 훈련을 시킬 수 있는 능력을 증명해야 한다. 실험만이, 공산주의를 성공하게 만들고, 그들의 다음 세대에게 그 높은 수준을 영구히 유지하는 데 **필요한 교육을 할 만큼 충분히 높은 수준의 도덕 교양을 아직까지 일부분 사람들이라도 지니고 있는지를 보여줄 수 있다.**"(강조는 인용자) 밀이 근본적으로 염려하는 점이 이 마지막 대목에 있다. 이상이 높으면 높은 것일수록, 결국 그 성공의 관건은 그에 걸맞은 교육을 담당할 수 있는 높은 수준의 도덕성과 지성을 가진 개인이 얼마나 있느냐가 그 실현의 관건이라는 것이다.

밀이 사회주의 가운데에서도 푸리에주의를 고평하는 이유도 그의 인간학과 직결되어 있다. 그는 "지적 독창성의 표본으로만 본다면, 사회에 관해서 또는 인간의 마음에 관해서 공부하는 사람은 누구나 아주 관심을 가질 만한 체계"라고 푸리에주의를 극찬하는데, 우선 "노동을 매력 있게 만드는 방법"을 고안하려고 노력하고 "자본의 자의적 처분이 아닌 자본 분배와 개인 소유라는 불평등"을 인정함으로써 사회주의의 주요 난점이 극복될 가능성을 제시했기 때문이다. 밀이 보는바 푸리에가 구상한 공동체 '팔랑스테르'의 가장 중요한 미덕은, "마을의 노동자들은 **자발적으로** 자신들을 무리 짓고, 각각의 집단은 서로 다른 종류의 일을 맡되 한 사람이 한 집단에만 속할 수도 있고 여러 집단에 속할 수도 있다"(강조는 인용자)는 데에 있는 것 같다. 즉,

"개인이 자기 삶의 방식을 자유롭게 선택하는 것", "푸리에주의 공동체의 모습은 그 자체로 매력이 있을 뿐만 아니라 알려진 다른 어떤 사회주의체제보다도 공통된 인간성으로부터 요구하는 것이 적다"(강조는 인용자)[121]는 것이 밀이 푸리에'주의'를 지지하는 핵심 이유다(밀은 "이 제도는 사회생활의 모든 새로운 계획의 운용 가능성을 유일하게 시험할 수 있는 공정한 실험을 거쳐야 한다"는 단서를 단다).

개인의 높은 지성, 도덕성, 창의성, 그리고 그것을 살리는 교육이 사회주의 (또는 공산주의) 성공의 관건이라는 밀의 생각은, 곧 그러한 교육을 통해 지성과 도덕성과 창의성을 자유롭게 고양할 때 인간이 인간다워진다는 그의 인간학을 보여준다. "개선을 가능하게 만드는 절대적이며 영원한 요소는 오직 자유에서 나온다"[122]는 『자유론』 사상의 핵심을 그대로 잇는 그의 이러한 인간학은, 특히 현대 세계에서의 개개인의 자유로운 정신생활의 중요성을 강조한 루돌프 슈타이너의 교육철학과 일맥상통하기도 한다.

---

121 푸리에의 '팔랑스테르' 구상과 관련하여 밀은 『정치경제학 원리』에서 이런 부연 설명을 한다.
"사람들의 취향과 재능이 다양하다는 점에 착안하여 공동체의 모든 구성원이 여러 집단에 애착을 가지고, 혹은 정신적이고 혹은 육체적인 여러 종류의 직무에 종사하며, 하나 또는 수 개의 집단에서 높은 위치에 올라갈 수 있으리라고 그들은 추론한다. 그리하여 진정한 평등 또는 처음에 생각했던 것보다 거기에 훨씬 더 가깝게 근접한 상태가 실제로 이뤄지리라는 것이다. **이는 각 개인에게 내재하는 다양한 탁월성을 압박해서 짜낸 결과가 아니라 오히려 가능한 최대한으로 계발**시킨 결과라고 한다."(강조는 인용자) 존 스튜어트 밀, 『정치경제학 원리(2)』, 박동천 옮김, 나남, 2010, 41쪽.

122 존 스튜어트 밀, 『자유론』, 서병훈 옮김, 책세상, 2012, 133쪽.

오늘날 중시해야 할 것은 학교가 완전히 자유로운 정신생활 내에 자리 잡도록 하는 일이다. 무엇을 가르치고 교육해야 할지는 오로지 성장하는 인간과 개인의 소질에 대한 인식에서만 나와야 한다. 진정한 의미의 인류학이 교육과 수업의 근거가 되어야 한다. (……)

거침없이 발달하도록 양성된 개인적 재능들이 항상 새로이 사회 조직으로 공급될 때에만 학교와 사회 조직 간의 건강한 관계가 유지된다. (……) 국가 생활과 경제생활은 독립적인 정신생활에 의해 양성된 사람들을 맞아들여야 한다. 국가 생활과 경제생활이 그들의 필요에 따라 교육과정을 지시해서는 안 된다. 한 인간이 특정한 연령에 무엇을 알아야 하고 할 수 있어야 하는지는 인간 천성에서 나와야만 한다. 국가와 경제는 인간 천성의 요구에 상응하도록 형성되어야 한다. "특정한 직무를 위해 사람이 필요하다. 그러니까 우리가 필요한 사람인지 **검증하라.** 무엇보다 먼저 우리가 필요한 것을 그들이 알고 있고 할 수 있도록 교육하라."고 국가와 경제가 말해서는 안 된다.[123] (강조는 원문 그대로임)

그런데 그렇게 인간을 진정으로 인간답게 만드는 교육이 결코 쉽지 않다는 데에 밀의 고민이 있다. "인간을 교육하는 것은 모든 예술 가운데 가장 어려운 것 중 하나고, 이것이 바로 교육이 이제까지 전혀 성공하지 못한 원인 중 하나"이며, "게다가 일반 교육을 개선하는 것은 아주 점진적일 수밖에 없는데, 미래 세대는 현재 세대에게 교육받

---

123 루돌프 슈타이너, 『사회 문제의 핵심』, 최혜경 옮김, 밝은누리, 2010, 194-195쪽.

고 있고, 교사들의 불완전함은 그들이 학생들을 자기보다 더 낫도록 훈련시킬 수 있는 수준에 극복할 수 없는 한계를 설정하기 때문이다." 이처럼 밀의 '점진주의' 또는 '개량주의'는 '정치적' 판단이 아니라 참된 교육의 어려움에 관한 인식에 그 근거가 있다(필요한 모든 면에서 능력과 덕성을 가진 교사를 충분히 확보하는 것이 자신의 교육철학을 실현하는 관건이라고 생각한 루돌프 슈타이너 역시 마찬가지 문제의식이 있었다).

밀은 자서전에서, 의회에 있는 동안 폐회 기간을 이용하여 쓴 글이 아일랜드에 관한 팸플릿과 「플라톤론(Essay on Platon)」 두 편이라고 말한다. 플라톤과, 플라톤을 매개로 접한 소크라테스의 가르침은, 어린 시절에 아버지를 통해 배운 이래로 평생 밀 사상의 중심이 되었다. 밀이 이 두 스승에게 배운 국가의 이상은 "황금을 많이 가진 부자들이 아니라, 행복한 사람들이라면 누구나 갖춰야 할 것, 즉 훌륭하고 지혜로운 삶의 측면에서 부유한 사람들"[124]을 의미하는 "진정한 부자들이 통치"[125]하는 국가일 것이다. 평생 단 한 번도 학교 교육을 받지 않은 밀이 성 앤드류 대학 학생들에 의해 이 대학 총장으로 선출되었을 때 그가 한 취임 연설에서, 그는 그러한 국가를 실현하게 해줄 교육에 관해 암시했다. 그는 자신이 이 연설에서 "낡은 고전 과목과 새로운 과학 과목이 똑같이 높은 교육적 가치를 가지고 있음을 흔히 이것을 주장하는 사람들이 내세우는 이유보다도 더 강력한 근거에 입각하여 입증"했고 이로써 "최고의 정신적 교양의 조건에 대해서, 고등 교육을 받은 사람들에게서 볼 수 있는 관념보다도 더 올바른 관념을

---

124 플라톤, 「국가」, 천병희 옮김, 도서출판 숲, 2016, 396쪽.
125 위의 책, 395쪽.

보급시켰다"[126](강조는 인용자)고 자부한다. 최고의 정신적 교양을 갖추기 위해서는 무엇보다 고전을 읽어야 한다는 '상식'을 밀은 무엇보다 역설한다. 밀을 진보주의자로 볼 것인지 보수주의자로 볼 것인지는 어떤 기준에 의하느냐에 따라 다를 수 있지만, 고전을 강조한다는 의미에서 그를 보수주의자라 부른다면 그것은 틀린 말이 아닐 것이다. 그리고 이런 의미에서라면, 스마트폰을 비롯한 첨단 디지털 기술의 발달이 오히려 인간의 두뇌 사용을 막아 '멍청이들의 세상(idiocracy)'을 초래하는 26세기 인류의 상황을 그린 영화에 의해 풍자되고[127], 인공지능이 소설을 쓰고 음악을 창작하는 것을 보며 인간의 진정한 인간다움의 의미를 근본적으로 되물을 수밖에 없는 오늘날 현실에서, 밀이 강조하는 고전 읽기의 의미를 새삼 절실히 생각해보지 않을 수 없다. 내가 정치경제학 저작인 밀의 '고전' 『사회주의론』에서 특히 그의 인간학에 주목하는 것도 이런 의미에서다.

---

126 존 스튜어트 밀, 『존 스튜어트 밀 자서전』, 최명관 옮김, 창, 2010, 303쪽.
127 윤석만, "500년 뒤 지구엔 바보만 남는다, 왜", 〈중앙일보〉, 2017. 1. 6, 〈http://news.joins.com/article/22262967〉, (2017. 1. 7).

R. H. 토니의 기독교 정신과
'도움 되기'의 사회경제 사상

◆◇◆

R. H. 토니, 『탐욕사회와 기독교 정신』, 좁쌀한알, 2021

1. 부자 되기와 사회에 도움 되는 일 하기

- "여러분, 부자 되세요!"
- '부자 되세요'
- 『존리의 부자되기 습관』, "대한민국 동학개미운동"

한국만큼 '부자 되기'의 강박감이 온 사회를 지배하는, 심지어 그 강박감을 느끼도록 강요하는 곳이 지구상에 또 있을까? 그 몇 가지 비근한 증거가 위의 '구호'들이다. 맨 위의 것은, 아마도 모두가 기억하리라 생각되는데, 꽤 여러 해 전에 한 유명 여배우가 어느 신용카드 회사의 광고에서 귀엽게 외친 문구이다. 당시에 이 '구호'는 네티즌이 압도적으로 좋아하는 카피로 뽑히기도 했다. 두 번째 것은 현재의 한국 '금융감독원 금융상품통합비교공시'의 금융 상품 소개란의 제목이다. 맨 아래 것은 2020년 코로나 시국에 열풍을 불러일으킨 한 책의 제목과 이 책을 선전하는 광고 문구이다. 그런데 사실 이 구호들의 원조에 해당하는 것은 다름 아닌 1960-70년대 권위주의 정권 시절의 그 유명한 다섯 자짜리 구호였다. 정치적 폭압에 대한 심각한 저항에 늘 직면했으면서도 이 권위주의 정권이 어쨌든 장기간 유지될 수 있었던 것은, '잘 살아보세!'라는 지극히 단순한 구호의 강력한 중독성, 그리고 그것이 온 국민을 실제로 정신없이 몰아붙인 힘이 결정적이었다. 보릿고개라는 말이 비유가 아니었던 시절의 과거에서 국민 소득 3만 불을 넘겼다는 현재까지를 관통하여, 그야말로 관민(官民)의 차원을 막론하고, '부자 되기'는 다른 어느 것보다도 한국 사회를 압도하는 장기 지속의 캠페인이다.

그런데 그 캠페인의 2020년 변종은 어떠한가? '동학(맙소사!!)개미운동의 구루, 존리'라는 이 책의 카피를 읽을 때 나는 아연실색하지 않을 수 없었다. 광고 문구는 붙이는 사람 마음대로라고 치부할 수 있는지 몰라도, 그는 이 '동학개미운동'에 동참한 한국의 젊은이들이 그가 주장하는 '대한민국 경제독립 액션 플랜'에 마음 깊이 공감하여 지금처럼 주식 투자에 열을 올리고 있다고 정말로 생각하는 것일까? 나는 이 책을 읽어보지 않았지만 그가 여기저기 방송 매체에 출연한 영상은 몇 번 보았기 때문에 그 주장의 핵심은 아는데, 과연 지금 한국의 젊은이들이 그가 말하는 대로 사교육과 사치품 구입에 들일 돈을 아껴서 장기 투자 계획으로 주식 매입에 열을 올리고 있다고, 그는 정말로 나는 것일까? 세계 최저 수준의 출산율이 말해주듯이, 결혼을 할 만한 경제적 여유도 없는 한국의 젊은이들이 절망적 심리 상태에서 이른바 '영끌'까지 하여 너나 할 것 없이 주식 투자에 목을 매는 것을, 정신과 물질생활의 혁명을 통해 외세의 침략과 수구 지배층의 폭정을 이겨내려 한 우리 조상의 동학운동에 비유하는 것이 정말로 타당하다고 그는 생각하는 것일까? OECD 국가 가운데 자살률 1위인 한국에서 사는 사람들이 우울증을 극복하고 행복해지는 방법이 '부자 되기'의 신념과 실천이라고 그는 진정 믿는 것일까?

한 사회를 지배하는 가치관이 중요한 것은, 그 사회의 대다수 사람이 각자가 다른 사람들을, 그리고 나아가 자연을 어떤 눈으로 바라보고 어떤 관계를 맺을지, 한마디로 말해 어떤 삶을 살지를 결정하는 데 그 가치관이 매우 중요한 요소이기 때문이다. '부자 되기'가 한국 사회를 지배하는 제일의 가치관이라는 것이 사실이라면, 대다수 한국인은 부의 획득을 목표로 삼으면서 그러한 눈으로 자연과 다른 사람을 보거나, 좋든 싫든 적어도 그러한 분위기에 영향 받지 않을 수 없다. '부자 되기 습관'이라는 제목의 책이 2020년 한국 사회에 큰 영향을 끼친다는 것 자체가 그 유력한 증거 중 하나다(사실 이 책 말고도 이런 '부자 되기' 담론을 담은 여러 가지 책이 이제까지 줄곧 베스트셀러가 되곤 했다). 이것은 앞서도 말했듯이 현금의 좋지 않은 경제 상황을 역으로 반영하는 현상이기도 하지만, 그보다 더 근본적으로는 경제개발 드라이브 시기 베이비붐세대의 부모 세대로부터 지금의 20-30대 젊은이 세대로 이어지는 '부자 되기 운동'의 면면함을 여실히 보여준다는 점에서 문제적이다. 그 본질이, '부의 획득'을 중심에 놓고 타인과 자연을 대하게 한다는 점에서 그야말로 문제적이다. 그것은 결국, 사람과 자연을 '부자'의 눈으로 보(게 하)는 것이다.

그런데 생각해보면, '부자 되기'가 어찌 한국 사회만의 지배 담론일까? 한국에서처럼 온갖 계층의 남녀노소가 드러내놓고 유난을 떨며 말하지 않을 뿐이지, 돈 또는 자본이 지배하는 오늘날의 세계 전체가 정도 차이가 있을 뿐 '부자 되기'라는 가치관의 미증유의 강력한 자장 속에 놓여 있지 않은가? 그리고 그 정도라는 것도, 오늘날의 자본주의를 손아귀에 넣고 주무르고 있는 나라와 사람들, 아니, 정확히 말하자면, 그러한 위치에 있는 극소수 자본가들의 모습을 보면, 한국 사회 대중의 '부자 되기' 열망은 지극히 소박하고 애처로워 보일 정도가 아닌가? 이를테면 날마다 이른 아침부터 저녁 늦게까지 천 원짜리 김밥을 팔아서 생계를 이어가는 한국의 어떤 서민이 지닌 '부자 되기'의 소망과(내가 사는 동네의 재래시장에서 김밥집을 하는 어느 아주머니의 이야기인데, 그러나 이 아주머니는, 뒤에서 살펴볼 토니의 핵심 개념인 '서비스'라는 기능을 지역사회에 매우 훌륭하게 제공하고 계시다), 아무런 현실감을 주지 못하는 천문학적 금액의 재산을 이 코로나 시국에 더욱 더 급속히 불리고 있는 몇몇 세계 최고 부자들의 모습을 함께 떠올리고 있자면[128], '부자 되기'라는 가치관의 전형을 한국 사회에서 보는 것이 번

---

128 예컨대 지난 2020년 3월 중순 이후 연말까지 코로나로 인한 봉쇄 정책을 시행한 이래로 미국에서는 억만 장자 650명의 재산이 1조 달러(한화로는 1100조 원) 늘었다고 한다. "누가 이 모든 부를 창출하고 있는가? 많은 경우에 그 사람들은 일선의 소매업, 의료 서비스, 그리고 요식업에 종사하면서 저임금을 받으며 바이러스에 대해서는 잘 보호받지 못하는 노동자들이다. [Who's generating all this wealth? In many cases, it's frontline retail, healthcare, and food workers who are underpaid and under-protected from the virus.]" Chuck Collins and Omar Ocampo, "Billionaires made $1tn since Covid-19. They can afford to protect their workers", The Guardian, 2020.12.9.

지수를 완전히 잘못 짚은 것이라는 생각이 들기도 한다. 이들이야말로 그 자체가 '부자 되기'라는 가치관의 화신이기 때문이다(이에 대해 '빌&멜린다 재단'을 세운 빌 게이츠 같은 사람의 '공익사업'을 예로 들어 그들의 '부자 되기'가 궁극적으로는 '공익'을 위한 수단일 뿐이라고 반박하는 사람이 있는 것 같다. 그러나 그들의 그 재단 설립, 그리고 그 재단에서 한다는 '공익사업'의 근본 취지와 본질에 관해서는 아주 심각하고 근거가 없지 않은 '의심'이 있다. 아쉽지만 이 자리에서 그 '의심'에 관해 논할 여유는 없다. 그러나 여전히 명백한 사실은 세계 경제가, 그리고 천 원짜리 김밥을 파는 아주머니와 같은 세계 민중의 살림살이가 점점 더 혹독하게 힘들어져가는 가운데에도 그들의 부는 우리들의 상상을 초월할 만큼 불어나고 있다는 점이다[129].

서설이 좀 길었지만, 이 글의 주제를 도입하는 데 불필요한 이야기는 아니었다고 생각한다. 오늘날 전 세계인을 직간접으로 사로잡고 있는 '부자 되기' 욕망의 실체와 본질을 똑똑히 보는 것이, 리처드 헨리 토니의 사상을 이해하는 이제부터의 작업과 긴밀히 연관되기 때문이다. 왜 그럴까? 1880년에 자본주의 종주국 영국의 국민으로 태

〈https://www.theguardian.com/commentisfree/2020/dec/09/billionaires-ceos-essential-workers〉 (2020.12.21).

129 아래 기사에 따르면 올해의 코로나 상황에서 예컨대 빌 게이츠의 재산은 200억 달러(22조 1,340억 원)가 늘었고, 역시 '빌&멜린다' 재단의 이사인 워렌 버핏의 재산도 136억 달러(약 15조 원)가 늘었다.
"Jeff Bezos, Elon Musk among US billionaires getting richer during coronavirus pandemic", USA TODAY, 2020.12.1.
〈https://www.usatoday.com/story/money/2020/12/01/american-billionaires-that-got-richer-during-covid/43205617/?fbclid=IwAR1youLPkNH-mBtRB2Lc214MNOpyhNzgu8Ql0aH1kz13Q8brZoMzqiB4tOU〉 (2020.12.22).

어나(토니가 태어난 곳은 영국의 식민지였던 인도의 캘커타(지금의 콜카타)였다), 20세기가 시작될 때 성인이 된 이래로 1962년에 별세할 때까지, 옥스퍼드대학 출신의 최고의 엘리트 지성이자 영국 노동당의 정신적 지주가 될 만큼의 실천적 정치 지도자로서, 부의 획득을 향한 탐욕을 본질적 동력으로 삼는 당대 영국 자본주의에 대해 그가 수행한 비판과 대안 제시는, 오늘날의 '부자 되기' 캠페인 혹은 '부자 우러러보기'의 가치관에 대한 근본적 비판이자 그 대안으로서의 비전이 되기도 하기 때문이다. 앞으로 살펴보겠지만, 그 비판의 대상과 비전의 핵심어가 바로 '부에 대한 탐욕'과 '사회에 도움 되기'이다.

2. 토니의 생애와 사상, 그리고 이 책 구성의 의미

리처드 헨리 토니라는 20세기 영국의 사회경제 사상가가 태어난 해를 처음 확인한 순간, 내게는 같은 해에 한국(당시로서는 조선)에서 태어난 인물 하나가 곧바로 떠올랐다. 단재 신채호다. 정확히 말하자면, 1880년이 단재 신채호가 태어난 해라는 것을 알고 있었기 때문에, 이 해에 태어난 리처드 헨리 토니가 더 특별한 의미로 다가왔다(토니의 생일은 11월 30일이고 단재의 생일은 음력 11월 7일 또는 양력 12월 8일로 되어 있으니 두 사람은 지구 정반대 편에서 거의 동시에 태어난 셈이다). 부끄러운 일이지만 나는 토니의 이 저작을 번역하게 되면서 그의 이름을 처음 알게 되었기 때문에, 이렇게 그와 단재를 연관 지어 생각하게 된 것이 그에 대한 관심이 각별해지는 계기였다. 번역을 진행하고 그와 그의 저작에 관한 참고 자료를 찾아보면서, 그가 당대에 관심을 가졌던

바나 행한 일이 단재와 많이 달랐다는 것을 알게 되었으나, 두 사람의 연상 작용은 사라지지 않았다. 일제에 빼앗긴 나라를 되찾기 위한 투쟁과 사색의 과정에서, 현실의 근본 모순을 타파하는 주체는 결국 국가도 아닌 민중 자신이 되어야 한다는 결론에 도달한 단재의 사상과, 기능 없는 불로소득을 통해 부를 축적해온 사람들이 계속해서 그렇게 할 수 있도록 내버려 두어서는 안 될 뿐만 아니라, 타인에게 실제로 도움이 되는 일을 하는 사람들이 국가와 사회를 이끌어야 하고, 국가도 결국은 공공의 목적을 위한 수단일 뿐이라는 토니의 사상은 큰 틀에서 같은 것이라고 생각했기 때문이다. 그리고 이보다 더 근본적으로는, 일제에 빼앗긴 나라를 되찾기 전에는 허리를 굽히지 않겠다는 결의로 세수조차 늘 똑바로 서서 하는 바람에 옷을 물로 온통 적실 만큼 꼿꼿하고도 염결한 자존의 정신을 가졌던 단재와, 현대인의 삶에서 실제적이면서도 근본적인 변화는 결국 제도 그 자체보다도 그것을 지탱하는 사람들의 올바른 정신과 사고방식에 의해 가능하다는 일관된 신념을 글에서건 실제 행동에서건 흔들림 없이 보여준 토니의 인간 됨됨이가 매우 흡사하게 느껴졌기 때문이다.

1894년, 조선에서는 동학농민운동이 벌어지던 해에, 토니는 영국의 명문 사립 중등학교인 럭비스쿨(Rugby School)에 입학하여 삶과 사상의 평생 친구이자 동지이고 훗날 영국 성공회의 최고 지도자인 캔터베리 대주교가 되는 윌리엄 템플을 만난다.[130] 토니와 템플은 옥

---

130 이하에서 토니의 생애와 관련된 내용은 별도의 표시가 없는 경우 다음의 책을 참조한 것이다.
고세훈, 『R. H. 토니 – 삶, 사상, 기독교』, 아카넷, 2019.

스퍼드 베일리얼 칼리지(Bailliol College)에도 같이 입학하고, 졸업 후에는 '노동자교육협회(Workingmen's Educational Association)'를 비롯한 사회단체와 정당 등을 통해 자신들의 기독교 정신과 사회경제 사상을 함께 실천해나간다. 1942년에 출간된 템플의 저서『기독교와 사회질서(Christianity and Social Order)』가 "R. H. 토니의 평등사상, 경제학자 케인즈의 이론과 기독신앙을 접목시키려 했던 하나의 시도"[131]였다는 데에서 알 수 있듯이, 특히 토니의 사상은 템플에게 큰 영향을 미친 것으로 보인다. 1899년에는 옥스퍼드 베일리얼 칼리지에 입학하여 평생지기인 윌리엄 베버리지를 만나는데, 훗날 그의 누이인 지넷 베버리지(Jeanette Beveridge)가 토니의 평생 반려자가 된다. 1902년에는 1893년에 창당된 독립노동당(Independent Labour Party)과 1889년에 창립된 기독교사회연맹(Christian Social Union)에 가입하는데, 기독교 원리에 따른 사회경제 사상을 핵심으로 한 CSU의 기본 원리가 그후 토니의 삶에 근본적 영향을 미쳤다고 한다.

1903년에 옥스퍼드를 졸업한 토니는 1884년에 사회개혁가 아널드 토인비가 런던의 빈민가 이스트엔드에 세운 인보관(隣保館)[132]인 토인비 홀(Toynbee Hall)에 들어가서 빈곤과 노동운동을 체험했고, 1905년에는 1903년에 창설되어 옥스퍼드대학에서 활동을 시작한

---

131 김형식, 「역자서문: 현재와 미래를 향한 우리시대의 도전」, 윌리엄 템플 저, 『기독시민의 사회적 책임』, 김형식 옮김, 한반도국제대학원대학교 출판부, 2010, 8쪽.

132 인보관(隣保館): 인보 사업(복지 시설이 낙후된 일정 지역에 종교 단체나 공공 단체가 들어와 보건, 위생, 의료, 교육 따위의 다양한 활동을 통하여 주민들의 복지 향상을 돕는 사회사업)과 빈민 구제를 목적으로 세운 단체.

'노동자교육협회'에 가입했다. 그 후 42년 간 집행부원으로 일하고, 1928-45년에는 회장으로 헌신했을 만큼, 토니의 인생에서 이 단체는 가장 중요한 의미를 갖는 활동의 장이었다. 이 단체의 활동을 하면서 토니가 확고히 품게 된 생각은 대학이 노동자 교육을 자기 임무의 일부로 삼아야 한다는 것이었다. 그 일환으로서 1908년 이후 5년 동안은 옥스퍼드대학과 노동자교육협회의 후원으로 시작된 로치데일(Rochdale)과 롱턴(Longton)의 노동자 개인 지도 강좌(tutorial classes)를 맡아 노동자 교육의 일선에 서기도 했는데, 이때의 경험과 사색을 1912에서 1914년까지 일기 형식으로 기록한 것이 이 번역서의 맨 앞에 실은 『비망록(Commonplace Book)』이다(이 책은 토니 사후 10년 뒤인 1972년에야 출간되었다). 1912년에는 토니의 저작 가운데 최초의 본격 경제사 저서인 『16세기의 농업 문제(The Agrarian Problem in the Sixteenth Century)』를 출간하기도 했는데, 이 책은 엘리자베스 1세 시대의 인클로저 운동을 집중 분석한 것으로서, 이 책의 문제의식을 토대로 그는 훗날 그의 대표 3부작 가운데 두 번째 저술이 되는 『기독교와 자본주의의 발흥(Religion and the Rise of Capitalism)』(1926)을 썼다.

제1차 세계대전이 발발한 1914년에는 "사립고교와 대학졸업생 주축의 장교단이 아닌 노동자들로 구성된 북부의 맨체스터 연대 소속 대대의 이등병으로 자원. 전쟁 기간 내내 친구들보다 계급이 낮은 34살의 늙은 일반병사로 남아 있기를 고집하며 보통사람과의 연대를 실천"[133]했다. 1916년에는 총 100만 명 이상의 사상자가 발생한 솜

---

133 고세훈, 앞의 책, 429쪽.

(Somme) 전투에 참가했다가 가슴, 배, 신장 일부 관통상을 입고 겨우 목숨을 건졌지만, 이후 몇 년 간 후유증을 치르고 평생을 한쪽 신장이 없이 살아야 했다. 1918년에 노동당 후보로 첫 번째 총선 출마를 한 이래로 1922년과 1924년까지 모두 세 번에 걸쳐 의원 선거에 도전했으나 모두 실패했고, 1933년 램지 맥도널드 국민정부 총리의 상원의원 제의는 일언지하에 거절했다(또한 이해에는 12년 간 몸담았던 페이비언협회 집행부를 떠났다).

1919년에는 석탄 산업의 구조 개혁을 위해 조직된 '왕립석탄산업위원회'(일명 생키위원회)에 참여하여, 석탄 산업 위기의 해법이 저임금이나 노동 시장 연장이 아닌 광부들의 경영 참여 등 석탄산업 재조직에 있다는 최종보고서를 작성, 의회로 하여금 채택하게 하였다. 1921년에는 런던 정경대학교(London School of Economics, LSE)에 취업하여 1949년 69세로 은퇴할 때까지 재직하면서 앞서 말한 『기독교와 자본주의의 발흥』을 비롯한 여러 문제작을 쓴다. 그중 첫 번째가 그의 대표 3부작의 첫 번째 저술이고 이 번역서의 두 번째 자리에 위치한 『탐욕 사회(The Acquisitive Society)』(1921)이다. 그리고 그 10년 뒤인 1931년에는 3부작의 마지막 저술인 『평등(Equality)』을 출간했다. 이 책에서 그는, 영국 사회 문제의 "핵심은 소득의 평등이 아닌 사회 엘리트가 누리는 이점과 특권의 종식에 있으며, 이를 위해 강력한 누진세, 의료, 교육 복지 체제의 정비, 핵심 산업들의 국유화와 산업민주주의가 제도화"[134]되어야 함을 역설했다. 『평등』을 출간하기 한 해 전인 1930년에는, 미국에서 탤컷 파슨스(Talcott Parsons)에 의해 영역

---

134 위의 책, 433쪽.

출간된 막스 베버의 『프로테스탄티즘의 윤리와 자본주의 정신』의 서문을 썼다. 이 서문이 이 번역서의 세 번째 자리에 위치한 글이다.

1937년에는 「기독교와 사회 질서에 관한 소고(A Note on Christianity and Social Order)」라는 글을 써서 기독교인들에게 "사회세력으로서 기독교를 다시 인식시키고 그들의 비전이 막대한 사회적 함의를 지닌 것임"을 환기하면서 "물리적 혁명이 아닌 도덕적 혁명은 기독교교의의 사회적 측면에 대한 크리스천의 각성을 통해서만 가능하다"[135]고 역설했다(윌리엄 템플의 저서 『기독교와 사회 질서』보다 이 글이 5년 앞서 발표되었음을 알 수 있다). 1939년 세 번째로 미국을 방문하여 시카고대학에서 강연을 한 후 정규직 교수 제의를 받았으나 거절하고 귀국했는데, 제2차 세계대전이 발발하자 57세의 나이로 런던 방위군(Home Guard)에 합류했다. 이듬해에는 〈뉴욕 타임스〉에 영국 참전의 정당성을 역설하는 칼럼 「영국은 왜 싸우는가(Why Britain Fights)」에서 영국이 싸우는 것은 "무릎 꿇고 살기보다 서서 죽기 원하기" 때문이라고 쓰면서 "전쟁은 영국의 생존뿐 아니라 민주주의를 위한 것"[136]이라는 점을 강조했다. 1944년에는 "자유에 관한 토니의 가장 집중되고 효과적인 논의를 담은 에세이"[137] 「문제는 자유다(We Mean Freedom)」를 발표했고, 이것이 이 번역서의 마지막 자리에 실린 글이다.

1949년에 토니는 런던 정경대학교에서 은퇴했는데, 옥스퍼드의 학사 학위가 전부인 그에게 1930년 맨체스터대학을 시작으로, 시카고,

---

135 위의 책, 434쪽.

136 위의 책, 435쪽.

137 위의 책, 436쪽.

파리, 옥스퍼드, 버밍엄, 런던, 셰필드, 멜버른, 글래스고 등 9개 대학에서 명예박사학위를 수여했다. 교수직에서 은퇴한 이후로도 왕성한 저술 활동을 이어갔으나, 1958년에 반세기 동안의 반려자였던 아내 지넷이 사망하자 말할 수 없는 공허감에 빠졌다. 그 뒤 3년 남짓의 시간이 흐른 1962년 1월 15일, 잠을 자고 있던 중에 별세하여 하이게이트 묘지에 묻혔다. 노동당수 휴 게이츠컬은 "내가 만났던 최고의 사람"이라고 회고했고, "토니는 가정부 등 몇몇 어려운 사람들을 위한 작은 기부금을 제외하고, (자신의 재산-인용자) 7,096파운드 전부를 평생 헌신했던 WEA에 남겼다."[138]

기독교 본래의 사랑의 정신을 현실 사회의 경제에서 구현하고자 하는 일관된 사상과 의지를 지닌 토니라는 인물의 강직하고 성실하면서도 신심 깊은 성품과 삶의 역정이 이 약사(略史)를 통해 어느 만큼은 읽히고 느껴질 수 있으리라 생각한다. 이 번역서는, 30대에서 60대에 이르는 그의 인생 시기의 주요 지점에 쓰인 네 개의 주요한 글을 통해 그의 그러한 사상을 더 깊고 풍부하게 이해하는 데 '도움이 되기' 위해 기획되었다. '더'라는 말을 쓰는 것은, 그의 대표 3부작 가운데 두 편인 『기독교와 자본주의의 발흥』과 『평등』은 이미 한국어로 번역되었는데(특히 『평등』은 오래전에 번역되었으나 절판되었다), 이 번역서에서는 이제까지 번역되지 않은 그의 저작 가운데 위에서 말한 각 시기별로 매우 중요한 의미를 갖는 네 편의 글을 소개하기 때문이다.

우선 『비망록』은 1910년대 초, 정확하게는 1912년에서 1914년까지 노동자 교육의 일선에서 현실의 모순을 생생히 체험하는 가운데 그

---

138 위의 책, 84쪽.

근본 원인과 타개책에 관해 고뇌하고 사색하는 30대 초반 청년 토니의 모습을 통해, 이후 진화해나가게 될 토니 사상의 원형을 보여준다. 달리 말하자면, 대표 3부작을 비롯한 그의 모든 저술의 핵심을 이해하기 위해서는 『비망록』을 읽는 것이 필수이다. 40대에 접어들어 쓴 『탐욕 사회』는 그의 대표 3부작 가운데 첫 번째 것이라는 점에서 짐작할 수 있듯이 토니의 사회경제 사상의 핵심에 해당한다. 그로부터 약 10년 뒤, 만 50세가 됐을 때 쓴 『프로테스탄트의 윤리와 자본주의 정신』 영역판 서문은 아주 짧은 글임에도, 기독교와 자본주의 사이의 영향 관계를 막스 베버와 사실상 정반대로 본다는 점에서 매우 중요한 의미를 갖는 글이다. 마지막으로, 토니의 나이가 60대 중반이었던 시기이자, 대공황에 대처하기 위해 만들어진 연립 국민정부(National Government, 1931-1940) 체제로부터 다시 정당 정치체제로 전환되어 가던 시기에 쓴, 영국 노동당의 지침을 담고 있는 「문제는 자유다」는 현실 정치인으로서 토니가 제시하는 정책 방향의 근본 취지를 알려준다는 점에서 특별한 의미가 있다.

3. 청년 토니 사상의 순수성과 명료함, 또는 토니 사상의 원형: 『비망록』(1912-1914)

"이 노트를 발견하신 분은 맨체스터 C-on-M 셰익스피어가 24번지, R. H. 토니에게 돌려주시기 바랍니다. 사적인 물건입니다."

토니의 『비망록』맨 앞에는 이런 말이 씌어 있다. 그러나 그의 이 '일기'에는 사적이거나 은밀한 내용이 전혀 없다. 그렇기는커녕,

1912년 4월 19일에 시작하여 1914년 12월 28일까지 쓴 이 '일기'는(매일 쓴 것은 아니고, 중요한 일이나 생각을 기록해둘 필요가 있을 때마다 쓴 것인데) 30대 초반 나이의 청년 토니가 내면에 품은, 자본주의 종주국 영국에 내재한 사회 모순에 대한 통찰과 책임감, 그리고 그것을 타파할 근본 방책을 찾고자 하는 깊은 사색이 충만할 뿐이다. 앞서 말했듯이 『비망록』을 쓴 시기는 토니가 옥스퍼드대학과 노동자교육협회의 후원으로 로치데일(Rochdale)과 롱턴(Longton)이라는 지역에서 노동자 개인 지도 강좌(tutorial classes)를 맡아 노동자 교육의 일선에서 일하고 있을 때였다. 토니는 경제사 공부가 노동자의 현실 인식과 미래의 희망에 가장 긴요하다고 생각하여 경제사를 집중적으로 가르쳤는데, 그의 학생들은 정원사, 배관공, 도자기 녹로공과 도장공, 바구니 제조공, 광부, 기계공, 제빵사, 서기, 도서관 사서, 가게 점원, 식료품상, 제분소 일꾼, 철도원, 의류상, 보험 징수원, 초등학교 교사 같은 다양한 직분을 가진 사람들이었다. "토니는 교사가 아니었고, 영혼을 지닌 인간이었다"[139]는, 당시의 한 학생의 회상에서 그가 자신의 학생들을 어떻게 대했는지 짐작할 수 있다. 그는 9주로 구성된 1회기 중에 학생들이 쓴 500편 이상의 에세이를 평가하고 꼼꼼히 의견을 달아줄 정도로 성실한 교사였지만[140], 그에게 이 강좌는 무엇보다도 "노동계급의 삶을 배우는 더할 수 없이 소중한 기회"[141]였다. 『비망록』은 그의 사회경제 사상의 원천이 바로 이때 노동자들과의 만남에서 얻은 생생

---

139 위의 책, 35쪽.

140 배리 엘시, 「리차드 핸리 토니, '성인교육의 수호신'」, Peter Jarvis 편, 『20세기 성인교육철학』, 강선보·노경란·김희선·변정현 옮김, 동문사, 2018, 74쪽.

141 고세훈, 앞의 책, 34쪽.

한 현실 인식과 사회 모순의 통찰이라는 사실을 여실히 보여주는 대목이 아주 많다. 예컨대 1912년 기록 가운데에는 노동자들에게 들은 말을 그대로 옮긴 것이 있다.

7월 9일.

런던에서 온 어떤 기관사: "저는 지난여름 철도 파업에 열심히 참여했습니다. 파업을 시작했을 때, 우리는 이전과 같거나 이전보다 나쁘지 않은 일자리를 약속받았어요. 곧바로 저는 일자리로 돌아갔고, 다른 곳에 배치되었는데, (최고 등급, 특급인) 4호 기관차에서 쫓겨나서 3호 기관차를 배정받았고, 경영진은 그때부터 비조합원들을 훈련시켜서 그 자리에 다른 사람들을 앉혔어요. 그 변화 때문에 저는 주당 12에서 18실링을 덜 받습니다. 그런데 그게 '경영'의 문제여서, 조정위원회는 경영 문제를 다룰 수가 없게 되어 있고, 노동시간과 임금만을 다룰 수 있습니다. (…)"

7월 10일.

리버풀에서 온 식자공: "실직이 이루어지는 방식을 제가 겪은 두 가지 사례로 말씀드리겠습니다. 저는 두 번의 위기를 겪었어요. 첫 번째는 라이노타이프[142]의 도입이었지요. 제가 일한 (신문) 회사에서는 기계 11대를 들여오고 30명(?)쯤 내보냈어요. 그중의 일부는 다른 곳에서 상근 일자리를 얻었고, 몇몇 사람은 임시직 노동자로 전락했습니다. 일전에 그중 한 사람을 만났지요. 그 사람은 그 뒤에 줄곧 한 신문

---

142 역주) 라이노타이프(linotype): 과거 신문 인쇄에 쓰이던 식자기.

사 사무실에서 자질구레한 인쇄 일을 해왔었지요. 두 번째 위기는 헤럴드와 (또 다른 신문사의) 합병 때문에 왔습니다. 합병 전에 헤럴드는 일하기에 아주 좋은 직장이었어요. 직원들은 주급 3파운드를 받았고, 스스로 알아서 일하면 되었지요. 합병이 이루어지자 약 100(?)명이 곧바로 짐을 쌌습니다. 주주들은 합병으로 아주 큰 이익을 보았지요. 이 신문사는 그 이후로 많은 배당금을 지불했어요. 쫓겨난 사람들 중 많은 이들이 신세를 망쳤고 임시직 노동자가 되었습니다. 나이가 많은 사람들 가운데 일부가 집으로 돌아가서 6개월 안에 죽었습니다. 의사들은 다양한 이유를 댔지요. 하지만 저는 그 이유를 알아요. 그건 '합병'이에요. 합병은 온 나라에서, 모든 직종에서 진행되고 있어요. 부는 집중되고 있고, 생산력은 증가했지만, 민중은 더 가난해지고 있습니다."

이렇게 노동자의 일상의 삶과 생생한 증언에서 얻은 현실 인식에 토대를 둔 토니의 사회경제 사상의 원천이 『비망록』에서 형성되고 있었다. 그러한 면모가 1912년 6월 10일 일기에서 특히 두드러지게 나타난다. 이날의 일기는 다른 날보다 길이도 훨씬 길 뿐만 아니라 당대 영국 사회의 모순에 대한 의미심장한 통찰이 집중적으로 나타난다. 토니가 보기에 영국 사회의 모순을 해결하는 일이 각별하게 중요한 것은 "자본주의 산업의 도덕적 미로로 세계를" 이끈 '원죄'가 영국에 있기 때문이다. "산업 문제는 도덕 문제, 즉 하나의 공동체로서 일정한 행위의 방침들을 배척하고 다른 방침들을 찬성하는 법을 배우는 문제이다."(강조는 인용자)라고 시작하는 이날 일기에서 토니는, "고용자들은 소처럼 집 안에 틀어박혀 있으면서, 어린아이들의 노동을 착취하고, 임금을 깎기 위해 미조직 노동자를 이용해먹고, 큰 이윤을 얻는 것이 수치스러운 일"이라고 느끼지 못하는 부도덕성이야말로 현대 산업의 가장 두드러진 특징이라고 규정하면서, 그것은 바로 사람을 목적이 아닌 수단 또는 사물로 대했던 노예제의 본질과 다르지 않은 것이라고 질타한다. 인간 삶의 다른 모든 문제와 마찬가지로 산업 문제 역시 도덕 문제라는 토니 사상의 배경에는 도덕만이 인간을 행복하게 만들 수 있다는 확고한 그의 신념이 있다. 즉, "가난한 사회도 아주 행복하고 만족스러운 사회가 될 수" 있고, "부유한 사회도 아주 불행하고 불만족스러운 사회가 될 수 있는데, 행복과 만족의 발생은 필요한 것을 만족시키는 인간의 힘에서가 아니라, 도덕적으로 승인하거나 만족하면서 사회에서의 자신의 위치와 동료들의 위치를 바라볼 수 있는 인간의 힘에서 찾아볼 수 있기 때문"(1912.6.22.)이라는 것이다.

토니가 보기에 이러한 도덕의식이 인간의 경제에서 실현되는 형태가 바로 '서비스', 즉 인간 상호 간에 '도움이 되는 일'을 하는 것이다. 토니는 "사회주의의 본질은 성공이라는 이상을 서비스라는 이상으로 대체하는 것"(1912.7.31–8.1)이라는 웹 부인의 말을 빌리고 있지만, 이 말은 사실상 이후 전개될 토니 사상의 핵심을 표현한 것이었다. 여기서 '성공'이란 '부의 획득의 성공' 또는 '부의 탐욕의 만족'을 뜻하는 것으로 볼 수 있고, 그것은 토니가 말하는 도덕의 경제적 구현 활동인 '서비스하기=도움 되는 일 하기'와 정면으로 배치되는 지향점이다. 이것은 또한 토니가 정의하는 사회주의가 무엇인지를 보여주는 언명이기도 했다. 이 점이 중요한 이유는, 토니가 생각하는 사회주의란 마르크스주의에서 말하는 사회주의도, 페이비언협회의 집산주의도, 그리고 이후에 나타난 소련의 당과 관료 중심의 사회주의도 아닌 '서비스의 정신과 원리'에 근거한 '토니의 사회주의'이기 때문이다. 따라서 예컨대, 뒤에서 보겠지만 토니가 보기에 하이에크처럼 소련의 사회주의를 근거로 사회주의를 논하거나 비판하는 것은 애초부터 사실 그에게는 반박할 필요조차 없는 것이 되어버린다. 어떤 사회주의냐가 중요하다는 생각은 토니의 사상에서 매우 중요한 요소이다.

토니에게 도덕은 산업뿐만 아니라 대학의 존립 토대이자 운영 원리이기도 하다. 그는 대학을 이러한 관점에서 보았기 때문에 대학에 한편으로 무한 책임 의식을 요구하면서 다른 한편으로는 무한한 기대감을 표출하기도 했다. "대학은 최고 성직자로서의 다리 놓는 사람들의 조직을 가지고 있어야 한다"(1912,11,3,)는 말에서, 그가 대학에 얼마나 높은 수준의 도덕을 요구하는지 알 수 있는데, 1912년 10월 30일의 일기에 그의 이러한 '대학론'이 집약되어 있다.

현대의 지역사회는 대학으로부터 무엇을 기대할 수 있을까? 세 가지를 기대할 수 있을 것이다. 첫째, 대학은 불요불굴의 엄격한 지식의 기준을 옹호해야 한다. 둘째, 대학은 교육을 통해 그 기준이 세상에서 보편적으로 효력을 발휘하게 만들어야 한다. 셋째, 대학은 지성과 인격이 대학에 장점을 부여하는 유일한 방법이 되도록 스스로를 조직해야 한다. 이 문제를 다른 방식으로 말해본다면, 대학이 할 일은 두 가지인데, 지적 기준을 옹호하는 것과 도덕적 기준을 옹호하는 것이다. 지적 기준은 엄격한 지적 훈련을 유지함으로써 옹호한다. 도덕적 기준은, 그 훈련을 감수하고자 하는 사람들 모두가 그 훈련을 받을 수 있게 함으로써, 그 훈련을 받는 사람들이 부유하거나 사회적 영향력이 있다는 이유만으로 그들에게는 그 훈련을 느슨하게 만들지 않음으로써, 훈련을 받는 사람들이 가난하거나 투박하거나 사회적으로 무능하다는 이유만으로 그들로부터 그 훈련의 기회를 빼앗지 않음으로써 옹호한다. 이렇게 하면 대학은 도덕적 권위의 중심이 될지도 모른다. 또한 영국인들이 현재 다른 어떤 것보다도 더 필요한 것이 바로 이러한 도덕적 권위이다. 우리는 (a) 거짓된 것과 참된 것 사이의 무한한 차이를 교육받고, (b) 종교와 마찬가지로 지식을 계급과 부의 모든 차이를 초월하는 것으로 생각하며, 학문의 눈으로 볼 때에는, 신의 눈으로 볼 때와 마찬가지로, 모든 사람이 한없이 작기 때문에 평등하다고 생각할 필요가 있다. 돈을 위해 교육을 파는 것은 돈을 위해 신의 선물을 파는 것과 거의 마찬가지이다.

산업과 대학의 운영 원리로서 도덕을 내세우는 근본에는, 위 인용문의 마지막 문장에도 나타나는 바와 같이, 토니의 명료하고도 깊은 종교관과 기독교 신앙이 있다. 그에게 기독교의 사랑의 가르침이 지고의 가치가 있는 것은, 그러한 가르침을 주는 기독교의 신이 사람들로 하여금 사회를 올바로 세우고 운영해나가는 도덕 원리에 실제로 힘을 주는 존재이기 때문이다. 다시 말해 그에게는 기독교 신앙과 도덕성과 산업과 대학의 올바른 운영 원리와 그것을 구현하는 제도는 모두 동일한 본질과 의미를 갖는 것이다.

내가 말하는 것은 이것이다. 나는 신이 존재한다는 지식이 인간에게 막대한 힘의 원천이라고 생각한다. 그러나 그것은 그 자체만으로는 아주 도움이 되지는 않는다. 우리가 알고 싶은 것은 그가 어떤 종류의 신인가, 그리고 그가 평범한 인간관계 속에서는 어떤 모습인가 하는 것이다. 이것이 바로 기독교가 우리에게 들려주는 것이다. (1914.7.12.)

『비망록』에는 토니가 생각하는 기독교 본래의 참된 신앙, 그리고 그 신앙을 바탕으로 한 당대 사회 모순의 통찰을 보여주는 토니식의 이런 '법어(法語)'가 아주 많다. 이러한 기독교관에 근거한 토니의 사회경제 사상 또한 노선이 명확한데, 이것은 자본주의에 내재하는 모순을 그와 똑같이 비판하지만 대안 면에서 본질적으로 그의 견해와 다른 당대의 경제사상에 그가 분명한 거리를 두는 이유에서 확실히 알 수 있다. 토니는 대표 3부작을 쓰기 훨씬 전인 이때 『비망록』에서 당대의 유력한 경제 사상가인 힐레어 벨록과 페이비언협회 회원들, 벤담주의를 공유하는 영국의 사회주의자, 그리고 마르크스주의 사회주의자 모두를 비판하면서 자신의 독자적 사상을 이미 정립하고 있었다.

그 첫 번째 비판 대상이 힐레어 벨록이었다. 자본주의와 사회주의는 대다수 사람으로부터 재산을 박탈함으로써 노예 상태에 묶어둔다는 점에서 본질적으로 똑같다고 비판하면서 재산의 고른 분산을 주장한 '분배주의' 또는 '분산주의'의 사상가가 바로 벨록이었는데, 토니는 자본주의 비판에서는 벨록에게 공감하면서도 벨록이 내세우는 대안의 문제점은 매우 간결하면서도 명쾌하게 비판한다. 벨록의 '분배주의' 또는 '분산주의'는 1912년 10월에 출간한 『노예국가(The Servile State)』에서 최초로 주장되었는데[143], 토니는 바로 그다음 달인 11월

---

143 힐레어 벨록, 『노예국가』, 성귀수 옮김, 루아크, 2019 참조.
    벨록의 '분배주의' 또는 '분산주의' 사상은 『헬렌을 위한 경제학』(1924)과 『재산

10일의 일기에서 그 비판을 수행한다. 즉, 첫째, 대부분 소규모 재산 보유자로 구성된 사회에서는, 중세 영국에서도 그랬듯이 재산이 전혀 없는 사람과 임금노동자는 대개 비참한 생활을 하기 때문에 '분배 국가'는 재산 보유자들에게만 좋다는 것, 둘째, '분배 국가'는 불평등과 경제적 지대(economic rent)라는 기초를 사적 개인에게 맡기는 데에서 분명히 나타나듯이 평등을 선호하지 않는다는 것이 그 비판의 내용이다.

1920년대 초부터 12년 간 집행부에 몸담기도 한, 영국의 지식인 사회주의의 대표 격인 단체 페이비언협회를 토니는 『비망록』에서 신랄하게 비판한다. 이것을 보면 그가 나중에 이 단체와 분명한 거리를 두게 되는 것이 필연이었음을 알 수 있다. 토니는 영국 지식인 사회주의의 노선이 집산주의(collectivism)[144]라고 규정하면서, 그것은 국가의 규제, 즉 웹 부부가 제창한 국민 최저 생활수준(national minimum)의 보장에 집중할 뿐 공동의 소유와 사용을 거의 포기했으며, 경제적 특권에 기초를 둔 불평등의 문제는 건드리지 않는데, 이 문제는 빈곤보다도 훨씬 더 현대사회의 거대한 결함이라고 비판한다.(1913.2.26.) 그러나 이러한 정책 방향의 문제 못지않게, 페이비언협회의 구성원들이 토니와 완전히 다른 본질을 보이는 것은 노동자를 대하는 그들의 근본 태도이다. "페이비언들이 과거의 사회주의 운동에서 그들이 누렸

복구론』(1936)에서도 계속해서 주장되었다. 이 두 저서도 한국어로 번역되었다.
힐레어 벨록, 『헬렌을 위한 경제학』, 이희재 옮김, 교양인, 2019 참조.

144 집산주의(collectivism): 토지·공장·철도·광산 따위의 중요한 생산 수단을 국유화하여 정부의 관리 아래 두고 집중 통제하는 것을 이상으로 하는 사상.

던 지적 리더십을 지속시키고자 한다면 (…) 문맹자들과 정치적 신참자들을 전향시키거나 그들에게 초보적인 사회주의 교육을 시키기 위해 시간을 할애할 정도로 한가해서는" 안 되고, "(노동자들과의—인용자) 문화적 격리는 불가결하며, 무분별한 친목을 강조하는 것은 치명적"[145]이라거나 자신들은 "'민주적 귀족정치(Democratic Aristocracy)'를 지향한다"[146]는 말에서 극명하게 드러나듯, 페이비언협회의 지식인 사회주의자들은, 노동자를 대하는 토니의 지극히 소탈한 평등주의적 태도와는 정반대의 엘리트주의를 철저히 고수했다.

영국 사회주의자들이 벤담주의와 본질적으로 다르지 않다고 토니가 비판한 것은 어떤 맥락에서일까? 영국 사회주의자들이 "벤담으로부터 공공복지의 기준을 취해왔고, 근본주의적 개인주의자들에 관한 그들의 비판은 이 공식의 한계 내에서 이루어져왔으며 (…) 벤담이 주장한 목적을 성취하기 위해, 또는 벤담주의의 복지 기준을 충족하기 위해서는, 벤담이 제안한 것과는 다른 수단이 실제로는 추구되어야 한다고 주장하는 것에 그들은 만족해왔다"는 것이 그 비판의 핵심이다. 그래서 결국 토니의 비판은 벤담의 공리주의 자체로 향하는데, 첫째, 최대 다수의 최대 행복을 위한 제도가 그 자체로 좋을 것일 수 없을뿐더러 벤담주의는 노동자에 대한 영구적 착취와 억압을 정당화하고, 둘째, 벤담주의는 단순함과 단호함의 외양을 가지고 있지만 사실은 완전히 환상에 불과하다는 것, 셋째, 이해관계의 영역에 머물러

---

145 버나드 쇼, 「페이비언주의 60년」, 조지 버나드 쇼 외 편, 『페이비언 사회주의』, 고세훈 옮김, 아카넷, 2006, 420쪽.
146 위의 글, 403쪽.

있는 한 서로 갈등하는 요구들을 화해시키는 것은 불가능하다는 것이 그것이다.(1913.7.29.) 한마디로 벤담주의자나 벤담주의를 공유하는 영국의 사회주의자들 모두가 영국 사회에 내재한 모순의 본질을 제대로 지적하지 못하기 때문에 그 근본적 해결책을 내놓지 못한다는 것이다.

토니가 마르크스 사회주의자들을 비판하는 것 역시 매우 근본적인 차원에서 이루어지는데, 그들의 사고방식도 근본적으로는 자본주의의 본질에서 벗어나 있지 않다는 것이 토니의 통찰이다. 자본주의가 부의 획득을 위한 탐욕을 효과적으로 충족하기 위해 사람마다 돈으로 환산되는 값을 매기는 것과, 마르크스 사회주의자들 역시 노동의 가치를 가격으로만 보는 것이, 물질주의를 본질로 한다는 점에서 똑같다는 것이다. 요컨대 돈으로 표시되는 숫자로 환산할 수 없는 개별 인간의 '비경제적' 가치를 보지 않는다는 점에서는 양자의 본질이 똑같다는 것이다.

마르크스주의 사회주의자들은 충분히 혁명적이지 않다. 그들은 노동자가 생산하는 것에 상응하는 것을 얻지 못하기 때문에 자본주의 사회가 비난받는다고 말한다. 그러나 노동자가 왜 그래야 할까? 자본주의 정신이 진정으로 비난받아야 하는 것은, 사람은 자신이 생산한 것만을 얻는다고 주장하는 데에 있다. 마치 우리가 보유한 주식에 따라서 대가를 받는 금광 주주인 것처럼 말이다! 그 주장은 불멸의 영혼들의 무게를 달아보고는 그것들이 경제적으로 쓸모가 없으니까 값을 낮추려 하는 야만적이고, 비인간적이며, 탐욕스러운 교리이다. 신은 사람들이 본래의 자기가 되라고 명한다! 그런데 이 교리는, 부가 부 이외에는 아무것도 좋아하지 않는, 따라서 그것을 갖기에 가장 부적합한 사람들에게 가야 한다는 것을 의미한다. (1913.9.10.)

『비망록』에서 토니는 저서 집필 계획을 여러 군데에서 적고 있는데, 그 내용을 보면 그가 이후 수십 년 동안 그 집필 계획을 충실히 실행으로 옮겼음을 알 수 있다. 기독교와 도덕론에 근거한 토니의 사상은 이처럼 마르크스주의 사회주의자들에 대한 비판을 발판으로 하여 더욱 더 근본적인 차원으로 전개되는데, 그것이 토니의 독자적이고 대안적인 비전을 제시하는 사회경제 사상으로 발전하는 데 핵심어가 되는 것이 바로 '기능'과 그 내용으로서의 '도움 되기(=서비스)'이다. 이것은 탐욕을 본질이자 원동력으로 삼는 자본주의 산업 체제의 대안으로 토니가 제시하는 새로운 사회의 핵심 원리이자 방법이다.

4. 탐욕과 불평등을 조장할 것인가, 도움 되기의 기능을 지향할 것인가: 『탐욕 사회』(1921)

토니 3부작의 첫 번째 명저인 이 책은 이제까지 한국어로 번역되지 않았지만, 이 책의 제목만은 '취득형 사회'[147], '성취사회'[148], '탈취사

---

147 R. H. 토니, 『기독교와 자본주의의 발흥』, 고세훈 옮김, 한길사, 2015의 저자 소개 참조.

148 윤용탁, 「페이비언 사회주의」, 이용필·윤용탁·진덕규 저, 『유럽 마르크스주의의 전개』, 서울대학교출판부, 1997, 108쪽.

회'[149], '획득사회'[150], '탐욕의 사회'[151] 등 여러 가지로 소개되었다. 이 모두가 일리 있는 제목이라고 생각되는데, 'The Acquisitive Society' 라는 영어 제목에 이 제목들의 의미가 모두 포함되고, 그 가운데 어떤 점을 강조하느냐에 따라 위와 같은 제목들을 쓸 수 있기 때문이다. 물론 이 번역서에서는 '탐욕 사회'라는 제목이 가장 적절하다고 생각하기 때문에 이것을 쓴다. 경제적 이득을 인간 삶의 중심이자 목적으로 삼는 현대 자본주의의 원리뿐만 아니라 그 원리가 사람들에게 끼치는 심리적 효과까지 간파한 토니의 통찰이 담긴 이 책의 원제목을 '탐욕 사회'가 가장 근접하게 표현해준다고 생각하기 때문이다.

그런데 이 해제의 이제까지의 서술 내용과 이 장의 제목이 독자로 하여금 토니가 '경제에 대한 금욕주의자'일 것이라는 예단을 하게 만들지도 모를 것 같다. 만일 그런 예단을 한다면 그것은 오해에 기인한 것이다(토니는 『비망록』의 1912년 9월 4일자 일기에서 이러한 오해의 가능성을 없애는 분명한 발언을 한다). 그 오해를 풀기 위해서뿐만 아니라 토니가 이 책을 통해 말하고자 하는 바의 전체적 윤곽과 핵심을 미리 알아보기 위해, 지금부터 살펴볼 『탐욕 사회』의 서론 앞부분과 결론에 해당하는 맨 마지막 부분의 토니의 말을 들어보자.

국가가 오래갈 결단을 내리고자 한다면, 신문 소유자들이 일시적으로

---

149 고세훈, 『R. H. 토니 – 삶, 사상, 기독교』, 아카넷, 2019.

150 아사 브릭 외, 『사회복지의 사상—복지국가를 만든 사람들』, 한국복지연구회 옮김, 이론과실천, 1987, 142쪽.

151 김종철, 「토니의 생애와 평등사상」, R. H. 토니 저, 『평등』, 김종철 옮김, 한길사, 1982, 304쪽.

좋아하는 철학을 넘어서야 한다. 국가가 쳇바퀴 우리 안의 다람쥐처럼 정력적인 헛수고를 하고자 하지 않는다면, 현재 있는 것의 결함과 있어야 할 것의 성격을 모두 분명히 이해해야 한다. 또한 국가가 이러한 이해에 도달하기 위해서는 국가의 상업이나 산업이나 사회생활의 일시적 긴급 사태들보다 더 안정된 어떤 기준에 호소하고, 그것에 의해 그 긴급 사태들을 평가해야 한다. **요컨대 국가는 원칙(Principles)에 의지해야 한다.**

사회는 **경제적 이해관계**를 삶의 전체가 아닌 하나의 요소로 보아야 한다. 사회는 그 구성원들에게 **어떤 상응하는 서비스도 제공하지 않는 채 얻는 이득**의 기회를 비난하도록 설득해야 하는데, 이러한 이득을 얻기 위한 투쟁이 공동체 전체를 계속해서 열병에 휩싸이도록 만들기 때문이다. 사회는 경제활동이 갖는 수단으로서의 성격이, **경제활동이 사회의 목적에 복무하는 것에 의해 강조되도록 산업을 조직해야 한다.** (강조는 인용자)

이 책의 마지막 몇 문장에서 보듯, 토니가 강조하고자 하는 것은, 경제적 이해관계와 경제활동은 인간 삶의 한 부분일 뿐만 아니라 사회의 목적에 복무하는 수단이라는 점이지, 경제활동 또는 그 결과물인 돈이 중요치 않다는 뜻이 전혀 아니다. 1913년 9월 10일 일기의 마지막 부분에서 자본주의 사회에서는 "부가 부 이외에는 아무것도 좋아하지 않는, 따라서 그것을 갖기에 가장 부적합한 사람들에게" 간다고 말했듯이, 경제활동의 결과물인 돈이, 사회에 서비스(=도움이 되는 일)라는 기능을 충실히 하는 사람들에게 제대로 돌아가지 않고, 경제

적 이해관계를 삶의 모든 것으로 생각하지만 실제로 서비스라는 사회
적 기능은 하지 않는 사람들에게 부당하게 집중되고, 이것이 바로 자
본주의가 낳는 불평등의 근본 원인이며, 이것이 더더욱 나쁜 것은 그
들의 탐욕이 뭇 사람들에게 그 탐욕의 심리를 조장하기 때문이라는
것이 토니가 강조하는 핵심 가운데 한 면이기 때문이다. 그런데 서론
에서는, 오늘날 한국 사회에서도 너무나 분명히 그러하듯이 (물론 그
렇지 않은 독립 언론도 있다), 당대 영국에서 그러한 탐욕을 부추기고 그
것이 낳는 불평등을 일상적으로 정당화하는 대표적 분야가 바로 언
론이라는 사실을 토니는 특별히 강조한다. 영국 사회가 이러한 상황
에 놓여 있기에, 사회생활 전반의 정책 방향을 주도적으로 책임지는
국가는 '경제적 이해관계'가 아닌 '원칙'에 따라 운영되어야 한다고 그
는 특별히 역설하는 것이다(이 책의 절반은 그 '원칙'에 관한 내용이다).

동서고금을 막론하고 인간의 어리석음 가운데 가장 문제가 되는 경
계 대상으로 보편적이면서도 상식적으로 인정되는 '탐욕'을, 토니가 왜
하필 영국으로 대표되는 현대 자본주의 산업 체제의 핵심 원리이자
사회심리로 새삼 지목하는 것인지 이제 분명해진다. 그의 의도는, '탐
욕'을 우리가 그 반대말로 흔히 떠올릴 만한 말들인 '만족'이나 '절제'
나 '금욕'과 대조하는 것이 아니라, 그가 산업 본연의 기능으로 제시
하는 '서비스', 즉 '사회에 도움이 되는 일'을 하는 것과 대조하는 데에
서 명료하게 나타나는 것이다. 여기서 토니가 말하는 서비스가, '생산
된 재화를 운반·배급하거나 생산·소비에 필요한 노무를 제공함'이라
는 사전적 정의의 서비스, 즉 '삼차산업'을 정의할 때의 특수하고 좁
은 의미의 서비스가 아닌 것은 말할 필요도 없다. 이것은 'service' 본
래의 본질적 의미인 '사회에 기여하는 일을 하는 것'을 말한다. 토니는

이 말을 분명히 이 의미로 쓴다. 따라서 현대 자본주의의 산업 체제가 산업 본래의 기능인 서비스를 목적으로 삼지 않고 탐욕을 조장한다고 말하는 것은, 사회경제 사상가 토니로서는 현대 자본주의의 산업 체제에 대해 그가 할 수 있는 가장 근본적이면서도 구체적인 비판을 하는 것이다.

"모든 권리는 그 권리가 존재하는 사회의 목표 또는 목적에서 나오는 것"이기 때문에, 국가의 권리이건 개인의 권리이건 절대적인 것이 아니라 조건적인 것이며, "사회가 건강하려면 인간이 스스로를 권리의 소유자가 아니라, 기능 이행의 수탁자이자 사회의 목적의 도구로 생각해야 한다"는 것[152]도, 산업이 본래의 목적인 기능(=서비스)에 충실해야 한다는 위의 주장과 정확히 같은 맥락의 말이고, 근본적으로는 그가 생각하는 기독교의 사랑의 정신을 사회경제의 차원으로 번역해서 표현한 것이다. 토니가 보기에 영국 사회에서 이러한 사고방식과 그것을 지탱하는 도덕 원칙이 본격적으로 무너지기 시작한 것은, 사람들이 "사회제도와 경제행위가 개인의 행동과 마찬가지로 도덕규범을 따른다고 더는 생각하지" 않게 된 18세기 초인데, 이것은 역설적이게도 "교회를 세속 정부의 한 부처로" 만든 종교개혁 이후의 일이었고, 영국의 경우 그것은 17세기 후반에 발흥한 "현대적 경제 관계", 즉 자본주의 산업 체제 성립의 영향이었다. 그 이전 "역사의 대부분 시기 동안 인간은 종교의 보편적 목적과의 관계 속에서 사회질서의

---

152 토니는 또한 "사람은 통제할 수 없는 권력에 의해 지배되지 말아야 한다는 것이 경제적 자유의 조건"이기 때문에, 산업 문제는 "무엇보다 기능(Function)의 문제이고, 둘째로는 자유(Freedom)의 문제"라고 말하는데, 특히 이러한 '자유론'이 이 번역서의 마지막 글에서 집중적으로 개진된다.

의미를" 찾았다는 점이, 종교개혁 이후 기독교의 변화가 자본주의의 융성에 의한 것임을 주장할 때 토니가 제시하는 핵심 논거이다(바로 이 점이 종교개혁의 본질을 바라보는 막스 베버와 토니 사이의 중대한 차이인데, 이것은 이 번역서의 세 번째 글에서 좀 더 자세히 볼 수 있다).

토니에 의하면 영국 사회에서 위와 같은 사고방식의 변화를 철학자로서 처음 보인 사람이 존 로크(1632-1704)인데, "그의 주된 개념은 사적 권리와 공공복지 사이의 예정된 조화가 아니라 사적 권리의 파기 불가능성"이었기 때문이다. 개인의 '권리'를 이러한 관점으로 보면 개인의 재산권을 공공복지에 우선하는 것으로서 철저히 옹호할 수밖에 없는데, 로크가 태어나기 불과 몇 년 전에 별세한 로크의 선배 사상가 프랜시스 베이컨(1561-1626)의 경제사상과의 대조를 통해, 개인의 재산권에 관한 로크 이래의 관점 변화의 본질이 극명하게 나타난다. 베이컨은 헨리 7세가 소농의 소작권을 보호했기 때문에 그를 칭송했고, 하원에서 더 철저한 토지 관련 입법을 해줄 것을 호소하면서 이런 말까지 했던 것이다. "부는 마소의 분뇨 같은 것이다. 뿌리지 않으면 좋지 않은 것이다."

이와 같은 토니의 관점이 근본의 차원에서 얼마나 철저하게 일관된 것인지는 프랑스혁명과 그것을 뒷받침한 사상적 배경에 대한 그의 비판을 통해서도 분명히 나타난다. 즉, 프랑스혁명의 사상적 근거를 제공한바, "권리의 신성함과, 사적 목적의 추구를 공익의 성취로 변화시키는 연금술의 무오류성을 그(로크-인용자)와 거의 똑같이 강조"한 프랑스의 계몽주의자들도 존 로크와 본질이 다른 사고방식을 가진 것이 아니었다. 토니가 보기에, 양자 사이의 "차이는 원칙의 차이가 아닌 강조점과 표현의 차이"였는데, "사유권과 구속되지 않는 경제적 자유가 프랑스에서처럼 자연권으로 명시되었는지, 또는 영국에서처럼 완전히 편의적인 것으로 생각"되었는지는 사실 중요한 것이 아니었고, "두 경우에 모두 그것(사유권과 구속되지 않는 경제적 자유-인용자)은 사회 조직이 기초를 두고 있고 그에 관해 더는 논쟁이 허용될 수 없는 기본 원칙으로 당연하게" 받아들여졌기 때문이다.

이렇게 사랑의 섭리 그 자체로서의 (기독교의) 신이 인간의 삶의 현실에서 현격히 위축되거나 심각하게 왜곡되고, 그에 따라 산업 체제를 규제하는 도덕규범이 작동하지 않는 상황에서, 사적 권리가 '신성불가침'의 자리를 대신하게 된 핵심 결과가 바로 재산(권)의 변화이다.

현대의 대부분의 재산과 산업 시대 이전의 재산을 구별해주고, 이전 시대에는 재산에 대해 뒷받침 논거가 되었던 것이 현재는 그것을 부정하는 것으로 만드는 특징적 사실은, 현대의 경제 조건에서는 소유가 능동적이지 않고 수동적이며, **오늘날 재산을 소유하는 대부분의 사람들에게는 재산이 일을 하는 수단이 아니라 이익의 획득과 권력 행사의 수단이라는 점, 그리고 이득이 서비스와, 권력이 책임과 관련을 맺는다는 아무 보장이 없다**는 점이다. 장인의 도구나 농민의 경작지, 또는 건강하고 효율적인 생활에 기여하는 개인의 소유물처럼 기능의 실행 조건으로 간주될 수 있는 재산이, 그것의 가치와 관련되는 한, 현재 존재하는 재산권에서는 보잘것없는 부분을 이루기 때문이다. **현대 산업사회에서는 재산의 대부분이** (…) 가정의 가구와 같은 개인의 획득물도 소유자의 장사 도구도 아닌, **사용료, 지대,** 그리고 물론 무엇보다도 소유자가 **행하는 어떤 개인적 서비스와도 무관한 수입을 만들어내는 기업의 사업 지분과 같은 다양한 종류의 권리로 이루어져 있다.**

정상의 상태라면 소유와 사용은 분리되지 않는다. (강조는 인용자)

토니가 역설하는바 '탐욕 사회'로서의 현대 자본주의 사회의 본질
은, 다른 무엇보다도 이처럼 개인의 재산이 더 많은 재산과 권력을 위
한 수단일 뿐이며, 그 더 많은 재산과 그것을 통해 얻는 권력에 서비
스와 책임이라는 조건이 전혀 전제되지 않는다는 데에 있다. 중요한
것은, 이렇게 재산을 소유하는 것과 사용하는 것이 분리된 상태는 정
상이 아니라는 점이다. 현대 산업 시대 이전의 장구한 인간 역사에서
재산은, 이렇게 아무런 사회적 의무나 책임 없이 더 많은 재산과 권력
을 얻기 위한 수단이 아니라, '일을 하는 수단', 즉 서비스(=사회에 도움
이 되는 일)를 하는 수단이었기 때문이다. 토니는 그러한 기능 없는 재
산이 제자리를 찾을 때 어떤 공공의 목적에 사용될 수 있는지 구체적
으로 명시하면서 그 재산(권)의 문제를 반복해서 강조한다.

기능 없는 주주들에게 배당금으로 분배되는 부의 반이 다른 방식으
로 사용된다면, 모든 아이에게 18세가 될 때까지 좋은 교육을 보장
할 수 있고, 영국의 모든 대학에 다시 기부를 할 수 있으며, (더 효율적
인 생산이 중요하므로) 영국의 산업이 더 효율적인 생산을 할 수 있는 설
비를 갖춰줄 수 있다. 지금 재산의 보호에 이용되는 창의력의 절반만
으로도 가장 산업적인 질병들을 천연두만큼이나 적게 줄일 수 있었을
것이고, 가장 영국적인 도시들을 건강하면서 아름답기도 한 장소로
만들 수 있었을 것이다. 방해가 되는 것은, 재산권이 그 소유자가 하는
어떤 사회적 기능과도 상관없이 절대적이라는 주의이다. 그래서 재산
의 보호가 노동의 보호에 상응할 가능성이 전혀 없다 할지라도 가장

가혹하게 강제되는 법은 여전히 재산을 보호하는 법이고, 산업을 지배하고 사회문제에서 두드러지는 권리가 바로 재산권이다.

토니는 기능 없는 재산을 사용하여 영국의 모든 대학에 다시 기부를 할 수 있다는 것을 특별히 누리게 될 공공의 혜택 가운데 하나로 드는데, 아이러니인 것은, 당대에는 그가 군국주의 국가로 비판하면서 두 차례에 걸쳐 목숨을 걸고 싸우기도 한 적국 독일이 오늘날에는 자국의 대부분의 대학을 국립대학으로 만들어 외국인 유학생에게조차 학비를 받지 않는 '국제적 공공복지'를 실행하고 있다는 점이다. 영국 대학의 학비가 미국 못지않게 비싸고 그조차 외국인 유학생에게는 훨씬 더 비싸다는 것은 잘 알려진 사실이다. 또한 오늘날의 영국 대학이 토니가 역설해 마지않은 노동자 교육에서 어떤 역할을 하고 있는지는 구체적으로 확인하지는 못했으나, "사회복지의 한 형태인 성인교육은 토니의 사고방식을 더 이상 추구하지 않는다"[153]는 증언을 들으면 토니의 시대보다 적어도 정신적으로는 분명히 후퇴했을 것이라고 짐작하게 된다. 그가 오늘날의 영국과 독일의 이러한 대조적 현실을 본다면 어떻게 생각할까?[154]

이처럼 토니가 현대 자본주의 사회, 특히 당대 영국 사회의 핵심 문

---

153 배리 엘시, 앞의 글, 83쪽.

154 김누리 교수에 의하면, 독일에서 대학을 비롯한 사회의 모든 분야에서 근본적 개혁이 이루어져 오늘날과 같은 복지 수준을 이룰 수 있었던 것은 '68혁명' 덕분이라고 하는데, 그렇다면 독일과 비교해볼 때 영국에서는 '68혁명'을 계기로 과연 어떤 변화가 있었는지를 살펴보는 것이 매우 중요한 연구 과제가 될 터이다.

제로 본 것이 '서비스라는 본연의 기능이 없는 재산'이다. 그러한 기능 없는 재산의 소유자, 즉 (토니 스스로 이 저서의 여러 군데에서 강조 표기를 한) **불로소득 生活者**가 폭발적으로 늘고 있는 것을 영국 사회의 핵심 병폐로 본 것이다. 토니가 제시하는 해결책은 무엇일까? 매우 간단하고 명쾌하다. "그것은 서비스에 대해, 그리고 서비스에 대해서만 대가를 지불하는 것이고, 자본을 사용할 때 반드시 그 자본이 가능한 가장 싼값으로 사용되게끔 하는 것이다." '불로소득은 없애고, 자본은 가능한 한 싼값으로 사용하는 것', 바로 이것이다. 또한 막스 베버의 저서 『직업으로서의 학문』을 패러디한 장 제목인 '(불로소득의 수단이 아닌—인용자)직업으로서의 산업'은 이 두 가지 전제 조건이 충족될 때 실현된다.

토니가 말하듯이 모든 산업이, 서비스라는 기능을 수행하는 사람들이 주체가 되는 '직업으로서의 산업'이 되었을 때 눈에 띄게 달라질 것이 무엇일까? "도시의 지대와 사용료는 사실 (…) 몇몇 개인이 법에 의해 타인들의 근면에 부과할 수 있도록 허락받는 세금"이라는, 토니의 불로소득 정의에서 분명히 알 수 있듯이, 이러한 기능 없는 재산이 획득해온 이득의 대부분이 사라지게 된다. 토니의 관점에서 보자면, 오늘날 조물주 위에 있다는 한국의 건물주들이 획득하는 부의 대부분은 당연히 사라져야 할 것이다(서비스 기능의 유무라는 기준에서 볼 때 부동산을 사고팔면서 생기는 이득은 또 어떻게 보아야 할지 말할 필요가 있을까). 그렇다면 어느 정도가 그들이 취할 이득으로서 적당할까? 그것은 고용자가 "'효율성에 대한 우대책으로서 필수적인' 무제한 이윤 대신에" "경영자로서 자신의 서비스에 대한 봉급과, 고정되어 있을 뿐만 아니라 (그가 자신의 비효율성 때문에 벌지 못하지 않는 한) 보장받는 자신의 자본에 대한 이자율"을 받게 될 것이라는 토니의 설명에서 유추해볼 수 있을 것이다. 요컨대 노동자건 경영자건 그 사람이 제공하는 서비스 기능의 정도에 따라, 그리고 자본(재산)을 제공하는 경우에도 그것에 대해 되도록 싼 이자율에 따라 대가가 지불되어야 마땅한 것이다.

사회주의자라는 딱지를 붙이면서 토니를 공격하는 것은 전혀 적절치 않다. 그는 스스로 사회주의자임을 분명하면서도 당당하게 밝히기 때문이다. 중요한 것은, 앞서도 말했듯이, 그가 주장하는 사회주의의 본질이며, 그것이 중요하다는 것을 그 스스로 강조한다는 점이다. 그가 주장하는 사회주의는, 산업 운영의 권한과 책임이, 서비스의 기능이 없는 재산(권)을 더 많은 부와 권력의 획득을 위한 수단으로 행사하는 데에만 관심이 있는 개인들이 아닌, 서비스의 기능을 실제로 수행하는 노동자와 경영자에게 맡겨져야 한다는 의미 이상도 이하도 아니다. 따라서 그는 사유재산 자체를 전혀 부정하지 않는다. "전적으로 문제는 그것이 무슨 종류의 재산이냐, 그리고 그것이 무슨 목적을 위해 쓰이느냐는 것"이기 때문이다. "현명한 방책은 사유재산 일반을 공격하는 것도 아니고 사유재산 일반을 방어하는 것도 아니다. **어떤 것도 이름이 같다는 이유만으로 질이 비슷하지는 않기 때문이다.** 현명한 방책이란, 본래 결국은 추상적인 것에 지나지 않는 것이 다양한 모습으로 구현되어 있는 것들을 구별하는 일이다."(강조는 인용자) 따라서 그는 사유재산 자체를 부정하는 사회주의와 자신이 말하는 사회주의의 차이를 분명히 말한다.

이렇게 해서, 어떤 분야에서 공공의 소유를 확대하게 되면, 다른 분야

에서는 사유재산의 확대를 발전시킬 것이다. 근면이라는 원칙을 부패
시키는 것은 사유 자체가 아니라 일과 분리된 사유이고, 토지나 자본
의 사유재산은 필연적으로 해로운 것이라는 일부 사회주의자의 관념
은, 모든 재산에 일종의 신비한 존엄성을 부여하고자 하는 보수주의
자의 관념만큼이나 터무니없는 현학적 탁상공론이기 때문이다.

국유화를 사회주의에서 필연적으로 취해야 할 정책 요건으로 이
해하면서 그것이 낳을 비효율성을 빌미로 사회주의를 비판하는 견해
도, 토니는 사유재산론을 펼칠 때와 마찬가지의 관점에서 반비판한
다. 즉, 사유재산과 마찬가지로 국유화 역시 그 자체가 목적이 아니
라, 산업이 서비스라는 본연의 기능을 제대로 수행할 수 있도록 해주
기 위한 유력한 수단 가운데 하나일 뿐이라는 것이다. 게다가 국유
화는 다양한 형태를 띨 수 있을뿐더러 바람직한 방향으로 효과를 내
기 위해서는 소비자의 요구를 수용하는 방식을 포함하여 그 업종의
기능에 요구되는 운영 방식상의 구체적 조건을 충족해야 한다. 국유
화 그 자체는 '전가의 보도' 같은 정책이 아니다. 따라서 토니의 이러
한 관점은 국유화를 무조건 반대하는 쪽뿐만 아니라 무조건 지지하
는 쪽 또한 비판하는 의미가 있다. 이렇게 국유화론에서도 토니가 생
각하는 사회주의는 분명한 관점에서 나오는 특유의 정체성을 지닌다.

그러므로 국유화는 목적이 아니라 목적에 대한 수단이고, 소유의 문
제가 해결되더라도 경영의 문제는 여전히 해결책이 필요하다. 지주들
이 취지에 호응하여 자기 재산을 자발적으로 내놓지 않으려 할 때 주
의회가 토지를 사들이는 것은 소규모 자작농 제도의 수립을 위해 필

요한 제도인 것과 마찬가지로, 국가의 행동 없이는 사유재산권이 쉽게 변화될 수 없는 나라에서는 하나의 수단으로서 국유화는 없어서는 안 될 것 같다. 그러나 토지를 구입하는 목적은 소규모 자작농을 만들어내는 것이지 국가 관리에 의해 관리되는 농장을 세우는 것이 아니다. 또한 광업이나 철도나 철강 생산을 국유화하는 목적은, 특정 형태의 정부 경영을 수립하는 것이 아니라, 건설적인 일을 하는 사람들이 자신의 에너지를 배당금의 제공이 아닌 서비스의 제공이라는 산업의 진정한 목적에 자유롭게 쓸 수 있게 하도록, 금전상의 이득이 유일한 관심인 사람들의 통제로부터 그들을 풀어주는 것이어야 한다. 재산의 이동이 이루어지고 나면, 산업의 관리를 위한 필수적 준비에는 생산자가 생산하는 자유뿐만 아니라, 생산한 것을 제공받는 소비자가 바람을 표현하고, 현재는 보통 그렇게 하지 못하는 것과는 달리 그 바람이 충족되는 방식을 비판할 수 있는 기구를 만드는 것 또한 포함될 것임을 아마도 알게 될 것이다. (강조는 인용자)

토니가 『탐욕 사회』라는 책을 쓴 목적이자 토니 사상의 핵심이라 할 수 있는 것은, 인간 사이에 서로 도움이 되는 일(=서비스)이라는 기능이 아니라 더 많은 부와 권력 획득을 향한 탐욕이 산업을 지배하는 현대 자본주의 사회의 근본 문제를 고찰하고, 산업을 본연의 모습으로 되돌릴 절박한 필요성과 원칙을 공유하는 것이다. 이 책을 마무리하면서 토니는 현대 산업사회를 '탐욕 사회'가 아닌 '기능 사회'로 전환하는 데 필요한 그 원칙을 몇 가지로 명료히 제시한다. 그런데 여기서 더욱 주목되는 대목은 그다음 내용인데, 그는 이러한 원칙의 관철을 통해 "체계나 기구를 어떻게 바꾸든 사회 불안의 원인인 이기주의, 탐욕, 다투기 좋아하는 인간의 본성을 막지 못한다는" 것, 우리의 임무는 단지 인간의 이러한 부정적 본성을 북돋우지 않는 환경을 만드는 일이라는 것을 분명히 한다. 나아가, 이렇게 사람들의 탐욕을 부추기고 그것이 제멋대로 발산할 만한 환경을 없앴을 때만 바람직한 사회질서를 세울 수 있고, 그러한 사회질서를 세울 때 사람들의 마음과 행동 또한 변화된다는 단순 명쾌한 인과관계를 제시한다. 사람들이 공감하여 삶의 지침으로 공유할 수 있는 목적을 제시하는 것, 바로 이것이 토니의 사회학과 도덕론의 핵심이다.

그 변화가 사람들이 원칙을 지키며 살아가도록 보장할 수는 없다. 그 변화를 통해 할 수 있는 일이란, 사람들이 원한다면 깔아뭉개는 것이 아니라 지키며 살아가는 원칙 위에서 사회질서를 확고히 세우는 것이다. 그 변화를 통해 사람들의 행동을 통제할 수는 없다. 사람들이 전념할 수 있는 목적을 제공할 수 있을 뿐이다. 그래서 사람들의 정신이 변한다면, 예외는 있겠지만 결국에는 실제 행동도 변화할 것이다.

5. 종교개혁이 자본주의를 부추겼다는 '베버의 신화'에 관하여: 『프로테스탄티즘 윤리와 자본주의 정신』 영문판 서문 (1930)

토니의 이 글은 『프로테스탄티즘 윤리와 자본주의 정신』의 저자가 살아 있었다면 매우 불편한 마음으로 읽었으리라고 짐작될 만큼, 이 저서에 바쳐지는 서문이라고 보기 힘들 정도의 매우 비판적인 관점으로 이 저서를 소개한다. 길지 않은 이 글의 반 이상은, 신중하고 온건한 태도와 문체를 취하고 있음에도, 베버의 원저에 대한 분명하면서도 예리한 비판으로 일관된다. 물론 그 비판의 배경에는 토니의 선행 저작들에 명료히 표명되었던바 기독교와 자본주의를 바라보는 일관된 관점이 있다.

베버의 『프로테스탄티즘 윤리와 자본주의 정신』이 주장하는 바의 핵심은 이 책의 이름만큼이나 사실은 매우 단순하다고 할 수 있다. 기독교의 종교개혁, 그 가운데에서도 칼뱅이 주도한 종교개혁 운동의 윤리가 자본주의 경제활동에 도덕적 정당성을 부여하여 현대 자본주의를 융성케 하는 '정신'의 역할을 했다는 것이 그 핵심이다. 여기서 베버가 자신의 주장을 매개하는 중심 개념으로 제시한 것이 '합리주의'이다. 즉, "내세를 지향하면서 세속적 생활양식을 **합리화**한 것이야말로 금욕주의적 프로테스탄티즘의 **직업 개념**이 낳은 결과였다"[155]는 것이다. 토니는 자신이 이해하는바 베버의 주장을 다음과 같이 정리한다.

'합리주의'라는 말은 베버에 의해, 관습이나 전통이 아니라, 금전상의 이윤을 낳는 대상을 획득하기 위한 경제 수단을 계획적이고 체계적으로 조절하는 데 기초한 경제체제를 설명하기 위한 학술 용어로 사용된다. 의문점은 이러한 풍조가 이익에 대한 무제한의 욕망(appetitus divitiarum infinitus)을 반사회적이고 비도덕적인 것으로 보았던 관습

---

155 막스 베버, 『프로테스탄티즘의 윤리와 자본주의 정신』, 김덕영 옮김, 도서출판 길, 2013, 248쪽.

적 태도를 왜 이기게 되었느냐는 점이다. 그의 답변은 그것이 16세기의 종교 혁명에 근거를 둔 운동들의 결과였다는 것이다.

종교개혁과 자본주의 융성의 관계에 관한 베버의 이와 같은 설명과 주장을, 토니는 다음 몇 가지 면에서 비판한다.

첫째, 후발 자본주의 국가인 독일 또는 프랑스의 현대 자본주의 발전사를 가지고 보편적 자본주의 개념을 설정하는 베버 방법론의 출발점 자체에 문제가 있다. 즉, "영국에서는 이백 년이 걸린 발전을 1850년과 1900년 사이의 오십 년 동안 꿰뚫고 지나간 독일에서는, 자본주의 문명이 정도뿐만 아니라 종류 면에서 그에 앞선 사회체제와 다른 현상이라는 것을 의심할 만한 유혹을 거의 느끼지" 않은 것과 달리, "거대 산업이 수 세기 동안에 걸쳐 점진적 증대를 통해 성장했고, 영국의 계급 체계는 오랫동안 법적 신분이 아닌 부의 차이에 기초했었기 때문에" "영국에서는 자본주의라는 개념이 뚜렷이 구별되는 특정한 사회 발전의 국면으로 선뜻 받아들여지지 않았다"는 사실을 볼 때, 독일과 영국을 포함한 개별 국가의 자본주의 발전의 제 동력은 개별 국가의 역사 전개에 초점을 맞추어 고찰해야 한다는 것이다. 이렇게 볼 때 자본주의의 원인과 특징이 독일과 프랑스에서 역사 연구의 중심 주제가 된 것도 우연이 아닐뿐더러 이 나라들의 자본주의 발달사의 특수성을 반영한다는 것, 그리고 사실 이 분야의 선구자도 베버가 아니라 마르크스와 좀바르트(『현대 자본주의』)라는 것이 토니의 설명이다. 토니는 이와 관련하여 "'자본주의' 자체는 없어서는 안 된다 할지라도 애매한 말인데, 이 말에 대한 베버의 해석은 그의 주장의 본질적 요건에 알맞도록 그 의미를 단순화하고 제한한다는 제

(Sée) 교수의 비판"도 소개한다.

둘째, 칼뱅의 종교개혁이 자본주의 융성에 윤리적·정신적 기반 역할을 했다는 베버 학설의 중심 주장은, 베버가 자신의 주장을 정당화하기 위해 역사적 사실을 아전인수 격으로 해석한 데 근거한 것이다. 즉, "그의 글은 새로운 유형의 경제 문명의 성장에 유리한 조건을 창출하는 데 종교 운동이 한 역할에 국한되어 있었고, 상업, 금융, 산업의 세계에서 그 종교 운동에 대응되는 발전의 중요성을 과소평가한다." 이 점에서도 베버의 설명과 주장은 보편적으로 들어맞지 않는 것이다.[156] 이와 관련해서도 토니는 여러 가지 역사적 근거를 제시한다.

---

156 『프로테스탄티즘 윤리와 자본주의 정신』과 『사회경제사』에서 모두, 베버가 자본주의 발달사를 중심으로 하여 서구사를 보편사로 보면서 동양사에 대해 차별화하는 것은 토니의 관심사도 아니고, 나 역시 여기서 깊이 살펴볼 여유는 없다. 그러나 이러한 관점이, 동양사에 관한 얼마나 심각한 무지와 옅은 관심의 소치인지는 짚고 넘어갈 필요가 있다. 예컨대 그의 『사회경제사』에는 '전자본주의시대의 국가경제정책'이라는 제목으로 '동양'의 경제 미발달의 원인을 논하는 가운데 한국에 관해 매우 짧게 언급하는 대목이 나온다. "한국에서는 의례적인 이유가 쇄국에 대한 결정적인 의의를 갖는다. 만일 외국인이나 또는 부정한 자가 국내에 들어오면 신령이 격노할 우려가 있었던 것이다."(막스 베버, 『사회경제사』, 조기준 옮김, 삼성출판사, 1993, 343쪽.) 이와 더불어 주목할 것은, 1904년에 미국을 방문했을 때 "베버는 가는 곳마다 활기에 찬 미국 자본주의를 경탄해 마지않았다"(조기준, 「《사회경제사》 해제」, 위의 책, 27쪽.)는 사실에서 단적으로 드러나듯이, 베버가 보편사로서의 자본주의 발달사에 확신을 갖게 된 결정적 계기가 다름 아닌 '신생국' 미국을 '자본주의 정신'을 제대로 구현한 나라로 본 것이라는 점이다. 이러한 점들을 종합해서 볼 때, 그의 '자본주의 보편사론'이 '동양문화 침체론'으로 비판받은 것은(위의 글, 26쪽) 근거가 없는 것이 아니다. 토니의 관점에서 추론할 수 있듯이, 미국을 자본주의 발달의 정점에 놓고 세계 국가들을 일렬로 세워 등급을 매기는 것은 각국의 '자본주의' 또는 경제 발달의 '특수성'을 해명하지도 못할뿐더러, 그 각각의 사회가 공동으로 지향하는 '목적'이 중요하다는 토니의 문제의식을 수용할 수 없음은 말할 필요

예컨대 16세기 영국에서는 "금전과 가격과 외환에 대한 사업가와 경제 전문가들의 투기 행위가 베버가 전통주의라 부른 태도를 약화시키는 데 똑같이 영향을 미쳤다"는 것이다. 뿐만 아니라 "칼뱅주의가 야기한 것으로 주장되는 경제 윤리에 관한 견해 변화가 칼뱅주의의 전유물이 전혀 아니었고, 프로테스탄트 저자뿐만 아니라 가톨릭 저자들의 세계관에도 반영되어 있었던 일반적인 지적 운동의 일부이기도 했다"는 것이다(토니는 이 밖에도 많은 비판 근거를 제시한다). 가톨릭 교리가 자본주의 정신에 끼친 영향에 관해서는 좀바르트가 토니보다 훨씬 먼저 논증한 바 있었다.[157] 이와 마찬가지 맥락의 비판으로서 참고할 만한 자료가 있는데, 종교개혁이 16세기에 발흥한 근대 개인주의와 아무 상관이 없었다는 주장을 담은 로드니 스타크의 저서에서도 "마르크스와 베버와 여타 학자들이 사용한 영국 개인주의의 모든 측정 잣대가 시기상 종교개혁을 수 세기나 선행함을 보여주는 태산같이 많은 데이터를 제시"했음을 말한다.[158]

셋째, 그가 이 글의 마지막 단락에서, 그중에서도 마지막 문장에서 강한 여운을 남기며 간단하게 제기하고 있으나, 사실은 이 글에서의 그의 베버 비판에서 가장 중요한 대목이라 볼 수 있는 것으로서, 베버가 종교개혁이 자본주의 융성에 끼친 영향은 말했지만 자본주의의

도 없다.

157 베르너 좀바르트, 「자본주의 형성에서 종교의 역할」(1913), 로버트 그린 엮음, 『프로테스탄티즘과 자본주의: 베버 명제와 그 비판』, 이동하 옮김, 종로서적, 1981 참조.

158 로드니 스타크, 『우리는 종교개혁을 오해했다』, 손현선 옮김, 헤르몬, 2018, 172쪽.

제도가 역으로 종교에 미친 영향은 주목하지 않았다는 것이다. 토니 사상의 핵심을 염두에 둘 때 이 비판은 매우 중요한 의미가 있는데, 『비망록』과 『탐욕 사회』에서 분명히 보았듯이, 영국으로 대표되는 당대 자본주의 사회에서 토니가 주목하는 것은 자본주의의 '발전'이 아니라 불평등을 비롯한 심각한 병폐이고, 그 병폐를 낳는 '탐욕'을 종교 (기독교)가 제어하지 못하는 것을 그는 그 병폐의 근본으로 보기 때문이다. 베버와는 정반대로, 자본주의 융성으로 인한 변화가 종교개혁의 본질조차 변화시킨 점이 더 중요하다는 관점은 이미 『기독교와 자본주의의 발흥』에서 분명히 나타났다. 이 책에서 그는 "'자본주의 정신'은 역사만큼이나 오래됐고, 때때로 말해지는 것과 달리 청교도주의의 산물이 아니다"[159]라고 못 박으면서, 청교도주의 내부의 자본주의 친화적 경향들이 "자신을 드러내 보인 것은 정치적, 경제적 변화가 그것들의 성장에 우호적인 환경을 마련해준 이후였다"[160]는 점을 상세히 논증한다.

이 세 가지 비판 내용을 종합하여 추론할 수 있듯이, 그 근원에는 특히 『탐욕 사회』에서 개진한바 자본주의 사회의 탐욕 심리에 대한 그의 근본적 비판이 있다. 즉, 그는 베버의 대표 저작에 부치는 서문에서 사실은 무엇보다도, 베버 이론의 중심 개념 가운데 하나인 '소명의식'의 차원에서 "탐욕은 영혼에 위험한 것이라 할지라도 나태함보다는 덜 무서운 위협"으로 보는 '자본주의 정신'을 가치중립적으로 설명하고 승인하는 베버의 관점을 비판하는 것이라고 해석된다.

---

159 R. H. 토니, 『기독교와 자본주의의 발흥』, 고세훈 옮김, 한길사, 2015, 334쪽.
160 위의 책, 335쪽.

6. 다시, 문제는 '어떤 사회주의인가'이다: 「문제는 자유다」 (1944)

글의 제목이 매우 강렬한 인상과 함께 궁금증을 불러일으킨다. 이 글의 앞부분에서 토니 스스로 "내 글의 제목은 '문제는 자유다(We Mean Freedom)'이다. 의심할 필요 없이, 우리는 진정 그렇게 생각한다."라고 선언하면서 '자유의 본질'을 이야기할 필요성을 말하기에 그것이 무엇인지 더 알고 싶어진다. 그는 곧바로 그 정의를 밝히는데, "특정한 시간과 장소의 현실과 분리된 추상적 자유 같은 것은 없다"고 전제하면서, 자유란 "아주 실질적이고 실제적인 것"으로서 "일정한 순간에, 일정한 상황에서, 일정한 것을 하거나 하지 않는 능력"이라고 말한다. 그가 쓰는 영어 단어로 말하자면 'liberty'가 전자에 해당하고, 대문자로 시작되는 'Freedom'이 후자를 뜻하는 것이다. 토니가 말하는 자유는 두 가지 조건을 충족하는 것이어야 하는데, 첫째, 권리가 자유의 보장책으로 주어질 때 두려움과 비용 부담 없이 그 권리를 행사할 수 있어야 한다는 것, 둘째, 이때 권리는 소수에게만 주어지는 특권이 아니라 모든 사람에게 보장되는 것이어야 한다. 특히 자유의 가장 큰 적은 두려움이다. 이게 무슨 말이며, 왜 그럴까?

모든 감정 가운데 가장 모멸적이고 자유와 가장 양립할 수 없는 것이 바로 두려움이다. 잔혹한 사실은, 대다수 인간에 관한 한, 희망에 의해서보다 두려움에 의해, 즉 실직의 두려움, 집을 잃을 두려움, 저축한 것을 잃어버릴 두려움, 아이들이 학교에서 쫓겨날 두려움, 이 유쾌한 사건들이 모두 한꺼번에 일어날 때 한 사람의 아내가 하게 될 말에 대한 두려움에 의해 이 경제체제가 계속해서 정상적으로 운영된다는 점이다. 사태가 실제로 어떻게 돌아가고 있는지 알고자 한다면, 언제 사람들을 몰아가기가 가장 쉬운지를 고용자에게 물어보라. 그는, 그들이 경기가 좋을 때는 다루기가 힘들지만, 사업이 축소되어 그들의 생산물이 시장을 찾게 될지가 불확실한 순간에는 일자리를 잃을까봐 두려워하기 때문에 노예처럼 땀을 흘린다고 말할 것이다.

두려움이 자유의 가장 큰 적이라는 사실은 비단 경제체제의 영역에만 해당하는 것은 아니리라. 토니의 이 예리하고도 탁월한 비판적 통찰은 모든 인간사에 두루 적용될 만하다. 2020년 거의 한 해 전체를 지나 지금까지, 코로나라는 정체불명의(!!) 역병과 그 '확진자'가 됐을 때 닥칠 온갖 불이익에 대한 두려움이 우리의 자유를 거의 완전히 옭아매고 있는 사실을 직시하면서, 이러한 두려움이 소수의 전 세계적 엘리트 권력의 '이득'을 위해 악용될 수 있는 상황을 상상해본다면, 토니의 통찰이 일마나 큰 의미를 갖는 것인지 절감하게 된다. 문제는 이러한 두려움의 지속(!)이 현대 자본주의 경제체제를 '정상적으로' 운영하는 기반이라는 토니의 지적이다. 그래서 이제 우리가 더 궁금해지는 것은, 그가 이렇게 대다수 인간의 '구체적 자유'의 의미를 역설하는 것이 타당할 만큼 당대 영국의 경제체제가 소수만의 자유, 즉 특권을 위한 경제였던가 하는 점이다.

작은 회사를 위해 일하는 사람들의 생계는 그 회사가 시장(market)으로 삼는 큰 회사의 정책에 의존한다. 큰 회사는 자기가 속한 카르텔의 규칙을 따라야 한다. 그리고 이 삼자 모두는, 탄광과 면직 공장을 본적이 없고 본 적이 있다 하더라도 베틀과 뮬 방적기를 구별하지 못하는, 온화하고 말끔히 옷을 맞춰 입은 신사들에 의해 런던과 뉴욕에서 내려지는 결정에 따른다. 회사 하나가 통지도 없이 문을 닫고, 도시 절반이 폐허가 된다. 하나의 기업합동체가 생산능력 축소라고 완곡하게 불리는 것을 결정하면, 북동 해안과 같은 한 구역 전체가 쓸모없게 된다. 자본시장은 현재 유행하는 어떤 투자에서 돈을 보기 때문에 석탄과 면직물은 현대화되지 않은 채로 남는다. 런던 중심부가 동의하면, 수많은 기업가들이 격분할지라도 영국 파운드화가 과대평가되고, 광부들의 조업 중단과 이른바 총파업이 있게 된다.

이것이 현실이라면, "이 경제체제는 대등한 관계에서 이루어지는 독립된 사업과 거래의 집합이 아니"라 "권력 체계"이고 "권한의 위계 체계"라는 토니의 단정은 전적으로 적절하다. 따라서 "자본주의 자체가 지녔다는 자유는 믿기 어려운 자랑"이라는 토니의 말처럼, 이것은 대다수 사람의 '구체적 자유'가 보장되고 실현되는 상태가 전혀 아닌 것이다. "정치적이고 시민적인 자유에 대한 열정"이 아무리 발현된다 할지라도 이러한 "경제적 노예 상태"가 그와 동시에 계속된다면, 그 자체가 극히 모순된 상황이다. "사람들이 바라는 것은 헌법에 있는 문구가 아니라, 문명화된 생존에 필수인 것을 보장하고 인간으로서 갖는 위엄에 적절한 존중을 보이는 제도의 형태로 이루어지는 결과물"이기 때문이다. 토니의 이러한 현실 진단과 자유에 대한 관점에서 볼 때, 오늘날 우리의 현실은 어떤가? 세부의 차이를 차치하고 당대 영국의 상황과 비교해볼 때, 한국을 대표하는 재벌[161]이 그야말로 막강한 경제 권력을 바탕으로 한국 사회의 모든 분야에서 얼마나 큰 지배력을 행사하고 있는지는 이 자리에서 상론할 필요가 없을 것이다.

앞서 『비망록』과 『탐욕 사회』를 살펴보면서 토니가 생각하는 바람직한 사회주의가 무엇인지 이해할 수 있었던 것처럼, 자유의 문제에 관한 이 글의 논의 가운데에서도 '토니 사회주의'의 진의를 아주 분명히 알 수 있다. 그는, 사회주의자들이 "자유를 지상으로 가지고 내려와야만 한다"고 하는데, 이것은 "자유의 의미를, 방어되어야 하는 소유물로서가 아니라 성취되어야 할 목표로서, 현실적이고도 적극적인 용어로 말해야 한다"는 뜻이다. 다시 말해 소수의 특권층이 그 특권을 고수하기 위해 이념적으로 옹호하는 '추상적 자유'가 아니라, 대다수 사람들의 두려움과 부담을 없애주어 그들에게 공공복지의 권리를 실질적으로 보장하는 '구체적 자유'가 바로 사회주의자들이 옹호하는 자유임을 밝히고 증명해야 한다는 것이다. 이를 위해서는 사적 이해관계가 국민 대다수의 이해관계에 종속되어야 하고, "국가는 경제발전을 보편적 복지의 노선으로 이끄는 데 필요한 권한과 기관을 갖추어야 한다." 그런데 이때, 우리가 앞서 살펴본바 국유화 문제가 또다시 제기된다. 그러나 이 글에서도 국유화에 관한 그의 생각은 완전히 일관되어 있다. 즉, 국유화는 위와 같은 목적에 이르기 위한 한 가지

---

161 한국의 '재벌'이 세계의 일반적 대기업은 물론 일본의 '자이바츠'와도 다른 것이어서, 자본주의 종주국 영국에서 펴낸 『옥스퍼드사전』에도 등재된 한국어 단어라는 것은 모두가 아는 사실이다. 즉, '재벌'은 세계 자본주의를 이끌어온 일반적 대기업과도 달리, 이른바 '문어발식'으로 온갖 분야의 사업에 손을 대고, 특정 집안에 의해 지배된다.

수단일 뿐이며, 문제의 핵심은 "경제체제의 요체와 전략적 위치가 사적 이해관계의 영역에서 떨어져 나오고 공공단체에 의해 유지"되어야 한다는 점이다.

이 글에서 토니의 사회주의 개념은 하이에크의 사회주의 비판을 비판하면서 더욱 명료해진다. 『노예의 길』(1944)이라는 대표 저서의 이름에서 알 수 있듯이, 하이에크는 사회주의를 자유가 박탈된 노예의 길로 비판하면서 그 반대 개념으로 자본주의가 아닌 '자유주의' 또는 '자유방임주의'를 내세운다. 토니는 「문제는 자유다」를 쓸 때와 같은 해에 출간된 하이에크의 저서를 곧바로 비판하면서 자신이 말하는 사회주의의 본질을 또 한 번 분명히 하는 것이다. 토니가 하이에크를 특정하여 이렇게 집중 비판하는 것은, 토니가 말하는바 '어떤 사회주의인가'의 문제를 하이에크가 얼버무리면서 사회주의를 자신이 말하는 개념으로 좁히고 일반화하여 싸잡아 비판하면서도, 현대 자본주의 체제의 모순에 대한 토니의 지적은 완전히 회피하기 때문이다. 하이에크의 저서에서 특히 주목되는 것은, 그의 개인사에서 특별히 연관된 사연을 조사해보고 싶은 마음이 들 만큼, 자신이 비판하는 모든 사악한 사회주의적 경향의 근본 원인을 좀바르트를 비롯한 독일 사상가(또는 독일 그 자체)의 영향으로 돌리며 그 영향을 받은 페이비언 협회 사상가들, 그리고 심지어 E. H. 카마저 비판하면서도, 자신이 생각하는 사회주의를 분명하게 해설하고 주장하는 토니에 대해서는 이상하리만큼 일언반구도 언급하지 않는다는 점이다. 한편 『노예의 길』이라는 저서의 내용과 이름에 영감을 주었다면서 힐레어 벨록의 저서 『노예국가』를 빈번히 인용하는 것 또한 아전인수 자체이다. 그의 인용이 적절하고 정당한 것이라면 벨록은 자유방임주의를 핵심으로 하는 자본주의 체제의 옹호자이어야 할 터인데, 벨록은 자본주의야말로 개인들로부터 재산을 박탈하여 소수에게 집중시키는 체제로 보면서 근본적으로 거부하기 때문이다.

토니가 하이에크를 비판하는 핵심 대상은 하이에크의 '계획'과 '국가' 개념이다. 토니는, 하이에크의 '계획' 개념이 "모든 경제활동을 중앙에서 지시하는 체제", 정확하게 말하자면 전체주의 체제의 '계획' 개념임을 지적하면서, 이것이 자신의 '계획' 개념과 어떻게 다르고 잘못된 것인지를 논증한다. 여기서도 전제가 되는 것은, 국유화와 마찬가지로 '계획'도 어떤 공공의 목적을 달성하기 위한 수단으로서의 제도일 뿐이라는 점이다. 이러한 관점에서 보자면, 중요한 것은 하이에크처럼 '계획'을 전체주의 체제의 전유물로 전제하여 그것으로부터 발생할 악폐 때문에 '계획' 자체를 악의 근원으로 보는 것이 아니라 (이 대목에서 '구더기 무서워 장 못 담글까'라는 우리말 속담을 떠올리게 된다), 어떤(!) 계획을 통해 "현존하는 악의 지속"을 끝낼 것이냐이다. 요컨대 토니가 보는 '계획'은 이런 것이다.

계획은, 의회나 공교육과 마찬가지로, 단순한 범주가 아니다. 그것의 결과는 그것에 붙은 꼬리표가 아니라 그것이 기여하도록 기획된 목적, 그것이 그 목적을 실현하기 위해 사용하는 방법, 그리고 이 양자의 선택을 결정하는 정신에 달려 있다. 예컨대, 계획경제의 본질적 특징이 폰 하이에크 교수가 주장한다고 생각되는 것처럼 상세한 생산 예산안에 있지 않고, 더 높은 범위의 경제 전략에 대한 책임을, 이윤을 만드는 기업가로부터 국가 당국으로 옮겨놓는 데 있다면, 부당성에 관한 그의 수수께끼는 대수롭지 않은 것으로 약화될 것이고, 그가 말하는 피에 목마른 괴물(Leviathan)은 힘든 일을 묵묵히 하는 쓸 만한 일꾼이 될 것이다. 이러한 관점에서 보면, 단일한 중앙 조직이 반드시 경제생활의 구석구석에 개입해야 할 이유는 없다. (강조는 인용자)

공공의 목적과 그것에 복무해야 할 경제정책 수단을 혼동하지 말아야 한다는 쾌도난마의 질타는 하이에크의 국가 개념을 비판하는 데에서도 일관되게 이어진다. 토니에 의하면, 하이에크의 '계획' 개념은 "다양한 역사, 경제 환경, 헌정 제도, 법률 체계, 특정 상태의 사회 심리와 무관하게 존재하는 단일한 특징들을 지니는 이른바 '국가(the State)'라는 실체가 있다는 관념", 그리고 국가의 이러한 특징들은 필연적으로 전제 정치를 낳는다는 관념과 결합되어 있다. 하이에크의 자유방임주의 사상에서 궁극적으로는 국가를 부정하거나 배제하는 것은 이런 이유 때문이다. 그러나 이것은 "순전한 미신이다." 토니의 일관된 관점에서는 계획과 마찬가지로 "국가는 중요한 한 가지 수단"일 뿐이기 때문에, 하이에크의 국가 개념은 헤겔의 국가 개념이 "낙관주의적 허풍"이고 프로이트의 국가 관념이 "비관주의적 허풍"인 것과 마찬가지로, "일종의 신비주의"의 소산이다.

이 글의 제목을 다시 상기해보면, 하이에크 비판의 의도조차 자유의 진정한 의미를 설파하는 데 있음을 알게 된다. 이 글 마지막 부분에 나오는 '경제적 자유'의 정의에 토니의 '자유론'의 핵심이 간결하게 정의되어 있다. 즉, "경제적 자유란, 주요한 특정 경제활동을 계획하고 지휘하기 위해 필요한 권한을, 재산 소유자의 대리인으로부터, 국민을 대표하여 활동하고 그 활동의 책임을 지는 기관으로 옮기는 것을 의미한다. 산업사회에서 경제적 자유는 이 방법으로 성취될 수 있고, 다른 방식으로는 성취될 수 없다."

그런데 이 글의 진정한 결론은, 토니 자신의 소속 정당이자 그가 더없이 깊은 책임감을 가진 영국 노동당에 원칙적 지침을 주는 마지막 단락에 있다. 그의 지침은 이렇다. "다음 노동당 정부는 (…) 경제 체제의 요점들을 공적 통제하에 놓는 것을 중심 목표로" 삼되, "중요한 것은, 당이 모든 사람을 위한 약속을 담은 화려한 계획을 제시하는 것이 아니라, 국민에게 패기를 불어넣어주는 것"이며, 당이 집중해서 추진하는 일에 대한 "확신의 진정성을 증명해야 한다." 이보다 더 근본적인 지침은 그다음 문장에 담겨 있다.

당이 정권을 유지하기 위해 자신의 원칙을 희생시켜 스스로를 무너뜨린다면, 끊임없는 협박에 노출될 뿐만 아니라, 지지자들의 **도덕**과 일반 대중의 신뢰 모두를 파괴하게 되고, 이 두 가지가 없으면 노동당 정부는 정권을 가지지 못한 것이나 마찬가지가 된다. (강조는 원문 그대로)

『비망록』에서 "**산업 문제는 도덕 문제**"라고 확신했던 30대 초반 나이의 청년 토니의 생각이, 60대 중반의 노년 토니에게서도 정당 도덕론의 모습으로 일관되게 재현된다. 또한, "만일 영국에 사는 우리가 경제라는 정글에 정치를, 그리고 특정 이해관계를 넘어서는 보편적 이해관계의 주권을 도입하는 것이 가능하다는 사실을 보여줄 수 있다면, 다른 민족들도 자신들의 다양한 방법에 따라 이와 똑같은 길을 따를 것"이라는 그의 큰 희망의 포부에서, 현대 자본주의 산업사회를 바람직한 방향으로 변화시킬 수 있는 원동력을 도덕과 그 근원의 기독교 본연의 사랑의 정신에서 구하는, 토니 사상의 일관성과 강직함과 순결성을 또 한 번 확인하게 된다.

7. 토니의 '서비스'와 무위당의 '모심', 그리고 '다시, 문제는 교육이다'

이런 토니가 왜 한국에서는 잘 알려지지 않았을까? 앞서도 말했듯이, 사실은 토니의 대표 저서 가운데 하나인 『평등』은 '잘 살아보세'라는 구호가 상징하는 '부의 획득' 욕망이 한국 사회에서 불타오르고 있을 때인 1970년대에 이미 번역, 소개되었다. 수단으로서의 경제와 완전히 차원을 달리하는, 목적으로서의 도덕과 기독교 본연의 사랑의 정신을 바탕으로 한 토니의 사상은 한국에 처음 소개될 때부터 '인기'를 누리기 힘들었을 것이다. 반면에, 경제의 문제를 중심에 놓고 사회 전체의 문제를 보면서 나름의 비전을 제시하는 마르크스주의가, 자본주의에 적대하는 극히 불온한 외양 때문에 억압당했음에도 불구하고, 음성적으로나마 당시에 강력한 호응을 받은 것은 물질주의(materialism, 이 영어 단어는 '유물론'으로도 번역된다)라는 본질의 차원에서 그것이 '잘 살아보세'라는 '주의'와 역설적으로 일맥상통했기 때문은 아닐까(또한 이 점에서는 마르크스주의의 반대 극단에 서 있다고 자처하는 하이에크 또한 마찬가지가 아닐까).

그러나 토니가 한국에 소개되었을 때 그의 사상을 보고 내면에서 조용히 열광했을 것이라고 상상하게 되는 인물이 있다. 무위당 장일순 선생이다. 이러한 상상에는 유력한 근거가 있다. 우선 토니와 무위당은 모두 독실한 기독교인이다(토니의 기독교가 영국 성공회이고 무위당의 기독교가 가톨릭인 것은 물론 여기서 무의미하다). 게다가 토니가 윌리엄 템플이라는 영적·사상적 동무와, 정신적 교류뿐만 아니라 사회 변혁의 실천 작업을 평생 함께 한 것과 매우 비슷하게도, 무위당과 지학순 주교 역시 그에 못지않은 관계를 유지하면서 영적 교류와 독재 권력에 대한 정치적 저항과 사회 변혁의 실천을 평생 함께 했다. 그런데 이보다 더 결정적인 근거가 있다. 그것은 한국에 번역, 소개되어 큰 반향을 불러일으키고 베스트셀러가 되기도 한 E. F. 슈마허의 『작은 것이 아름답다』라는 책에서 찾을 수 있다. 이 책은 슈마허가 토니 사상에 직접 영향을 받아서 쓴 책으로 그 증거가 여러 군데의 중요한 인용에 나타나는데, 무위당이 이 책에 심취하여 주변 지인들에게 재삼 강권할 만큼 이 책의 전도사 역할을 했다는 사실이 그것이다. 이런 점들로 미루어 무위당이 토니에게 깊은 정신적 교감을 했으리라고 충분히 상상해볼 수 있다.

토니와 무위당이 각자의 사상을 표현하는 핵심어 사이에는 더욱더 놀라운 친연 관계가 보인다. 우리가 앞서 상세히 살펴본바 토니가 말하는 '서비스'의 정신과 무위당이 제자와 주변 사람들에게 입버릇처럼 항상 강조했다는 '모심'의 정신이 바로 그러하다. '모심'이라는 우리말에 들어맞는 영어 단어가 'service'가 될 수도 있지만, 경제는 사람이 기독교 본연의 사랑의 정신으로 서로를 존중하면서 서로에게 도움이 되는 일을 추구하는 것이 궁극의 목적이 되어야 한다는 취지로 말하는 토니의 '서비스'의 사상과, 동학의 '인내천(人乃天)' 사상에 닿아있는바 사람은 하느님을 대하듯이 서로를 존중하고 섬겨야 한다는 무위당의 '모심'의 사상이 본질상 같은 것이라고 여겨지기 때문이다.

토니 사상의 정수를 담은 글들을 번역하고 나서 그 내용을 내 나름으로 정리 겸 해설하는 작업을 마무리하면서 반드시 짚고 싶은 점은, 토니 당대 영국 사회의 불평등 수준을 완전히 무색게 하는 오늘날의 한국 사회를 비롯한 세계 자본주의 사회의 불평등, 그리고 그것을 낳는 불로소득, 즉 서비스라는 기능을 전혀 하지 않는 부의 정도를, 토니라면 어떻게 볼까 하는 것이다. 온갖 편법으로 60억 원을 9조 원으로 불리고, 회사의 편법 상장으로 4,000억 원을 챙기거나, 1년에 1분도 일을 안 하고도 70억 원의 연봉을 받고, 사망하기 전 3개월 8일에 해당하는 연봉으로 (죽은 사람이) 58억 원을, 퇴직금으로는 (그 가족이 대신해서) 700억 원을 받는 재벌 기업 총수들의 나라 한국의 현실과, 상위 20%의 상류층이 전체 부의 84.4%를 가지고 있는, 베버와 하이에크가 찬양해 마지않은 미국 자본주의 사회의 오늘날의 진상[162]을, 토니는 어떻게 보겠느냐는 것이다.

그러나 토니가 역설했듯이 근본적으로 중요한 것은, 영국이든 한국이든 미국이든 다른 어떤 나라든 그 사회 구성원들을 지배하는 정신이 무엇이고, 그것에 중대한 영향을 끼치는 제도적 환경이 어떤 것이냐의 문제이다. 그렇게 때문에, "승자독식은 사회문제로 볼 게 아니라 공정에 부합한다는 한 아이의 주장이 지금도 귓가에 맴돈다"[163]

---

162 "[이완배 협동의 경제학] 우리는 얼마나 불평등한 세상에서 살고 있을까?", 〈민중의 소리〉, 2020.12.27. 〈https://www.vop.co.kr/A00001536669.html〉 (2020.12.28).

163 "승자독식은 공정에 부합한다"라는 아이들... 말문이 막혔다", 〈오마이뉴스〉, 2020.12.22. 〈http://www.ohmynews.com/NWS_Web/View/at_pg.aspx?CNTN_CD=A0002704065&PAGE_CD=ET001&BLCK_NO=1&CMPT_CD=T0016〉 (2021.1.6).

는 한국 사회의 한 고등학교 교사의 탄식이 위와 같은 불평등과 불로소득의 실상보다도 더 무겁게 다가온다. 그 한 아이의 의식은, 자신이 하고자 하는 일이 타인에게 진정으로 도움이 되는 일인지 여부를 기본으로 따져보면서 자신의 경제적 이득과 자아실현 또한 도모하겠다는 생각이 아니라, 타인과의 경쟁에서 이겨 자신의 이득을 취하는 것이 무조건적으로 정당하다는 생각에 지배당하고 있는 것으로 보이고, 그 교사 역시 그것을 보았을 것이기 때문이다. 그런데 그 한 아이의 의식이 한국 사회를 지배하는 탐욕의 사회심리를 정확히 반영한다는 점에 문제의 심각성이 있다.

토니 역시 한국 사회의 이러한 현실을 직접 본다면 그 고등학교 교사처럼 절망감을 느낄 것이다. 그러나 다른 무엇보다도 노동자를 비롯한 일반 민중의 의식을 각성케 하는 교육에 평생을 바쳤듯이, 토니는 그냥 좌절하는 것이 아니라 오히려 더 참된 교육의 중요성과 기능을 강조할 것이리라(결국은 참된 교육만이 사람을 참되게 변화시킬 수 있다는 생각에서도 무위당은 토니와 똑같다). 극심한 불평등과 불로소득이 문제시되기는커녕 경쟁에서 승리하여 피라미드의 꼭대기에 올라앉은 사람들의 정당한 탐욕의 결과로 다수에게 승인되고 심지어 찬양받는 한국 사회의 현실을 바꿀 수 있는 것은 결국 참된 교육밖에 없다는 것이, 토니의 저작을 번역하면서 그의 사상을 공부하고 사색하는 지금 내 나름의 결론이다. 토니도 그렇게 생각했듯이, 사람들의 정신이 인간 본성의 나쁜 면에 지배당하지 않도록 돕는 바람직한 제도적 환경 또한, 참된 교육을 받은 참된 사람만이 만들고 유지하거나 발전시킬 수 있기 때문이다.

8

그리운 리타 선생님

◆◇◆

리타 테일러, 『감의 빛깔들』, 좁쌀한알, 2017

"홍섭에게, 이메일 고마워. 예전 해외 생활에 관한 건 책은 없고 일기와 회고록을 써둔 게 있어. 나는 지금 혼비에 잠시 머물고 있어서 당분간 컴퓨터를 쓸 수가 없어. 다시 연락할게. 리타."

"Dear Hong Seop, thanks for your mail. I have written diaries or memoirs concerning some of my previous journeys but not a book. I am on Hornby for a short while and won't be at a computer for a while. Will get in touch with you again. Rita"

선생님께 받은 마지막 소식이다. 한국 날짜로 2016년 2월 23일이었다. 그리고 꼭 2주 뒤, 선생님의 부고를 들었다. 그 중간에, 갑자기 위

독해지셨다는 소식을 접했지만, 어쨌건 믿을 수 없었다. 지금도 그렇다. 불현듯, 가슴이 철렁 내려앉기도 하고, 주체할 수 없이 눈물이 쏟아지기도 하지만, 돌아가셨다는 '사실'이 실감나서 그런 건 아니다.

2009년에 영어 원문 그대로 출간된 선생님의 책 *Mountain Fragrance*를 한글판으로 다시 출간하기 위한 번역을 하던 중, 한국 생활 이전에 다른 다양한 나라들에서의 생활 경험을 글로 쓰신 것이 또 있을 거라 짐작하고 그에 관해 여쭤본 것이 내가 선생님께 보낸 마지막 이메일이었다(아니, 또 하나가 사실은 더 있다. 그 이메일에 관한 이야기는 뒤에 있다). 그 답신이 선생님의 저 이메일이었다. 그러니 돌아가실지도 모른다는 생각을 하기는커녕, 나는 선생님의 다른 글들을 번역해서 두 번째 한국어판 책으로 출간할 궁리를 미리 하고 있었던 것이다.

이 책의 영어판 원본인 *Mountain Fragrance*를 번역해서 한글판으로 다시 출간하게 된 사연을 먼저 소개해보려 한다. 위에 말한 대로 선생님의 *Mountain Fragrance*는 벌써 여러 해 전인 2009년에 녹색평론사에서 출간되었다. 출간 직후에 리타 선생님은 내 아내 이은영과 내 이름, 그리고 귀한 덕담 한마디를 적어서 그 책 한 권을 선물해주셨다. 책을 받고 우리는 의아한 생각이 들었다. 한국 출판사에서 한국인들에게 읽힐 목적으로 내는 책을 왜 영어 원본으로 낸 걸까? 무슨 이유인지 선생님께 여쭈어보고는 더 의아했다. 당신도 이유를 모른다는 것이었다. 번역을 하지 않고 영어 원본으로 내는 것은 당신의 의도가 아니었고 출판사의 결정이라는 것이었다. 책 제목도 선생님이 처음 제안한 것은 이 한글판의 원제이자 마지막 장 제목인 *The Colour of Persimmon*이었다고 한다(이 제목에 담긴 심오한 의미는 책을 읽어보면 자연스럽게 알게 된다. 물론 나는 선생님이 애초에 제안한 제목에 깊이 공감한다). 도무지 이해할 수 없는 노릇이었지만 내가 나설 수 있는 일이 아니었다. 그리고 부끄러운 고백을 하자면, 당시에는 이 영어 원본을 제대로 읽어보지 못했다. 주변 사람들도 마찬가지인 것 같았다. 만약 누군가 숨은 보물 같은 이 책을 정독했는데도 다른 사람들과 그 감동을 함께하고 싶어 하지 않았다면, 그 사람은 내면에 무언가 심각한 문제가 있는 사람일 것이다.

그리고 몇 년 뒤, 나는 내 책 『삶의 지혜를 찾는 글쓰기』를 한국어와 영어로 함께 쓰는 책으로 낼 것을 구상하면서 영어 감수를 리타 선생님께 염치없이 부탁을 드려보기로 했다. 이루 말할 수 없이 감사하게도, 선생님께서 흔쾌히 응낙하셨다. 그때, 선생님께 이런 큰 부탁을 드리는 마당에 선생님이 써서 주신 책을 뒤늦게라도 제대로 읽어보는 게 최소한의 도리라는 생각이 들었다. 책의 한 장, 한 장을 읽어가면서 형언하기 힘든 묘한 부끄러움과 감동에 시도 때도 없이 가슴이 벅차올랐다. 책을 읽는 동안 이미 돌이킬 수 없는 마음이었지만, 읽기를 마치고 난 뒤에는 선생님의 이 책을 반드시 한글로 번역해서 출간해야겠다는 결심이 더더욱 확고해졌다. 선생님의 허락도 구하지 않은 채 번역을 시작했다. 선생님께 내가 진행하고 있는 번역 작업에 관해 말씀드리고 이메일을 통해 '공식적인' 출간 허락을 받은 것은 1차 번역이 거의 끝났을 때였다. 선생님의 '반응'을 기다리며 내심 조금은 조마조마하기도 했는데, 한국어판으로 재출간할 것을 아주 기뻐하셔서 정말 몸 둘 바 모르게 내가 더 기뻤다. 선생님의 책을, 홈스쿨링을 하는 작은딸과 영어와 한국어로 함께 읽고 있다는 말씀을 드리니 더 기뻐하시기도 했다. 이런 과정을 거치면서 1차 번역을

2016년 2월 6일에 마쳤다. 아내와 나는 선생님의 한국어판 책을 가지고 선생님이 머무시는 캐나다 밴쿠버 연안의 작은 섬 혼비의 오두막 집을 찾아가는 장면을 상상하고 있었다.

리타 선생님과 더불어 이 책의 번역 출간 계획을 가장 기뻐한 사람은 내 아내 이은영이었다. 사실 아내의 매개가 아니었으면 나는 선생님과 그렇게 자연스럽고도 돈독한 교분을 분명 나눌 수 없었을 것이다. 아내는 리타 선생님과의 인연이 나보다 훨씬 더 오래고 깊다. 이 책의 출간을 준비하면서, 처음 뵀을 때부터 이제까지 선생님과 맺어 온 인연의 과정을 최근에 아내에게 새삼 묻고 들으며 나는 깊은 회한에 젖기도 했다. 여러 해 동안 동화 공부에 심취하면서 알게 된, 루돌프 슈타이너 인지학에 바탕을 둔 리타 선생님의 동화 강의에 참석하면서 청중의 한 사람으로 선생님을 처음 뵌 것이 2000년이고, 그 뒤 만들어진 동화 공부 모임을 이어오다가 선생님과 비로소 대면하여 인사를 나눈 것이 2002년 무렵이라 한다. 2004년에 아내가 한 발도르프학교의 담임교사가 된 뒤로는 선생님께 정신적으로 더 깊이 의지하면서 수업을 비롯하여 크고 작은 문제에 관해 자문을 구하고 실제로 많은 도움을 받으며 지내 왔다는 것은 나 역시 잘 안다. 몇 년 전, 선생님을 우리 집에 모셔서 조촐한 저녁 식사를 함께 한 뒤에 숙소로 보내드리기 직전에, 아내는 선생님을 와락 껴안으며 "선생님은 또 한 분의 제 어머니예요."라는 말을 서툰 영어로 한 적이 있다. 자신이 꼬박 8년을 재직한 학교에서 겪은 이런저런 일 때문에 극도로 심신이 고단했던 아내가, 선생님께 그 말을 얼마나 마음에 사무쳐서 한 것인지 나는 잘 안다. 이런 아내이기에 선생님 책의 번역 출간을 누구보다도 기뻐했고, 아내의 격려가 이 책의 번역과 출간 작업에 큰 동력이

된 것은 말할 것도 없다.

그러니까 이 책은 애초 계획대로라면 작년 봄쯤에 나왔어야 했다. 그러나 그렇게 되지 못했고 저자의 1주기인 2017년 3월 8일에 맞추어 출간하게 되었다. 왜 이렇게 되었는지, 위에 소개한 '사적인' 사연을 이 책을 통해 처음 접한 독자들도 짐작하시리라 생각한다. 그리고 이런 사적인 사연을 소개하는 것이 이 책과 그 저자를 이해하는 데 왜 필요한지도 공감하시리라 믿는다. 그런데 사실 이 책 자체가, 예컨대 저자가 대학에서 가르친 학생들과 그들의 꽤나 개인적인 사연을 소개할 정도로 사적인 이야기들을 많이 담고 있다. 그 사적 이야기들이 일면 이 책에 흥미를 더해주기도 하지만, 그것을 통해 저자가 정작 말하고자 하는 것들이 얼마나 '공적' 성격의 논제인지, 그리고 그것을 펼쳐나가는 바탕인 저자의 지성과 감성이 얼마나 보편적인 설득력과 감화력을 지니고 있는지, 이 책을 읽은 분들에게는 굳이 다른 설명이 필요 없으리라 확신한다.

책을 모두 읽은 분들에게는 정말 사족이 되겠지만, 책에 관해 미리 안내받고자 하는 독자가 혹시 계실까 하여, 먼저 읽은 사람으로서 소감을 조금 밝힌다. 이 책은 이생, 그리고 필시 전생의 어떤 피치 못할 인연으로 한국에 와서 무척 오랜 세월 동안 머물며 한국의 산천과 사람들과 깊은 친분을 나눈 어느 서양인의 매우 독특한 여행기이다(한번은 전남 순천에 다녀오신 말씀을 하시면서 순천이라는 지명의 뜻을 물으셨다. '하늘에 순종한다'는 뜻이라고 말씀드리자 깊이 감탄하면서 기회가 되면 그곳에서 일도 하며 살고 싶다고 말씀하신 적도 있다). 여러 면에서 독특하다. 우선 한국이라는 나라에 상주한 기간이 10여 년이니 여행기치고는 아주 긴 시간 동안의 여행담이다. 둘째, 여행기로서 정말 흔히 볼수 없는 아주 품격 높은 에세이다. 특히 불교를 비롯한 한국 전통문화에 관한 아주 수준 높은 이해와 한국 산천과의 깊은 교감을, 마력이라 할 만한 문장력으로 생생히 표현하고 있다. 이런 글을 낳은 원천이 어디에 있을까?

사실은 어떤 에세이도 그래야 마땅한 법이지만, 이 책의 글에는 글쓴이의 삶의 이력과 그를 통해 형성된 품성이 오롯이 배어들어 있다. 독자는 책날개에 실린 저자의 독특한 삶의 이력에 특히 관심이 쏠리리라. 이 책의 저자는 전 세계의 다양한 곳들을 그냥 훑어 지나다닌 정도가 아니라 그곳 자연과 사람들을 오히려 그 지역 사람들보다도 더 깊이 느끼고 이해하며 생활한 경험을 한 사람이다. 이러한 경험, 그리고 그것을 가능케 한 사려 깊고 차별 없이 겸손한 마음 바탕이 글쓴이 자신을 진정한 의미의 세계주의자이자, 인문과 자연 생태를 하나로 보고 느끼며 진심으로 공경할 수 있는 진정한 지식인으로 만들어낼 수 있었다고 생각한다. 그리고 도력 높은 승려 못지않게 명상이 어울리는 분이기도, 흉내 낼 수 없는 특유의 예술 감식안을 지닌 분이기도, 늘 의지하고 의논하고 싶은 스승이기도, 다정다감한 어머니이자 할머니이기도, 자기가 속한 공동체의 좋은 성원이자 이웃이기도 했다. 곁에서 본 저자는 반듯함과 여유, 단호함과 따뜻함, 판단력과 유머 감각, 자유로움과 절제가 한 몸에 온전히 밴 사람이었다. 마력이라 할 만하다고 말한 그 문장력은 바로, 글쓴이의 평생의 이 모든 이력과 공력, 그리고 글쓴이 스스로 말하듯 평생 없어서는 안 될 일상의 일부였던 독서와 글쓰기 연마의 내공을 합쳐져 빚어낸 것이다(한번은, 내 책의 출간을 계기로 알게 된 한국 작가 박완서의 『나목』이라는 작품에 관심을 보이셔서 그 영문판을 드렸더니, 캐나다로의 귀국 길 기내에서 "아주 감명 깊게" 끝까지 탐독했고, 돌아가자마자 한국 출신의 한 이웃 여성에게 읽어보라고 권했는데, 아마도 그녀에게 이 작품 읽기가 인생의 큰 전환점이 될 것 같다는 말씀을 귀국 직후 이메일로 하신 일도 있었다).

책 내용에 글쓴이의 모습이 그대로 투영되어 있음은 물론이다. 앞서 말했듯이 이 책의 글쓴이는, 한국의 아름다운 자연과의 깊은 교감, 한국에서 만난 선량하고도 성숙한 사람들과 나눈 영적 교분, 그리고 불교를 비롯한 한국 전통문화에 관한 심오한 이해와 애정을 따뜻하고도 지적인 필치로 보여준다. 이와 동시에, 한국의 자연과 사람들이 앓고 있는 중병에 관해서는 입바른 비판과 질타를 서슴없이 한다. 미국과 영어에 대한 맹목적 숭배, 시멘트와 골프장으로 상징되는 토건 사업 중독, 핸드폰 중독 등등, 가히 절망적이라 할 만한 한국의 중증 질환들에 저자는 가차 없이 죽비를 내려친다. 특히 '세계화'와 '신자유주의'의 물결이 몰아닥친 이후의 한국 사회와 대학과 청년 문화의 잘못된 '변화'를 저자는 심각하게 우려한다. 이 책에서 지율 스님과 만난 이야기를 왜 그다지도 중요하게 다루고 있는지, 발도르프학교의 성장에 공을 들인 저자가 왜 하필 '실상사 작은 학교'를 자상히 소개하면서 한국 교육이 나아가야 할 방향에 관해 논하고 있는지 깊이 생각해보아야 한다. 저자의 형형한 혜안을 통해 우리는 스스로 보지 못하는 우리 자신의 모습을 똑바로 보며 반성하는 계기를 가질 수 있다. 나아가, 한국뿐만 아니라 지구상의 어떤 나라와 지역의 상황과 사태에 관해서도 올바르게 바라볼 수 있는 보편적 시각 또한 얻을 수 있을 것이다. 이러한 보편적 설득력과 감동은, 거듭 말하지만 저자의 문장력 덕분에 가능한 것이다. 이 책의 독자가 영문판 원본마저 읽는

다면 그 감동이 배가될 것임은 물론, 고급 영어를 감상하고 공부하는 좋은 기회도 갖게 될 것이다.

이 책의 출간을 준비하면서 정말 우연이자 필연으로, 이 책의 한 장을 이루는 이야기의 주인공인 재불 미술가 이배 선생과 연락이 닿았다. 저자께서 돌아가셔서도 이런 좋은 인연을 이어주신다는 느낌이 강하게 들었다(저자가 이 책 여러 곳에서 아주 깊은 인연으로 언급하는 유영조 선생, 지율 스님, 그리고 영문판 원본의 출판사인 녹색평론사의 김종철 선생께도 책의 출간과 저자에 관한 소식을 알려드리려고 계획하고 있다). 그런데 정작, 이 책의 저자인 리타 선생님께는, 이 지상 어디에서도 만나 뵙고 당신 책의 출간 소식을 알려드릴 수가 없다는 사실 때문에 가슴이 미어진다. 당신이 직접 확인하실 수 없다는 것을 알면서도, 허전한 마음을 주체할 수 없어서 돌아가신 바로 그날 당신께 내가 마지막으로 보내드린 이메일을 새삼 또 보니 더 아프다(마지막으로 보내드린 이 이메일도 '수신 확인'이 되었다. 리타 선생님이 지상에서 보낸 마지막 며칠 동안은 선생님의 따님이 이메일을 대신 열어서 읽어드리거나 대신 보내드렸다고 한다. 내가 보내드린 이 마지막 이메일을 따님을 통해 들으셨는지 모르겠다. 꼭 그랬기를 간절히 바란다).

Hello Rita teacher

Will I be able to call you again like this in this world?

Will I be able to see you again as we have met in Korea?

What can I say to you?......

We all—Eunyoung, Jiyoon, Jisoo and me—miss you as much as perhaps you cannot even imagine, and are so much sad because we are not and cannot be just beside you.

I have so much to say to you and talk with you, but I cannot say much more now...

I just love you so much.

And I will surely tell your stories to many Korean people by publishing your book in Korea. I think it is my work for the memory of you. And I will visit you with Eunyoung carrying your book in Korean after it is published.

Please greet us and your book gladly then.

Much love

Hongseop

리타 선생님께

이 세상에서 이렇게 선생님을 다시 불러볼 수 있을까요?

우리가 한국에서 만났던 것처럼 선생님을 다시 뵐 수 있을까요?

무슨 말씀을 드려야 하나요?…

우리 모두—은영, 지윤, 지수 그리고 저—는 아마 선생님이 상상도 못 하실 만큼 선생님이 그리워요. 그런데 선생님 곁에 지금 있지도 않고 그럴 수도 없으니 너무나 슬픕니다.

선생님께 드릴 말씀도 함께 나누고 싶은 말씀도 아주 많은데, 이제 더 는 그럴 수가 없네요…

그냥 아주 많이 사랑한다는 말씀만 드립니다.

그리고 선생님 책을 한국말로 출간해서 많은 한국 사람들에게 선생님

이야기를 꼭 들려줄 겁니다. 그게 선생님을 기억하기 위해 제가 해야
할 일이라고 생각해요. 그리고 한국어로 된 선생님 책이 출간되고 나
면 그걸 가지고 은영과 함께 선생님을 찾아뵐게요.

그때 우리하고 선생님 책을 반갑게 맞아주세요.

많이 사랑해요.

홍섭

책의 출간에 맞춰서 가지는 못하지만, 올 8월에 뒤늦게라도 온 가
족이 캐나다를 방문하기로 했다. 선생님의 유해가 묻혀 있는 밴쿠
버 연안의 말콤 섬 소인툴라의, 리타 선생님의 아드님이 운영하는
민박집 마당에 있는 그 나무를 찾아보기 위함이다(우리 가족이 'Rita'
s Cabin'이라는 이름의 방에 묵게 해달라고 아드님께 부탁했다). 이 책이 느
티나무 이야기로 시작하여 감나무 이야기로 마무리되는 것을 보아도
알 수 있듯이, 리타 선생님은 특히 나무를 사랑한 분이다. 아드님이
수목장을 하여 어머니를 곁에 모시기로 한 마음에 깊이 공감한다. 아
드님이 동의한다면, 이 한글판 책을 리타 선생님 유해 곁에 묻어드리
려고 한다. 지금은 리타 선생님이 머물지 않는 곳이지만, 생전에 당신
의 '정신의 고향'으로 삼았던 섬 혼비의 그 오두막집도 찾아보려 한다.
이 책 본문 맨 뒤에 실은 이메일은 몇 년 전에 리타 선생님이 내게 보
내주신 것이다. 선생님이 산문시에서 묘사하는 이 섬이 바로 밴쿠버
연안의 작은 섬 혼비이다.

선생님이 쓰시던 이메일 계정은 폐쇄되었다는 얘기를 아드님께 들
었다. 선생님의 이메일 아이디는 'gayageum2000'이었다. 한국의 전
통문화를 얼마나 사랑하셨는지 알 수 있다. 이제는 이 아이디의 주인

과, 이메일을 통해서는 소식을 주고받을 수가 없다. 간절한 마음과 정신의 성숙만이, 다른 차원으로 날아가신 리타 선생님과 새롭게 소통할 수 있는 방법을 찾아내게 해주리라.

9

GMO 추방과 토종 씨앗 지키기
—살아남기의 길

◆◇◆

골든 수피 센터 엮음, 『신성한 씨앗』, 좁쌀한알, 2017

1. 〈인터스텔라〉의 옥수수밭과 환원주의인가, 반다나 시바와 '나브다냐'인가

2014년에 개봉된 영화 〈인터스텔라〉을 보고 비평가들과 관객들의 극찬이 이어졌던 것으로 기억한다. 그러나 나는 그 극찬의 근거가 된 이 영화의 수준 높은 완성도와 첨단의 과학 배경지식을 한편으로 인정하면서도, 영화를 보는 동안, 그리고 다 본 이후에는 더욱더 불편한 마음을 숨길 수 없었다. 주인공 가족이 탄 자동차가 광활한 벌판에 심긴 옥수수를 아무렇지도 않게 거침없이 짓밟으며 질주하는 초반 장면과, 황폐해진 지구를 대신해서 인간의 주거지가 되어줄 행성을 찾아내어 미국 국기를 꽂은 외로운 개척자 이미지의 여주인공을 보여주는 마지막 장면이, 감독이 의도했건 안 했건 간에 이 영화의 핵심이라고 느꼈기 때문이다.

이 영화 초반 장면에서 짓밟히고 있던 옥수수들은 십중팔구 GMO[164] 작물일 것이다. 영화의 실감을 높이기 위해 캐나다의 수십만 평 땅에 실제로 경작지를 만들어 옥수수를 3년 동안이나 키웠다는 것, 그리고 그 종자가 실제로 GMO인지 아닌지는 별로 중요하지 않다. 이 영화가 개봉된 2014년 현재 미국의 유전자조작 옥수수 재배 비율이 93%에 달했다는 사실에 오히려 주목해야 한다.[165] 지금처

---

164 GMO : genetically modified organism. 유전자조작 식품. '유전자변형 생물체(또는 생명체)', '유전자조작 생물체(또는 생명체)', '유전자조작 식품' 등등, 이 말의 번역어는 여러 가지가 있다. 우선 '유전자변형'이라는 번역은, "유전자를 인공적으로 재배합하거나, 돌연변이를 일으켜서 유전자의 성질을 바꾸어 놓는 일"(『표준국어대사전』의 '유전자조작' 풀이)이라는 이 행위의 본질을 은폐할 의도로 만들어진 것이어서 적절치 않다(국립국어원이 펴낸 『표준국어대사전』에는 '유전자변형'이라는 말 자체가 올라 있지 않다). 예컨대 산업자원부 기술표준원에서 펴낸 『유전자변형생물체(GMO) 관련 용어집』(2007.12. 42쪽)에는 이 말이 이렇게 풀이되어 있다.
"현대 생명공학기술을 이용하여 얻어진 새롭게 조합된 유전물질을 포함하고 있는 생물체로, 교배나 자연적인 재조합을 통해서는 일어나지 않는 방법으로 유전물질의 변화가 일어난 생물체" (강조는 인용자)
'생물체'나 '생명체'라는 말은 틀린 것은 아니지만, 그것이 결국은 인간과 동물의 먹을거리를 위해 만들어지는 것임을 분명하게 전달하지 못한다. '유전자조작 식품'이라는 용어를 쓰는 것이 적절한 이유가 바로 이것이다.

165 "[미국] 10년간, GM옥수수 재배지 2배 증가", 〈한국바이오안전성정보센터〉, 2014.7.24,
〈http://www.biosafety.or.kr/boardCnts/view.do?boardID=116&boardSeq=76236&lev=0&m=040101&searchType=null&statusYN=W&page=121&s=kbch〉, (2016.12.15).
〈한국바이오안전성정보센터〉는 "유전자변형생물체의 국가간 이동 등에 관한 법률 제32조에 근거하여 지정, 운영되는 기관으로" GMO와 관련된 "국내외 정

럼 미국이 드넓은 자기 영토에 옥수수와 콩 등의 몇몇 GMO 단일 작물을 경작하면서 그 위에 글리포세이트[166] 같은 독성 물질이 주성분

보의 수집, 관리, 제공, 홍보 및 교류 확대를 위한 업무를 수행"하는 국가 기관이다.
"한국바이오안전성정보센터", 〈위키백과〉, 2014.2.7, 〈https://ko.wikipedia.org/wiki/%ED%95%9C%EA%B5%AD%EB%B0%94%EC%9D%B4%EC%98%A4%EC%95%88%EC%A0%84%EC%84%B1%EC%A0%95%EB%B3%B4%EC%84%BC%ED%84%B0〉, (2016.12.22).

그런데 위에 소개한 정보보다도 더 눈여겨볼 것이 바로 위 정보에 관한 이 국가기관의 '해설'이다.

"미 농무부(USDA)는 제초제 저항성 및 해충 저항성 작물 도입에 대한 새로운 통계를 발표하였다. 통계에 따르면, 미국 GM옥수수 종자의 비율이 지난 10년 간 2배가량 증가한 것으로 나타났다. 10년 전인 2004년, GM옥수수는 전체 옥수수 경작지의 반을 차지한 반면, 2014년인 현재, 93%를 차지하는 것으로 밝혀졌다. **이 통계는 GM작물의 혜택으로 인해 미국의 농민들이 GM작물을 광범위하게 도입하고 있음을 보여준다. GM대두, 면화, 옥수수는 농민들에게 인기 있는 품종이다.**" (강조는 인용자) 이 기관은, 사용후핵연료(고준위방사성폐기물) 1699봉을 몰래 들여와 보관한데다 내년부터 핵폐기물 재처리 실험까지 하기로 한 사실이 알려지면서 시민들의 큰 반발이 시고 있는 한국원자력연구원 인근 (대전 '과학로')에 있다.

166 글리포세이트(glyphosate) : GMO 작물 중 가장 많이 생산되는 종류는 라운드업 레디(Roundup Ready) 작물인데, 이는 라운드업이라는 제초제를 뿌려도 죽지 않는 작물을 말한다. 한국이 수입하는 GMO 작물은 대부분 라운드업 레디이다. 라운드업 제초제의 주성분이 바로 '글리포세이트'인데 이것은 본래 금속 파이프 안에 축적된 칼슘, 철분, 망간 등을 제거하는 데 쓰였다. 그런데 글리포세이트의 강한 컬레이터(chelator) 작용, 즉 망간을 꽉 잡는 작용이 식물이나 박테리아에 없어서는 안 되는 시키메이트 경로(shikimate pathway)를 차단하여 방향족 아미노산을 만드는 데 필요한 효소 생산을 할 수 없게 한다. 글리포세이트는 직접 식물이나 박테리아를 죽이는 것이 아니라 효소 생산을 차단하여 생명체의 방어 체제를 붕괴시키는 것이다. 이 점이 에이즈와 비슷하여 글리포세이트를 식물에 주는 에이즈라고도 한다. 이러한 사실이 알려지자 몬산토에서 글리포세이트를 제초제로 특허 받아 사용하기 시작하여 2001년 현재

인 제초제와 살충제를 계속해서 살포한다면, 그리고 이와 같은 자기 내의 농업 방식을 세계 여러 나라에 직간접으로 강요한다면, 모래폭 풍이 휩쓰는 〈인터스텔라〉의 황량한 풍경은 영화관 스크린이 아닌 현실의 전 지구에서 구현될 것이다. GMO 작물 경작과 짝을 이루는 맹독성 제초제와 살충제의 남용은 슈퍼 곤충과 슈퍼 잡초를 출현시키고, 그 슈퍼 곤충과 슈퍼 잡초를 없애기 위해 더 독한 제초제와 살충제를 개발하여 사용함으로써 농산물뿐만 아니라 토양과 생태계 전체를 파괴하는 일이 바로 지금 일어나고 있으니, 〈인터스텔라〉의 배경 시점쯤이면 이미 돌이킬 수 없는 상황이 되어 있을 것이기 때문이다. 뿐만 아니라, 이 영화에서는 등장하는 사람들의 상태가 멀쩡해 보이지만, 그토록 오래도록 GMO를 주된 음식으로 먹은 사람들이라면 그 몸과 정신의 건강 상태도 실제로는 영화의 황량한 풍경과 빼닮아 있을 것이다.

나는 이 책의 서문을 쓴 반다나 시바와 그의 '절친'인 미국의 농부 작가 웬델 베리 역시, 만약 이 영화를 보았다면 나보다 더 심기가 불편했을뿐더러 훨씬 더 비판적인 논평을 했을 것이라 생각한다. 자연

글리포세이트는 세계에서 가장 많이 팔리는 제초제가 되었다. 수확 직전 콩이나 옥수수에 글리포세이트를 뿌리면 작물이 바싹 말라서 거두어들이는 데 훨씬 더 쉽다는 것을 알게 되어 글리포세이트 사용이 증가되었다. 그만큼 GMO 작물은 글리포세이트를 더 많이 흡수하게 된 것이다. 따라서 이렇게 글리포세이트가 주성분인 라운드업 제초제를 흡수한 라운드업 레디 작물을 먹은 사람은 이 GMO 자체의 독성 물질과 글리포세이트라는 제초제 주성분의 독성 물질을 함께 먹게 된다. 글리포세이트의 동물 실험으로 나타난 대표적인 증상은 무뇌증, 소두증, 입술 갈림증, 귀융합증 등등의 선천성 기형이다.
오로지, 『한국의 GMO 재앙을 보고 통곡하다』, 명지사, 2015, 91-113쪽 참조.

과 건강한 인간 삶에 관한 이 두 사람의 관점에서 보자면, 이 영화 초반에 등장하는 광활한 옥수수밭 풍경부터 예사로 넘길 수 없는 장면이기 때문이다. 웬델 베리는, 역시 2014년에 출간된 반다나 시바의 최근 저서를 추천하는 아주 짧지만 의미심장한 글에서 두 사람이 공유하는 철학의 핵심 내용을 이렇게 들려준다.

지도자로서 반다나의 큰 미덕은 그가 환원주의자(reductionist)가 아니라는 점이다. 반다나는 경제와 자연과 문화 사이의 복잡한 연관관계를 알기 때문에 지나친 단순화를 하지 않는다. 다양성의 중요성을 이해하는 것에서도 마찬가지다.

다른 많은 이들처럼 반다나는 농사에서 단일경작(monoculture)을 반대한다. 너무나 적은 사람들이 아는 바처럼, 반다나는 땅에서의 단일경작이 어떻게 정신의 단일문화(monoculture)로부터 기인하는지 안다. 정신의 단일문화는 현대 대학의 전형적 생산물이다. 좋은 대학 교육을 받는 데 4년을 보내는 사람은 그러고 나서 그것을 극복하기 위해 40년을 보내야만 한다고 말했을 때 아난다 쿠마라스와미[167]가 염두에 둔 것이 바로 그것이다.[168]

생태여성운동과 소농운동, 그리고 '지구 민주주의'운동 지도자인 반다나 시바가 무엇보다도 '환원주의자'가 아니라는 것은 무슨 말일

---

167 아난다 쿠마라스와미(1877-1947) : 스리랑카 태생의 철학자이자 미술사가.
168 Vandana Shiva, *The Vandana Shiva Reader* (Lexington: University Press of Kentucky), 2014, p.vii.

까? '환원주의(reductionism)'란 '다양한 현상을 기본적인 하나의 원리나 요인으로 설명하려는 경향'을 뜻한다. 현대의 환원주의를 대표하는 것이 바로 '유전자 환원주의'이다. 부모로부터 물려받은 개개인의 기질, 성격 따위는 물론이요 생명 현상의 모든 것을 유전자 한 가지로 설명하는 것이 그것이다. 오늘날의 유전자공학 또는 생명공학이란 이 '유전자 환원주의'에 바탕을 둔다. 이제는 유전자를 통해 모든 생명 현상을 이해하는 것을 넘어서서 유전자를 조작해서 생명 현상을 통제하겠다는 데까지 나아간 것이다. 요컨대 환원주의란, 자연과 인간을 구성하는 개체들의 다양성, 그리고 각각의 개체를 만들어내는 요소와 장소의 다양성을 인정하지 않고, 자연과 인간의 생명 현상을 지배하는 어떤 최상위의 원리나 요소를 설정하는 사고방식이다. 나아가 그 원리와 요소를 인간이 장악할 수 있다는 것이다. 그러한 지배와 장악의 힘은 "과학의 "신성함""[169]에서 나온다. 유전자공학 또는 생명공학 같은 현대과학이 신의 위치에 올라서게 된 것이다. 그리고 이러한 사고방식이 결국은 몬산토를 비롯한 몇몇 거대 기업이 유전자 조작 씨앗 생산을 비롯한 농산업 전체를 독점하여 세계의 농업과 먹을거리를 지배하는 데 기여한다.[170]

그런데 〈인터스텔라〉의 광활한 옥수수밭이 환원주의와 무슨 상관이 있다는 말인가? 웬델 베리의 통찰에서 알 수 있듯이, 환원주의는 다양성과 양립하지 못한다. 단일 지배 권력의 탐욕이 그 근원이기 때

---

169 Ibid., p.16.
170 몬산토는 서울대를 비롯한 한국 여러 대학의 농업 관련 전공자들에게도 해마다 적지 않은 장학금을 주고 있다.

문이다. 예컨대 환원주의를 농업에서 관철하자면, GMO를 통해 농업 시스템 전체를 장악함은 물론이요 경작 작물 또한 몇 가지로 단순화하지 않으면 안 된다. 우리가 〈인터스텔라〉라는 영화에서 보는 농작물이 드넓은 벌판의 옥수수 한 가지뿐인 이유는, 그곳의 땅덩어리가 넓기 때문만은 아니다. 그 자체가 이미 미국 농업에서 관철되고 있는 환원주의의 상징인 것이다(물론 웬델 베리처럼 미국 주류의 '환원주의 농법'을 거부하는 '가족 소농'은 자기 땅의 자연 특성에 맞게 '돌려짓기'와 '섞어짓기'를 하면서 다양한 작물을 경작한다). 첨단 기계인 드론을 좇기 위해 옥수수밭을 질주하는 자동차의 모습에서 나는 이러한 환원주의에 관한 성찰은커녕 첨단 과학기술을 찬미하는 또 다른 환원주의를 본다. 마지막 장면에서 보는 어느 이름 모를 행성에 꽂힌 성조기는 더더욱 가관이다. 이것이야말로, 어떤 심각한 문제도, 어떤 궁극의 해결책도 오직 미국만이 내놓을 수 있다는 '미국 환원주의'가 아닌가?

이 책의 서문을 쓰고 출간을 주도한 반다나 시바는 본래 물리학자이다. 처음에는 "핵물리학 교육을 받았지만, 의사인 미라 언니가 핵물리학의 재앙에 관해 깨닫게 해주었기 때문에 이론물리학으로 옮겨갔다. 그때 대부분의 과학이 부분적이라는 것을 깨달았다. 전체론적(holistic) 과학을 업으로 삼고 싶어서 비환원주의적이고 비기계론적인 패러다임을 지닌 양자 이론에 이끌렸다."[171] 캐나다에서 양자물리학으로 박사학위까지 받은 그가 인도의 고향으로 돌아와 "씨앗 지킴이들과 유기농 생산자들의 네트워크인 나브다냐"를 만들고 주도한 것은 우연이 아니었다. '아홉 씨앗'이라는 뜻의 '나브다냐'는 "생물학적 문화

---

171 Vandana Shiva, op.cit., p.1.

적 다양성 수호를 상징"하기 때문이다. 그에게는 양자물리학 공부와 나브다냐 활동이 온전한 하나다. 웬델 베리가 자신과 반다나 시바가 공유한다고 말하는 환원주의 비판에는 이러한 배경이 있다.[172] 그래서 다시 한 번 궁금해진다. 웬델 베리와 반다나 시바가 〈인터스텔라〉를 보았다면 과연 뭐라고 했을까?

2. GMO와 핵발전이라는 반(反)자연의 산물이 낳는 치명적 해악

후쿠시마 핵 사고를 보면서 핵발전에서 벗어나지 못하면 인류에게 희망이 없다는 것을 나는 깨닫게 되었다. 탈핵은 선택 여부를 따질 문제가 아니라는 것을 비로소 분명히 알게 되었다. 핵발전이 돌이킬 수 없는 재앙을 낳을 수밖에 없는 것은, 그것이 자연의 기본 섭리에 근본적으로 반하는 것이기 때문임을 알게 된 것이다.

원자를 구성하는 원자핵은 항상 안정되어 있고, 원자핵의 주위를 돌

---

172 웬델 베리 자신의 환원주의 비판은 그의 책 『삶은 기적이다』(녹색평론사, 2006)에 잘 나타나 있다. 이 책 전체가 에드워드 윌슨의 책 『통합(Consilience)』(한국어 번역서는 에드워드 윌슨의 제자인 최재천과 장대익 공역의 『통섭』으로 2005년에 출간되었다)을 비판하는 일종의 서평인데, 여기서 웬델 베리는 '물질주의-자연과학주의-기계주의'를 핵심으로 하는 에드워드 윌슨의 환원주의를 면밀하고도 통렬하게 비판한다. 이 비판을 통해 웬델 베리가 궁극적으로 하고자 하는 말은, 에드워드 윌슨의 환원주의가 삶의 신비와 기적적 성격을 빼앗는다는 것이다.

고 있는 전자가 이러저러하게 결합되어서 변화가 일어난다. 이러한 변화에 따라서 일상생활에서 필요한 에너지가 공업적으로 또는 인체 내부에서 생성되기도 하고, 소멸되기도 한다. 우리의 생명세계란 말하자면 그러한 세계인 것이다. 그런데 **핵의 세계**는 우리의 세계에서 본래부터 전제되어온 원자핵의 안정성에 감히 도전하게 됨으로써 원자핵의 안정성을 깨뜨리고 불안정하게 하여 방대한 에너지를 생산할 수 있으므로, 우리의 일상생활이 위협받는 현상이 일어난다. 그런데 이러한 사실은 원자력의 역사에서 대체로 아주 경시되어왔다. 생각해보면 이러한 생각은 엄청나게 잘못된 것이다. **우리가 생활하고 있는 일상세계의 원리, 다시 말해서 원자핵이 안정되어 있음으로 해서 이루어지는 일상생활의 안정성에 감히 도전하는 것이기 때문이다.**[173] (강조는 인용자)

핵발전은, 자연 속에 자연스럽게 존재하지 않고 인간이 상상키 힘들 만큼 오랜 시간 동안 사라지지 않는 치명적 방사능 물질을 만들어낸다. 탈핵은 반드시 해야 한다고 나는 생각했고, 탈핵을 이루기만 한다면 인간에게 희망이 있다고 생각했다.

그러나 핵발전에 못지않게 치명적인 것이 GMO라는 것을 근래에야 확실히 알게 되었다. 그 위험성이 핵발전 못지않게 치명적인 것 역시, 그것이 자연의 기본 섭리, 즉 생명의 기본 섭리를 파괴하는 것이기 때문이다. 우선 앞에서 본 환원주의가 GMO를 뒷받침하는 기본 원리

---

173 다카기 진자부로, 『원자력 신화로부터의 해방』, 김원식 옮김, 녹색평론사, 2011, 31쪽.

인 데서 알 수 있듯이, 모든 생명 현상을 유전자만으로 이해하고 나아가 조작할 수 있다는 생각부터 생명의 복잡다단한 생성과 작동 원리에 대한 오만한 태도이다. 이러한 유전자 환원주의가 어떤 오만한 '과학적' 시도로 이어지고 있을까? GMO 육종 실험을 하는 거대 기업의 과학자들은, 살충 효과를 얻기 위해 전갈의 유전자를 주입한 양배추를 만들기도 하고, 겨울에도 재배할 수 있게 하기 위해 토마토에 넙치 유전자를 주입하기도 하며, 인간과 돼지, 소와 양의 유전자를 섞는 실험을 하기도 한다.[174] 전통 농업에서도 다양한 육종을 해왔지만, 이것은 유전자조작 육종과 본질적으로 다른 것이다.

식용 작물의 유전자조작은 아직 걸음마 단계에 있는 신기술이다. 전통적인 식물 육종법과 농법은 1만 년이라는 유구한 역사를 갖고 있는데, 생명공학 기업들은 대중들에게 유전자조작 식품이 그러한 역사의 자연스러운 연장일 뿐이라고 말하고 있다. 경계할 이유가 전혀 없다는 것이다. 그러나 유전자조작은 전통적인 식물 육종법으로부터의 급진적인 이탈이다. 식물 유전자조작은 '명중하거나 빗나가거나'의 둘 중 하나로 판명되는 과정이다.[175]

---

174 2016년 7월 27일 서울시의회 별관에서 있은 〈GMO 추방 공대위원회 준비위원회〉 주최의 '유전자조작생물체(GMO) 포럼 겸 특별강연회'에서 강원대학교 의생명과학대의 임학태 교수가 강연한 내용 중 일부이다. 임 교수는 한때 몬산토로부터 연구 지원을 받아 유전자조작 감자를 개발하는 데 열중했으나 GMO의 해악을 알게 되어 '사상 전향'을 하여 지금은 GMO 추방운동에 앞장서고 있는 학자이다.

175 마틴 티틀·킴벌리 윌슨, 『먹지 마세요 GMO』, 김은영 옮김, 미지북스, 2008, 39쪽.

유전자 총

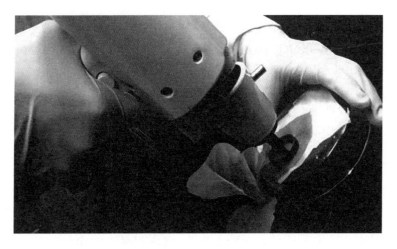

　유전자조작 기술이 "명중하거나 빗나가거나'의 둘 중 하나"라는 것은 비유적 표현이 아니다. 위 사진에서 보는 것처럼 DNA 조각을 실제로 유전자 총에 넣어서 기존 생명체의 유전자에 쏘는 것이 유전공학의 기본 기술이다.

　문제는 과정이 부정확하고 무작위적인 것이다. 또한 유전자가 뒤집어지거나 불완전할 수 있고 뒤죽박죽이 될 수 있다. 그러므로 어떠한 유전자 발현이 나올지 예측하기 어렵기 때문에 독성이나 영양성에 대한 검증을 철저히 해야 한다는 것은 당연한 것이다. 변형된 단백질이므로 몸에 들어가면 면역 시스템이 어떠한 반응을 보일지 모르는 것이다.[176]

176　오로지, 앞의 책, 90쪽.

이런 유전자공학이 낳은 대표 기술이 씨앗에서 재생능력을 없애는 '터미네이터 기술(terminator technology)'이라 불리는 것만큼 섬뜩한 상징은 없을 것이다. 1901년 창립되어 미국 미주리 주의 세인트루이스에 본사를 두고 있고 2005년 세계 최대의 종자 기업이 되었으며 현재 전 세계적으로 재배되고 있는 GMO의 90퍼센트에 대해 특허권을 가지고 있는 몬산토[177]의 자회사 델타 앤드 파인 랜드사의 자금과, 미국 농무성으로부터 국민이 낸 세금을 지원받아 개발된 이 기술은 영구적으로 재생능력을 갖추지 못하도록 씨앗의 유전자를 변형하는 기술이다. 이 기술로 유전자가 조작된 씨앗을 '자살 씨앗(suicide seeds)'이라고 부른다.[178] 바로 이렇게 재생능력을 강제로 잃어버린 씨앗에 앞서 말한 독성 제초제와 살충제를 무차별 살포하여 재배한 GMO 작물과 그 가공식품을 계속해서 먹었을 때 어떤 상황이 벌어질지 충분히 짐작할 수 있다. 세계에서 가장 많은 연간 67kg의 GMO 식품을 먹고 있는 미국인들이 9명 중 1명꼴로 치매나 극심한 건망증에 걸리고, 어린이 중에 자폐증(ASD) 환자와 지진아(DD) 환자가 최근 5년 사이에 67%나 늘어났는데, 이는 가임기 여인들의 자궁에 농약 성분이 침투하여 태아에게 전이된 것으로 조사되었다는 사실[179], 그리고 "최근 국내에서도 기형아 출산율이 16년 새 50%나 늘어났고 알츠하이머

177 마리-모니크 로뱅, 『몬산토-죽음을 생산하는 기업』, 이선혜 옮김, 이레, 2009, 16쪽.

178 존 로빈스, 『존 로빈스의 음식혁명』, 안의정 옮김, 시공사, 2013, 400−401쪽.

179 김성훈, "'불량식품 추방' 박근혜, GMO는 왜? : 본산지에서 보고 들은 GMO 식품의 유해성", 〈프레시안〉, 2016.7.24., 〈http://www.pressian.com/news/article.html?no=139399〉, (2016.12.18).

또는 파킨스 병, 백혈병, 정자 손상, 유방암, 불임증, 신장과 DNA 손상, 출산 실패 현상들이 증가"하고 있고, "2014년 정부의 질병관리본부는 한 해에 만도 24만여 명의 불임 환자들에게 체외 수정 비용을 지원하였다"는 사실[180]만으로도 그 짐작이 지극히 합리적임을 알 수 있다.

그런데 이러한 유전자공학의 성장 배경에는, 미국뿐만 아니라 전 세계 기업 권력의 중심에 있는 록펠러, 해리먼(Harriman), 은행가 J.P. 모건(Morgan), 담배 가문의 메리 듀크 비들(Mary Duke Biddle), 클리블랜드 도지(Cleveland Dodge), 시리얼로 큰돈을 번 존 하비 켈로그(Johm Harvey Kellogg), 프록터&갬블의 클레어런스 갬블(Clarence Gamble) 같은 미국 우생학회 회원들이 있었다. 이들은 '열등한 인종'의 강제 단종 관련 실험과 제1차 세계대전 때 일찌감치 시행되고 있던 여러 형태의 인구 억제 실험에도 돈을 대주었는데, 당시 미국우생학회에 상응하는 영국우생학회에 속해 있던 그들의 상대역은 영국 재무장관, 윈스턴 처칠(Winston Churchill), 경제학자 존 메이너드 케인스(John Maynard Keynes), 아서 밸포(Arthur Balfour), 그리고 유네스코의 초대국장 줄리언 헉슬리(Julian Huxley) 등이었다고 한다. 1970년대 초 미국 정부의 인구 정책 및 그와 관련한 식량 정책은 바로 록펠러재단, 인구협회, 록펠러형제기금, 그리고 포드재단이나 카네기재단 같은 소수 민간재단의 회의장에서 나왔다.[181] 요컨대 이들의 주도로

---

180 김성훈, "GMO의 비극, 가습기 살균제와 닮았다! : 청부 과학자-관료-다국적 기업의 유착", 〈프레시안〉, 2016.5.19., 〈http://www.pressian.com/news/article.html?no=136664〉, (2016.12.18).

181 윌리엄 엥달, 『파괴의 씨앗 GMO : 미국 식량제국주의의 역사와 실체』, 김흥옥

이른바 '녹색혁명'과 유전자공학 개발이 이루어졌다. "녹색혁명은 식량생산을 세계적으로 통제하기 위한 첫걸음이었다. 그것은 몇 년 후 유전자혁명과 더불어 완결되는 과정이었다. 놀라울 것도 없지만, 록펠러재단을 위시한 막강한 미국 재단들이 두 혁명에 똑같이 관여했다."[182] 아주 무서운 사실이지만, 이들은 이 '두 혁명'을 통해 전 세계에서 한편으로는 엄청난 돈을 벌어들이고, 다른 한편으로는 자신들이 구상한 계획대로 '열등한 인종'에 대한 '인구 억제' 정책을 실행해갔다는 것이다. 이들의 계획이 '성공'해왔다는 것은, 앞서 살펴본 것처럼 GMO가 불임 등의 온갖 치명적 질병을 일으킨다는 사실 이외에도, '자살씨앗'으로 생산하는 몬산토의 Bt 면화 도입 이후 주로 부채 문제 때문에 농민의 자살이 눈에 띄게 증가한 인도의 경우[183]만 보아도 분명히 알 수 있다.

3. GMO 천국인 오늘날 한국 상황과 그 역사적 배경

GMO와 관련된 오늘날 한국의 상황은 어떤가. GMO의 본질과 해악에 관해 남들보다 먼저 깨닫고 GMO 추방운동을 외롭게 앞장서서 벌여온 여러 선각자들 덕분에 GMO에 대한 세간의 경각심은 과거에 비해 많이 높아진 편이다. 그러나 이 글을 쓰고 있는 필자가 앞에서

옮김, 도서출판 길, 2009, 97쪽 참조.

182 위의 책, 151쪽.

183 Vandana Shiva, op.cit., pp.287-296.

부끄러운 고백을 한 데에서도 잘 나타나듯이, 어떤 분야의 경우이건 간에 이른바 지식인이라는 이들부터 GMO에 대해 너무도 안이한 태도를 지니고 있을 뿐만 아니라 대단히 무지한 것이 엄연한 현실이다. 적어도 필자의 경험에서 보자면 그렇다. 그래서 GMO 추방운동의 선구자인 김성훈 선생의 다음과 같은 질타는 비단 '진보 진영'뿐만 아니라 모든 분야의 진보와 보수가 무차별로 받아 마땅한 것이라고 생각한다.

김성훈 : 진보운동을 하는 사람들은 환경도 모르고 농업도 몰라요. '생명 문맹'이라 할 수 있을 정도예요. 또 음식에 대해서는 아무것도 몰라요. 이건 진보가 아니에요. 나는 우리나라 진보들 다 들으라고 이야기하고 싶어요. 진보야말로 환경과 농업과 식량과 밥상에 대한 것을 생각해야죠. 그게 민생이죠.[184]

"세계에서 미국 다음으로 1인당 GMO 소비가 제일 많은 우리나라 국민들(1인당 42kg/년), 세계 제1의 식용 GMO 수입국이라는 불명예"[185]가 바로 오늘날 한국인이 무엇을 먹고 생활하는지를 단적으로

---

184 김성훈·이해식·안철환(좌담), 『서울을 갈다』, 들녘, 2013, 12쪽.
　　김성훈 선생은 2015년 12월 2일 환경재단 레이첼카슨홀에서 있은 〈GMO와 화학농법으로부터 안전한 밥상 지키기〉라는 제목의 강연에서 '의식주'가 얼마나 잘못된 말인지를 지적한 바도 있다. 인간에게 본질적으로 중요한 순서로 말하자면 '식주의'가 맞다는 것이다. 전적으로 공감한다.
185 김성훈, "'불량식품 추방' 박근혜, GMO는 왜? : 본산지에서 보고 들은 GMO 식품의 유해성", 〈프레시안〉, 2016.7.24., 〈http://www.pressian.com/news/article.html?no=139399〉, (2016.12.18).

보여준다. 그러나 사실 이런 수치들은 실감을 주지는 못한다. 우리의 일상과 함께하고 있는 대표 GMO 식품의 목록을 보면 저 수치들이 무엇을 의미하는지 어렵지 않게 짐작할 수 있다.

1. 소주·막걸리 : 소주와 막걸리에 들어가는 인공감미료 '아스파탐'은 유전자조작 박테리아로 만든 GMO 식품이다. GMO 옥수수로 만든 전분당도 들어간다.

2. 육류·유제품 : 사료용으로 수입된 옥수수는 100% GMO이기 때문에 고기나 유제품에도 GMO 성분이 농축되어 있다. 최근에는 GMO 성장호르몬에 대한 우려도 있다.

3. 감자칩 : 감자는 역사상 두 번째로 상용화된 GMO 작물이다. 감자 비중이 90%가 넘는 시중 감자칩은 대부분 미국산 감자로 만들어지고 GMO 식용유를 사용한다.

4. 간장 : GMO 콩으로 만들고, 콩기름을 만들고 남은 콩깻묵으로 간장을 제조한다.

5. 참치 통조림 : GMO 캐놀라유와 GMO 면화유를 사용한다.

6. 두유 : GMO 콩을 사용할 가능성이 높고, GMO 옥수수와 콩으로 만든 기름을 첨가한다.

7. 빵·과자 : 빵과 과자를 만드는 데 들어가는 마가린, 쇼트닝 등 식물 유지기름과 액상과당에는 GMO 옥수수가 사용된다.

8. 토마토케첩·소스 : 토마토는 역사상 최초로 상용화된 GMO 작물이다. 미국산 가공식품일 경우 GMO일 가능성이 높다. 케첩의 식품 첨가물인 잔탄검은 GMO이다.

9. 올리고당·물엿 : 옥수수가 주원료이며 GMO 옥수수 사용 가능성

이 높다. 과자나 빵 등 2차 가공에도 사용된다.

10. 시리얼 : GMO 옥수수 가루를 사용한다.

11. 탄산음료·아이스크림 : GMO 옥수수로 만든 액상과당이 들어간
다.

12. 캐놀라유 : 우리나라에 수입되는 캐놀라유는 100% GMO이다.[186]

그런데 여기서 분명히 해두어야 할 점은, 위 식품들의 문제는 〈한
살림〉 등 유기농 식품을 만들고 유통하는 생활협동조합이 아니라,
GMO 농산물을 수입하여 그것으로 가공식품을 만드는 몇몇 대기업
의 식품에 해당한다는 것이다. 식품의약품안전처가 기업의 영업비밀
이라며 꽁꽁 숨겨왔으나 경실련 소비자정의센터(대표 김성훈)가 최근
대법원까지 가는 정보공개 소송을 하여 일부 공개된 업체별 GMO 수
입 현황에 따르면, 2011년부터 2016년 6월까지 5년 6개월 동안 CJ제
일제당, 대상, 사조해표, 삼양사, 인그리디언코리아 등 5개 업체가 대
한민국에 존재하는 식용 GMO 농산물의 99%를 수입했고, CJ제일제
당이 341만 톤 수입해서 전체의 약 32% 차지했다는 사실이 드러났
다.[187] "우리나라 사람들이 GMO를 먹기 시작한 시점은 1996년으로

---

186 이동호, 「21세기 바벨탑, 지엠오(GMO)」, 『귀농통문』79호, 2016년 가을, 144–
145쪽.
얼마 전 내가 즐겨 보던 〈삼시 세 끼〉라는 인기 프로그램에서 요리를 잘 하는
한 유명 배우가 전을 부치기 위해 국내 최대 식품기업의 캐놀라유를 그 상표까
지 버젓이 내놓고 사용하는 장면을 보고 말문이 막힌 적이 있다. 그 배우는 물
론이요 이 프로그램을 만드는 연출자나 작가 모두가 'GMO 문맹'이라는 것을
보여준 충격적(!) 장면이었다. 이게 바로 한국의 현실이다.

187 "업체별 GMO 수입현황 공개", 〈경제정의실천연합〉, 2016.9.21., 〈https://ccej.

추정"[188]되는데, 그렇다면 한국인들이 얼마나 오랫동안, 얼마나 많은 GMO를 먹어왔다는 것인가.

저런 GMO를 날마다 먹고 생활하는 한국인들에게 어떤 재앙이 닥치고 있는지는, 오로지 돌세네 선생이 오랜 미국 생활을 접고 귀국하여 한국이 처한 GMO 현실을 보고 경악하고 분노하여 쓴 책의 제목 "한국의 GMO 재앙을 보고 통곡하다"가 웅변한다. 그는 이 책에서, 선천성 기형, 불임증, 자폐증, 성조숙증, 소아암, 유방암, 전립선암, 아토피, 뇌졸중, 치매, 파킨슨병, 불면증, 만성피로증후군, 갑상선암 등등, 한국에서 급증하는 34가지 질병이 GMO와 어떤 밀접한 연관성이 있는지를 면밀히 입증한다.[189]

어쩌다 한국인들이 이렇게 독성 식품에 무감각해지게 되었을까? 그것은 물론 무엇보다도, 사람들이 그렇게 나쁜 음식을 먹고 있다는 사실을 몰랐기 때문일 것이다. 그러나 그보다 근본적인 문제는, 누구라 할 것 없이 식탐이라 할 만큼 음식에 욕심을 내면서도 정작 자기가 먹는 것이 어떤 것인지, 그것이 어디서 온 것인지에 관해 관심이 없기 때문이 아닐까. 이것은, 음식이 땅과 하늘의 흙과 물과 바람과 햇볕, 그리고 그 신성한 힘에 순응하고 의지하는 인간의 노동이 아니라, 돈과 공장과 기계와 '과학'으로부터 나온다는 사람들의 의식−무의식이 그 근본 원인이 아닐까.

앞서 확인했듯이, 한국에 GMO가 수입되기 시작한 것은 1990년

---

or.kr/index.php?document_srl=1154776〉, (2016.12.18).

188 이동호, 앞의 책, 140쪽.

189 오로지 선생은 자신의 이 책의 전자 파일을 인터넷 포털사이트를 통해 무료로 배포했다. 그의 절실한 진심을 충분히 느낄 수 있다.

대 중반이지만, 세계에서 유례가 없는 1960-70년대 박정희 정권 당시 한국의 급속한 산업화 드라이브는 공장에서 쏟아내는 갖가지 가공식품으로 한국인들의 식생활을 근본적으로 바꾸어놓기 시작했다. 그러나 이 산업화가 가져온 변화는 오히려 농업 자체에서 더 컸다. 그것은 쌀을 주곡으로 하는 한국에서 1976년에 이루어진 쌀 자급자족의 '녹색혁명'이 어떤 치명적 대가를 치르고 가능했는지를 보면 여실히 드러난다.

1970년대에 미국이 대외 식량 원조 정책을 상업적 수출 정책으로 바꾸면서 한국 농업에도 큰 변화가 나타났는데, '녹색혁명형 농업에 의한 주곡 증산 정책'이 자리 잡게 된 것이다. 이 과정은 녹색혁명형 농업을 통한 미국식 농업 개발 모델이 도입되는 과정이기도 했다. 이는 '식량 자급'에서 '주곡 자급'으로 정책이 후퇴한 것을 의미하였고, 녹색혁명형 농업의 도입은 비료와 농약 등 외부 자재에 대한 의존성을 높이는 것이었다. 당시 다수확품종으로 도입된 통일벼는 시장에서 선호 받지는 못했지만, 농민들은 정부의 강압에 의해서 재배하지 않을 수 없었다. 모판이 뒤엎이는 사태를 모면하기 위해서 재배한 통일벼는 정부의 수매에 의존하지 않을 수 없는 구조가 되었다. 그나마 정부가 수매하면 시장가격보다는 높게 받을 수 있었던 것이다. 다수확품종을 재배하는 과정에서 화학비료와 농약에 대한 의존은 높아질 수밖에 없었다. 1970년 ha당 162kg이었던 화학비료 사용량은 1980년에는 285kg으로 늘어났고, 농약 사용량은 1970년의 1.6kg에서 1980년에는 5.8kg으로 늘어났다. 특히 1970년대 이후 농약 사용량이 가파른 상승세를 보인 것은 녹색혁명형 농업의 보급과 함께 이농이 가속화되

고, 그에 따른 노동력 부족 문제를 제초제 사용으로 해결한 결과이기
도 하다.[190]

당시 녹색혁명의 본질과 문제점을 일목요연하게 알 수 있다. 그럼에
도, 박정희 정권의 공과에 관한 이견이 크다 할지라도 특히 이 녹색혁
명만은 높이 평가받아 마땅하다거나 최소한 당시로서는 불가피한 농
업 정책이었다는 것이 진보와 보수를 막론한 여러 사람의 생각인 것
같다. 그들의 공통된 논리는, 녹색혁명의 문제들을 위와 같이 지적하
는 것 역시 '결과론'이라는 것이다. 그러나 이러한 생각이야말로 근본
적으로 잘못된 것이다. 1977년 무렵에 이미, 녹색혁명에 내재한 반
(反)생명의 본질을 간파하고, 지역 자연의 특성에 맞는 소농-유기농
의 농업 중심으로 나라의 경제를 운용해야 한다는 '생명사상'을 무위
당 장일순 선생 같은 선각자들이 펼치면서 실천 활동을 벌이고 있었
기 때문이다. 이와는 대조적으로 '농업 근대화'의 기치를 내건 녹색혁
명이 허울과는 달리 사실은 공업화를 위해 농업을 희생하는 정책일
뿐이었다.

이석제 : 각하, 국가 근대화란 뭐를 어떻게 한다는 말입니까?
박정희 : 이론상으로는 복잡하고 나도 잘 모릅니다. 하지만 쉽게 해석
하자면 농업사회를 뜯어 고쳐서 공업화를 추진한다는 정도로 생각하
면 이해가 쉬울 거요. 우리나라 인구가 3천만인데 언제 농사를 지어서
국민들의 배를 불리겠소. 농토에 매달리는 농민들을 공장으로 끌어내

---

190 윤병선, 『농업과 먹거리의 정치경제학』, 울력, 2015, 158쪽.

어서 소득을 높여 주는 국가시스템을 잘 연구해 봅시다.

이석제 : 공장을 지을 돈은 어디서 조달합니까?

박정희 : 가진 게 없다고 굶어죽을 수는 없으니까 우선 급한 대로 돈 있는 집에 가서 돈을 좀 빌려다가 장사를 해서 갚으면 될 게 아니오……너무 걱정 맙시다. 미국문제도 잘 해결될 거요. 앞으로는 일본이 있잖소.[191]

주곡인 쌀만이라도 자급한 것조차 일회성으로 끝나고 만 것이 당시 한국 녹색혁명의 본질을 여지없이 보여준다. 1970년에 곡물 자급률이 쌀 93.1%, 전체 80.5%였던 것이, 1976년에는 쌀만은 자급이 되었다가, 1980년에 쌀 95.1%, 전체 56%로 떨어지더니, 이 하락 추세가 급속히 지속되어 2013년에 이르면 쌀 89.2%, 전체 23.1%에 이르게 된다.[192] 그런데 앞에서 살펴보았듯이, 당시 한국 녹색혁명의 배후에는 다른 나라의 경우와 마찬가지로 미국의 거대 기업 권력이 있다. 그리고 이 기업 권력이 주도하는 녹색혁명은 전 세계 '유전자혁명'의 전초전일 뿐이었다. 최근 언론에 보도되어 충격을 주었듯이, 이미 세계 최

---

191 조갑제, 『내 무덤에 침을 뱉어라3』, 조선일보사, 1998, 289쪽.

192 윤병선, 앞의 책, 162쪽.
'산업화를 위한 농업 희생 전략'은 박정희 정권에서 시작해서 김대중 정권과 노무현 정부를 포함하여 현 정권에 이르기까지, 그야말로 보수와 진보를 막론하고 본질적 차이 없이 진행되어 왔다. 최근 충청남도 지사 안희정이 쌀값 하락을 막기 위해 내년도 쌀 생산을 줄이자는 해법을 내놓아 농민들의 격심한 반발을 산 사실을 보라.
"쌀 생산 줄이자는 안희정, 농업도인 충남도 수장 맞나", 〈오마이뉴스〉, 2016.12. 16., 〈http://www.ohmynews.com/NWS_Web/View/at_pg.aspx?CNTN_CD=A0002271139&CMPT_CD=P0001〉, (2016.12.18).

대의 식용 GMO 수입국인 한국은 쌀을 포함한 GMO 시험 재배 허가 면적이 348 시험포장 단지 20만 9876제곱미터에 이르고, GMO 옥수수가 자라고 있는 곳은 전국 290여 군데에 달한다.[193] 한국이 GMO 천국이 되어버린 역사의 과정이 자명하지 않은가. 이러한 상황이 지속되기를 바라는 자들은, 음식이 땅과 하늘의 흙과 물과 바람과 햇볕, 그리고 그 신성한 힘에 순응하고 의지하는 인간의 노동이 아니라, 돈과 공장과 기계와 '과학'으로부터 나온다는 사람들의 의식-무의식을 더욱 강화하고자 한다. 또한 물론 무엇보다도, 사람들이 그렇게 나쁜 음식을 먹고 있다는 사실을 계속해서 모르게 만들고자 한다.

4. 〈판도라〉의 희망—신성한 토종 씨앗 지키기, 오래된 미래 로 돌아가는 길

최근 개봉된 〈판도라〉를 온 가족이 보고 왔다. 내가 함께 보자고 했다. 별로 내켜 하지 않는 딸들의 반응이 아니더라도, 나 자신이 영화를 보면서 얼마나 불편할지 예상 못 하는 바가 아니었다. 그러나 꼭 가족과 함께 보아야 할 것 같았다. 영화 말미 30분 정도는 온 가족이 눈물을 끊임없이 훔쳐가며 보았다. 영화관에서 나오고 나서 내가 처음 한 말은 "이 영화 보기 운동을 해야 할 것 같다"는 것이었다. 무엇보다도 그 자체가 아주 효과적인 탈핵 운동이 될 것 같았기 때문이다

---

193   이동호, 앞의 책, 145쪽.

(이 영화에 대해 아쉬움을 표하는 여러 견해가 있는 것을 안다. 그러나 예컨대 이 영화의 마지막 장면 때문에 핵발전의 근본적 위험성에 대한 사람들의 경각심이 무너져버릴 것 같지는 않다. 이 영화의 개봉을 계기로 탈핵을 전면적으로 공론화하는 데 힘쓰는 것은 영화를 본 사람들의 몫이라 생각한다). 불편함과 막연한 두려움을 우리가 함께 이겨내고 나니 모두 용기가 조금 더 생긴 것 같았다.

마찬가지로, GMO 문제를 해결하기 위해서는 먼저 무엇이 GMO인지를 정확히 알아야 한다. GMO 문제를 불편하게만 느끼고 막연한 두려움을 가져서는 안 된다. 그 첫걸음은 'GMO 완전표시제'를 도입해서 우리가 날마다 먹는 음식에 GMO가 얼마나 어떻게 포함되어 있는지를 확인할 수 있게 하는 것이다. 왜 이 제도가 중요한가?

한국도 GMO 표시제를 시행하고 있다. 하지만 GMO로 만든 대부분 식품에 이 표시가 없다. 면제조항 때문이다. 현재 국내에서 식용 GMO의 대부분은 가공식품 원료로 사용된다. 이들 가공식품에 외래 유전자나 단백질이 남아 있지 않으면 GMO 표시가 면제된다. 콩기름과 감미료가 그 대상이다. 원료 함량 5순위 내에 GMO가 포함되지 않으면 역시 표시가 면제된다. 그래서 빵, 과자, 음료수 등 전분 함유 식품, 그리고 두유, 이유식, 소시지 등 콩 단백질 함유 식품에 GMO 원료가 사용됐더라도 표시되지 않을 수 있다.[194]

GMO의 본고장 미국의 소비자 90% 이상이 GMO 완전표시제를

---

194 위의 책, 141쪽.

원하고[195], "EU 국가들에서는 GMO 재배를 금지하고 식용사용을 제한하며 그 생산과 가공, 소비를 억제하고 완전표시제를 실시"하며, "작년 러시아 정부는 GMO의 생산, 수입, 판매를 테러범에 준하는 형벌로 다스린다는 국회 결의"에 따라 엄격한 GMO 추방 정책을 펴고 있고, "필리핀 대법원은 최근 국민의 건강과 토양 및 환경생태계 보호를 위해" "수입을 중단시키고 국내에서의 GMO 작물실험마저 못하게" 하였으며, "남미의 베네주엘라 의회 역시 새로운 종자법을 제정공포하여 GMO 종자의 보급을 획책해오던 몬산토 사와 신젠타 사의 자국내 식품 종자 산업 침투를 원천적으로 봉쇄"하였고, "지난 2월 대만에서는 린슈펀이 이끄는 민진당 정부가 학교급식에 GMO 작물이 포함된 어떤 식품도 어린 학생들에게 공급해서는 안 된다고 GMO 금지법을 제정, 공포"했으며, "현재 세계적으로 64개국이 넘는 나라에서 유전자조작 종자와 식품 보급을 법적으로 규제"[196]하고 있다는 사실은 무엇을 말해주는가? 핵발전뿐만 아니라 GMO 문제에서도 한국은 세계의 추세와 정반대의 길을 가고 있다. 탈핵과 탈GMO는 당위일 뿐만 아니라 거스를 수 없는 세계의 추세이기도 하다. 만시지탄이 없지 않지만 다행스러운 것은, 지난 2016년 10월 31일에 경실련 소비자정의센터를 비롯한 몇몇 단체가 "GMO완전표시제 도입을 위한

---

195 김성훈, "'불량식품 추방' 박근혜, GMO는 왜? : 본산지에서 보고 들은 GMO 식품의 유해성", 〈프레시안〉, 2016.7.24., 〈http://www.pressian.com/news/article.html?no=139399〉, (2016.12.19).

196 김성훈, "박근혜 정부, GMO에 제초제도 국민 입에? : 러시아·필리핀도 GMO 엄격 통제하는데…", 〈프레시안〉, 2016.3.6., 〈http://www.pressian.com/news/article.html?no=133801〈br〉〈br〉〈br〉이러한〉, (2016.12.19).

17만 소비자 서명"를 국회에 전달에 전달하면서 한국에서도 GMO 추방운동의 중요한 계기가 마련되었다는 점이다.[197]

반다나 시바를 비롯한 세계의 여러 종교 지도자와 현자들의, 자연이 준 '신성한 씨앗'에 관한 간절한 기도와 명상의 작은 글들을 모은 이 경건하고도 아름다운 책의 번역자로서, GMO 문제를 장황하게 다룬 이유를 독자들이 조금은 이해해 주시리라 믿는다. GMO 추방과 신성한 토종 씨앗 지키기는 똑같은 일이다. 이 책의 필자뿐만 아니라 추천사를 써준 분들[198] 면면의 그 다양함 자체가, 자연이 주는 '신성한 씨앗'은 결코 환원주의 따위로 설명될 수도 조작될 수도 없음을 자연스럽게 말해주지 않는가(다만 한국인 필자가 한 분도 포함되어 있지 않은 것이 아주 섭섭한 일이기는 하다). 책 맨 뒷면에 더없이 귀한 추천사를 써주신 세 분 선생님들의 면모 역시 이 책에 담긴 이러한 정신과 영락없이 닮았다. 세 분 모두 농사를 정말 사랑하고 즐기시는 농사의 달

---

197 "소비자 알 권리, 선택할 권리를 위해 GMO완전표시제 도입하라!", 〈경제정의실천연합〉, 2016.10.31.,
〈https://ccej.or.kr/index.php?mid=board_1_1&search_keyword=GMO&search_target=title&document_srl=1155372〉, (2016.12.19).

198 예컨대 이 책의 추천사 필자 중 한 사람인 빌 맥키번은, 지난 미국 대선에서 신선한 돌풍을 일으켰던 버니 샌더스가 힐러리 지지의 조건으로 자신에게 주어진 민주당 정강정책위원회 15인 중 5인 가운데 한 사람으로 추천한 환경운동가이기도 하다. 샌더스의 정치적 지향을 짐작할 수 있는 대목이다. 그가 미국 대통령이 되었다면 어떤 일이 벌어졌을까?
"'완주 뜻' 샌더스, 오바마 만난다", 〈경향신문〉, 2016.6.8, 〈http://news.khan.co.kr/kh_news/khan_art_view.html?artid=201606081651001&code=970201〉, (2016.12.19).

인들이지만, 오랫동안 정농회의 지주 노릇을 해온 김준권 선생은 루돌프 슈타이너가 서양의 오랜 농사 전통을 바탕으로 정립한 '생명역동농법'에 바탕을 둔 농사를, 무위당 선생의 이야기를 모은 책 『좁쌀한 알』의 저자이기도 한 최성현 선생은 가와구치 요시카즈를 비롯한 일본의 자연농 스승들의 가르침에 바탕을 둔 자연농법 농사를, 그리고 텃밭보급소와 도시농업시민협회의, 안산 바람들이 농장과 온순환협동조합 등을 통해 도시인들의 농사를 연구하고 그 활동을 주도해온 안철환 선생은 도시농법 농사를 오랫동안 해온 분들이다(김성훈 선생 또한 강남 한복판 아파트 자택의 옥상에서 아주 많은 비닐 부대에 담긴 흙에 농작물을 키워 이웃들과 나눌 정도로 도시농업의 달인이다). 이 또한 '신성한 씨앗'의 다양성을 닮지 않았는가.

이 책에 실린 사진 중 일부는 전라남도 장흥의 어느 마을에서 평생 농사를 지어오신 어느 촌부께 아무 대가 없이 받은 것이다. 잠깐이나마 그 분 이야기를 하지 않을 수 없다. 이영동 선생이다. 이영동 선생은 고향에서 평생 농사를 지으면서 (도시 생활이라고는 광주와 서울에서 통틀어 두 달도 못 되게 지낸 것밖에는 없다고 한다) 장흥과 인근 지역 일대에서 토종 씨앗을 모으고 보관하고 연구하고 그것으로 실제로 농사를 짓는 일을 해온 분이다. 물론 이분은 농업 관련 공무원도 아니고, 누가 시켜서 하거나 누구에게 보수를 받고 그 일을 해온 것이 아니다. 이분이 이 일을 하게 된 기막힌 사연을 지금 이 지면에서 소개할 수는 없으나, 이분께 들은 한 가지 말씀만은 옮기지 않을 수 없다. 당신이 모은 토종 씨앗을 좀 더 잘 보관하고 연구해서 널리 보급하기를 바라는 마음으로 그것을 한 보따리 싸서 농촌진흥청 관리에게 가져다주었는데, 나중에 가보니 창고 한구석에 먼지가 쌓인 채로 처박아 두었더라는 것이다. "공무원들에게는 다시는 씨앗을 주지 않겠다고 결심했다"는 말씀을 할 때의 그 목소리와 표정을 잊을 수가 없다. 나는 장흥의 토종 씨앗 지킴이 이영동 선생의 농사와 그 마음에서, 우리가 GMO를 추방하고 살아남을 수 있는 '오래된 미래'로 돌아가는 길을 본다.

이 귀한 책을 '좁쌀한알 출판사'에서 내게 되니 이 또한 뜻깊다. 농부 작가 최용탁은 이렇게 말한다.

씨앗을 심어서 제일 많은 소출이 나는 농사는 좁쌀 농사다. 작디작은 좁쌀 하나가 수천수만 개 좁쌀이 되니 투입 대비 산출로 따지면 실로 노다지라고 하겠다. 금전으로 치면 100원을 투자하여 100만원쯤 얻는다고나 할까. 하지만 좁쌀 농사를 지어서 수지가 맞았다는 사람은 없다.[199]

좁쌀 하나가 수천수만 개 좁쌀이 되는 것 자체가 이미 자연의 신성한 축복이다. 그러나 이제는 농부가 좁쌀 농사를 지어도 수지가 맞는 세상이 되어야 한다. 그런 세상이야말로 씨앗의 신성함이 인간 삶에서도 구현되는 좋은 세상이다.

---

199 최용탁, 『사시사철』, 삶이보이는창, 2012, 80쪽.

10

온건강, 내가 만드는
인간 네 요소의 균형

◆◇◆

마이클 에번스·이언 로저, 『스스로 지키는 온건강 : 인지의학 입문』, 좁쌀한알,
2022

수많은 사람이 있는 것처럼 수많은 건강이 있다.

각자를 위한 그만의 건강이 있다.

Es gibt so viele Gesundheiten wie es Menschen gibt:

für jeden Menschen seine individuelle Gesundheit.[200]

루돌프 슈타이너

---

200 https://www.friedrich-husemann-klinik.de/ (프리드리히 후제만 클리닉 홈
페이지)
프리드리히 후제만(Friedrich Husemann, 1887-1959)은 독일인 의사이자 정신
의학자로 의과 대학생 시절에 루돌프 슈타이너를 만나 슈타이너의 인지학을
배워서 인지학에 기반을 둔 인지의학과 정신의학의 체계를 저술로 정리하고
정신과 치유 요양소를 지었다. 현재 '프리드리히 후제만 클리닉'이라 불리는 이
요양소는 독일 프라이부르크 인근의 부헨바흐(Buchenbach)에 있다.

1. 우리가 일상에서 경험하는 현대 주류 의학의 역설적 교훈

30대에 접어든 그는 사춘기 때보다도 더 심한 얼굴 염증으로 고민이 꽤 심했다. 큰 대학 병원의 피부과 전문의를 찾았다. 의사는 그의 얼굴을 잠깐 들여다보더니 아무 말도 묻지 않고 이렇게 말했다. "여드름이네요." '진료'는 30초도 채 안 되어 끝났고, 그는 무슨 약의 처방전 하나를 받았다. '여드름 환자'는 누구나 받는 '매뉴얼' 처방전이라는 걸 알았다.

60이 가까운 나이에도 그는 여전히 얼굴에 '여드름'이 잘 난다. 그러나 병원에 갈 생각은 안 한다. 오래전에 들은 '진단' 이상을 기대하지 않기 때문이기도 하지만, 자신의 경험과 성찰과 얼마간의 지식을 통해서도 얼굴 염증이 언제 심해지고 완화되는지를 웬만큼 알 수 있기 때문이다. 피부 건강과 긴밀히 연관된 비장과 장, 폐 등이 선천적으로 약한 데다 지성 피부의 체질을 타고났다는 점, 머나먼 대륙에서 바다를 건너기 전 방부제가 듬뿍 뿌려진 밀가루에 역시 그 대륙에서 온 원료로 만든 GMO 기름으로 잔뜩 범벅이 된 음식을 오랫동안 많이 먹어서 타고난 장기의 상태와 지성 피부가 악화되었다는 점, 그리고 무엇보다도 스트레스를 심하게 느낄 때 그 스트레스를 그대로 마음속에 품은 채 과음을 하면 얼굴 염증이 더 심해진다는 점이 그가 꽤 오랜 세월 자기 자신(의 변화 과정)을 관찰해서 스스로 얻은 진단의 일부이다(건강과 관련된 그의 자기 진단의 내용과 근거는 이보다 훨씬 많지만 생략한다).

그가 그동안 이런 진단에 따라 실천하니 분명히 효과가 있었던 얼굴 염증의 치료법을 정리해보았다. 첫째, 타고난 체질의 문제를 생각하면서 그 체질을 악화시킨 음식을 되도록 피하고 반대로 그 체질을 바람직한 쪽으로 변화시킬 수 있는 음식을 찾아서 먹는다. 둘째, 무엇보다도 스트레스를 스스로 관리하는 게 특히 중요하므로, 스트레스를 품은 채 과음하는 일은 최소한 하지 않도록 스스로 마음을 다스리려고 늘 노력한다. 셋째, 스트레스를 잘 관리하기 위해서뿐만 아니라, 타고난 체질의 약점 보완을 포함하여 건강을 구성하는 모든(I) 요소 사이의 균형(!!) 상태를 잘 유지하기 위해 산책과 요가 등 자신에게 맞는 운동과 수행(명상)을 날마다 규칙적으로 한다.

'그'가 경험한 현대 주류 의학의 진단과 처방의 본질이 그에게만, 그의 '여드름'만에만 해당하는 것이 아님은 우리 각자의 직간접 경험을 조금만 곰곰이 반추해보면 알 수 있다. 그 본질은 현대 주류 의학이 예컨대 암과 같은 '치명적' 질병을 다루는 데에서도 똑같이 볼 수 있다. 요컨대, 첫째, 현대 주류 의학은 특정 종류의 질병에 대한 미리 정해진 처방 매뉴얼이 있는데, 그것은 질병의 근본 원인을 찾는 방법이 아니라 증상에 대응하는 치료법, 즉 대증요법이다. 둘째, 환자를 대할 때 육체만을, 그리고 그 육체를 구성하는 물질만을 주목한다. 다시 말해 환자 육체의 물질적 구성의 특징에서 환자가 지닌 질병의 특징을 보고, 당연하게도 (역시 질병의 원인이 아닌 증상에 대응하는) 물질을 사용하여 질병을 치료하는 데 집중한다. 셋째, 환자가 질병을 갖게 된 개인사의 배경을 보기는 하되, 앞의 둘째의 관점에서만, 즉 환자 육체의 물질적 특징을 만들어낸 물질적 원인을 보기 위해서만 개인사의 배경에 관심을 둔다(그런데 이렇게 보자면, '그'의 '여드름' 진단과 치료에는 둘째와 셋째의 과정조차 처음부터 빠졌다).

'그의 여드름' 이야기를 매개로 한 위와 같은 현대 주류 의학 비평은 이 책 『스스로 지키는 온건강(Healing for Body, Soul and Spirit)』에서 설명하는 인지의학의 관점에 근거한 것이다. 그런데 이 비평의 관점 속에는 두 가지 요점이 있다. 하나는 우리가 평소에 잘 의식하지 못하는 중요한 사실인데, '주류 의학'이라는 말 자체가 암시하듯이 현대의 다른 분야와 마찬가지로 현재 주류인 의학 또한 여러 의학 가운데에서 '주류'가 된 데에 역사적 배경이 있고, 그 주류 역사의 시기도 사실은 그리 오래지 않으며, 당연하게도 절대적 선이 아니며 오히려 본질상 중대한 결함이 있다는 점이다. 또 하나는 이 점과 직결되는 것이고 이 책에서 특별히 강조하여 밝히는 점으로서, 인지의학의 취지는 현대 주류 의학이 나타나기 이전의 "과거로 돌아가는 것이 아니라 주류 의학을 확장하여 인간의 정신 면과 물질 면을 모두 고려"해서 주류 의학의 성취 또한 제자리를 찾아주고자 한다는 점이다.

2. 인지(의)학에서 보는 인간과 온전한 건강

인지의학과 주류 의학의 본질적 차이는 인간의 건강을 바라보는 관점에서 나타나고, 이것은 인간관의 근본적 차이에서 비롯된다. 즉, "주류 의학의 방법은 몇 가지 면에서 발전된 의술이 있지만, 질병을 종합적으로 이해하는 데 실패한 제한되고 물질주의적인 인간관에 기초"한 반면에, 인지의학은 "인간이 자기 자신을 앎으로써 정신적 지혜의 발전을 도모"하는 인지학(anthroposophy)에 바탕을 두며 이러한 발전이 온전히 건강해지는 방법을 찾는 길이기도 하다. 요컨대 오늘날의 주류 의학은 인간을 물질적 존재로 보는 반면에, 인지의학의 바탕이 되는 인지학에서는 인간을 정신적 존재로, 좀 더 정확히 말하자면 누구든 자기 자신을 제대로 알고자 하기만 하면 정신적 지혜를 발전시킬 수 있는 존재로 보며, 물질(육체)은 인간을 이루는 하나의 구성 요소이자 "물질적 형태를 띠고 나타나는 정신"[201]으로 본다.

인지학의 관점에서 볼 때, 오늘날의 주류 의학은 물질주의(=유물

---

201 루돌프 슈타이너, 『루돌프 슈타이너 자서전』, 장석길·루돌프 슈타이너 전집발간위원회 옮김, 한국인지학출판사, 2018, 371쪽.

론, materialism)에 기반을 둔다. 놀랍게도(?) 주류 의학의 '철학'은 유물론이다. 현대 의학이 물질주의 또는 유물론에 근거하여 주류가 된 역사적 상황을 이해하려면, 오늘날까지도 지배력을 행사하는 서양의 '19세기 문명의 사고방식'에 관해 인지학의 창시자인 루돌프 슈타이너가 어떻게 설명하는지를 보아야 한다. "정신적인 것이 실재한다는 사실"[202]을 안다는 특정한 의미에서 정신주의자라 할 수 있는 루돌프 슈타이너는 20대 후반 나이 시절에 이미 마르크스와 엥겔스 등 19세기 유물론에 근거한 사회주의자들 또한 연구했는데, 그가 보기에 "인류 역사에서 실제로 발전을 지탱하는 것은 바로 물질적·경제적인 힘이며 정신적인 것은 이런 '진정 실재하는' 하부구조의 관념적인 상부구조일 뿐이라는" "사회주의 이론가들의 이런 주장은 참된 현실에 대한 외면에 불과했다."[203] 그런데 그들의 이러한 물질주의 또는 유물론은 그들만의 전유물이 아니었고, 현대 의학까지도 지배한 이 시대의 주류의 세계관이었다.

그 물질주의 또는 유물론의 원동력이 바로 19세기 자연과학이었다. 슈타이너가 보기에 "19세기 문명에 큰 영향력을 발휘하기 시작한 자연과학"[204]은 그 이전 시대에 괴테가 도달한 높은 수준의 자연 인식에서 후퇴한 것이었다. "괴테는 사람과 세계 간에 정신에 부합하는 특별한 관계를 지어줌으로써 인간의 전 분야에 걸친 업적 가운데로 자연 인식이 차지하는 위치 또한 정확하게 바로잡을 수" 있었던 반면

---

202 위의 책, 163쪽.
203 같은 쪽.
204 위의 책, 124쪽.

에, 19세기 자연과학의 개념들은 무생물계, 즉 "죽은 것을 파악하는 데만 적합"[205]한 것이었다. 이러한 19세기 자연과학이 "도덕적·정신적인 것에 무관심한 이유는 간단"한데, "영혼이 깃들어 살아 있는 사람과 결합된 것이" 이 자연과학의 관점에서는 "시체에서 보듯 본래의 그 결합과 분리되어 있기 때문이다."[206] 그래서 19세기 자연과학은 도덕적·정신적인 것에 관심을 두기는커녕 더 나아가 생명현상을 기계의 원리에 지배받는 것으로 이해했다. 아래 인용문은 슈타이너가 이전에 자신이 기고한 글을 자서전에서 인용한 대목인데, 여기에는 오늘날 주류 의학의 근거가 된 19세기 자연과학의 본질에 대한 슈타이너의 통찰의 핵심이 있다.

우리의 자연관은 생명 없는 자연현상을 설명하는 데 사용하는 것과 동일한 법칙에 의거하여 유기체의 생명을 설명해야 한다는 뚜렷한 목표를 향해 나아가고 있다. 기계적, 물리학적, 화학적 법칙성을 동물체 및 식물체에서도 추구한다. 비록 그 형태가 끝도 없이 복잡해서 우리가 알아내기 어려울 뿐, 기계를 지배하는 것과 같은 종류의 법칙이 유기체 안에서도 작동하고 있다는 것이다. (…) 생명현상에 대한 기계론적 해석이 점점 더 확산되고 있다. (…) 기계적론 해석이 한계에 부닥치면, 그들은 우리에게 그 일은 해석할 수 없다고 말한다. (…) 우리의 자연과학적 사고는 우리의 자연과학적 경험에 비해 전적으로 뒤처져 있다. 오늘날 사람들은 과학적 사고를 몹시 치켜세운다. 그들은 우리가

205 같은 쪽.
206 위의 책, 269쪽.

과학의 시대에 살고 있다고 말한다. 하지만 이 과학의 시대는 이제껏 역사에 기록되어 온 시대 중에 가장 빈곤한 시대이다. 사실 자체와 사실의 기계적인 해석에 매달리는 것이 이 시대의 특징이다. 이런 사고 방식으로 생명을 이해할 수는 없다. 왜냐하면 생명을 이해하는 데에는 기계를 해석하는 것보다 더 고차적인 표상 방식이 요구되기 때문이다.[207]

1897년 당시의 상황에 대한 슈타이너의 엄중한 진단을 오늘날의 상황에 적용해본다면 어떨까? 인공지능과 메타버스가 상징하듯, 인간을 포함한 모든 생명현상을 물질주의와 기계론적 사고방식으로 보는 것이 일반적으로 훨씬 더 극단화되지 않는가? 19세기 말 당시의 문명을 지배한 자연과학의 세계관과 그것에 기초한 물질주의의 인간관이 점점 더 지배력을 확장한다는 통찰의 이면에는 이러한 물질주의와 대척되는 슈타이너의 정신주의적 우주관·세계관·인간관이 있다. 그가 볼 때 "인간 유기체가 그 조직 방법이 달라지는 데 따라", 다시 말해 인간 육체의 물질 구성과 조직의 방법이 달라지는 데 따라 "유기체에 스며든 정신적·영혼적 본성과 서로 다르게 연결"[208]된다. 물질이 정신의 표현이라는 말이 뜻하는 바가 이것이다. 슈타이너가 자신의 인간학에서 쓰는 ("동양의 "기(氣)"에 해당하는"[209]) 에테르체와 (별을 의미하는) 아스트랄체라는 말은 인간을 구성하는 서로 다른 층

---

207 위의 책, 397-398쪽.

208 위의 책, 487쪽.

209 루돌프 슈타이너, 『초감각적 세계 인식』, 양억관·타카하시 이와오 옮김, 물병자리, 1999, 14쪽.

위의 정신 영역의 요소를 지칭하는 용어이다.

우리는 조직 형태에서 생명 활동을 발견하며, 거기서 에테르체의 관여를 확인한다. 우리는 느낌과 지각을 담당하는 기관들을 발견하며, 거기서 신체 조직을 통해 아스트랄체를 확인할 수 있게 된다. 나의 정신적 통찰 앞에는 이와 같이 인간의 본질을 구성하는 에테르체, 아스트랄체, 자아 등의 요소가 정신적으로 존재했다.[210]

물질의 성질만으로 인간과 인간의 건강을 설명하는 것은 불가능할 뿐더러 오히려 물질로 표현되는 인간의 육체에서 인간의 정신적 요소의 활동을 본다는 것이다. 생명현상이라는 면에서 인간과 공통성을 지니는 "식물과 동물의 유기체는 똑같거나 거의 같은 화학적 조합으로 되어 있지만 어마어마하게 다양한 형태를 보여준다"[211]는 사실에서도, 물질의 속성만으로 인간을 비롯한 생명현상을 설명하는 것이 근본적으로 잘못된 것임을 확인할 수 있다. 슈타이너가 인간의 정신적 요소를 설명하기 위해 도입하는 에테르체와 아스트랄체 같은 용어의 개념을 우리가 자연스럽게 받아들이지 못한다면, 그것은 우리의 사고방식이 물질주의적 인간관에 그만큼 철저히 갇혔기 때문이라고 볼 수도 있다. 위에서 슈타이너가 묘사하는 인간의 모습을 이 책

---

210 루돌프 슈타이너, 『루돌프 슈타이너 자서전』, 장석길·루돌프 슈타이너 전집발간위원회 옮김, 한국인지학출판사, 2018, 487쪽.

211 Fridrich Husemann, *Das Bild des Menschen als Grundlage der Heilkunst: 1.Band – Zur Anatomie und Physiologie* (Dresden: Verlag Emil Weisesbuchhandlung, 1941), p.36.

에서는 의학적으로 어떻게 부연하면서 인지의학의 본질을 설명하는
지 보자.

인지의학의 주된 목표는 환자의 자연 치유력을 자극하는 것이다. 이
치유력은 물질 육체를 유지하고 부패를 막는 생명력이다. 이 힘은 슈
타이너가 에테르체라고 부른 일군의 비물질의 형성력으로 이루어지
고 성장과 영양 공급에 특히 작용한다. 인간은 의식을 지닌 존재이기
도 하여 환경을 의식하면서 감정으로 반응한다. 이러한 의식은 아스
트랄체라고 불리는 제삼의 육체를 지니는 데에서 나오는데, 아스트랄
체는 신경계에서 특히 작용한다. 마지막으로, 인간은 자기 자신을 독
립적인 의식적 존재로 알고 내적으로 변화시키는 힘을 지닌다. 이것
은 인간이 지닌 네 번째 요소, 즉 정신의 핵인 자아(I)를 가리키는데,
이것은 근육 활동과 피를 통해 특히 나타난다. (⋯⋯) 인지의학 의사는
이 네 가지 면이 서로 관계 맺는 방식을 통해 질병을 이해하려고 한다.
(⋯⋯) 좋은 건강은 이러한 (에테르체의 축적의 힘과 아스트랄체의 분해 작
용의-필자) 상반된 경향이 평형 상태를 유지하는 데 좌우된다. (강조는
인용자)

에테르체가 개개인의 체질과 주로 연관된 정신 요소이고, 아스트
랄체는 성격과 주로 연관된 정신 요소라고 한다면, 자아는 이 두 가
지에 후천적 카르마가 더해져 형성된 정신 요소라고 할 수 있지 않을
까. 물질 육체와 더불어 이러한 세 가지의 정신 요소를 가지고 인간
을 바라보는 인지학에 기반을 두는 인지의학이 인간의 물질 면만을
주목하는 현대의 주류 의학과 전혀 다른 치료법을 가지고 있으리라

는 것은 너무도 쉽게 짐작할 수 있다. 예컨대 인지의학에서 활용하는 중요한 치료법인 동종요법의 원리는 "주류 의학에서 사용하는 방법, 즉 물질 육체의 화학적 성질과 기능에 직접 영향을 미치는 특정 화학물질의 사용을 일반적 목표로 삼는 대증요법과" "정반대이다." 대증요법은 "증상에 맞서는 효과를 낳는 약을 사용하는 것으로서, 질병이 지나치게 많은 염증으로 여겨지는 것과 관련되면 그 염증을 줄이는 치료가 이루어지고, 인슐린이 너무 적으면 인슐린을 더 많이 투여하거나 몸이 인슐린을 더 많이 만들어내도록 자극하는 약이 사용"되는 데 반해 (위에서 '그'가 피부과 전문의에게 받은 처방이 바로 그런 것이다), 동종요법에서는 '효능화(potentisation)'라는 특수한 작업으로 만든 (물질로 된) 약을 쓰되 그 약의 구실은 인간의 정신 요소 가운데 특히 생명 요소인 에테르체에 행위를 가하여 에테르체의 치유 작용을 자극하는 것이다.

3. 이 책이 우리에게 주는 것

이 책이 오늘과 내일의 한국 독자에게 실제로 의미하는 바는 무엇일까? 필자가 아는 한 한국에는 인지의학을 가르치는 정규 교육기관도 없고 인지의학 의사도 없다. 이런 상황에서 인지의학에 아무리 관심이 있다 할지라도 실제로 인지의학 진료의 혜택을 받을 방법은 사실상 없다. 이 책을 번역하면서도 이 점이 고민이었다. 그렇다면 이 책에서 소개하는 인지의학이 한국 독자들에게는 그저 그림의 떡일 수밖에 없는 것일까? 그렇지 않다고 생각한다.

이 책은 위에서 살펴보았듯이 무엇보다도 주류 의학을 지배하는 물질주의의 인간관과 그 인간관이 배태한 치료법의 결함과 근본 문제에 관해 성찰하게 해준다. 더 일반화하자면, 우리 사회의 각 분야를 지배하는 '주류'의 관점을 비판적으로 바라볼 수 있는 자극제를 제공한다. 의학만 하더라도 수천 년의 역사를 가진 한의학마저 암묵적으로 또는 아예 대놓고 비주류로 취급하면서 깔보는 태도를 서양의 현대 주류 의학을 전공한 한국 의사들에게서 드물지 않게 보지 않는가? 이것은 현대 주류 의학의 본고장이라 할 수 있는 독일이 동종요법을 낳은 나라이기도 하다는 사실, 그리고 독일에서 3500여 종의 동종요법 서적이 발간되었다는 사실과 극명하게 대비된다.[212]

둘째, 그래서 이 책은 현대 주류 의학에 비판적 거리를 두게 함과 동시에 우리의 전통 의학의 가치도 새로이 생각하게 한다. "치료는 유사한 것으로만 가능하다는 의미"로 "히포크라테스가 기원전 400년에 한 말을 독일의 화학자이자 약학자, 의사인 사무엘 하네만이 약 200여 년 전 진료에 적용할 수 있도록 체계화한 것이 동종요법"[213]이라는 설명에서 알 수 있듯이, 동종요법은 한 서양인이 자기네의 고대 의학을 독창적으로 계승하여 창안한 일종의 혁신 전통 의학이고, 앞서 말했듯이 인지의학은 이 동종요법을 인지학의 관점과 체계 속에서 수용하고 활용한다. 『주역』의 사상 원리(四象原理)에 바탕을 두고 같은 질병이라도 환자 개인의 체질에 따라 처방을 달리해야 한다는 독창적 의학 이론과 진료 방법을 세운 이제마의 사상의학이 독일의

---

212 최혜경, 『유럽의 대체의학 정통 동종요법』, 북피아, 2016, 11쪽.
213 위의 책, 25쪽.

동종요법처럼, 그리고 동종요법을 활용하는 인지의학처럼 후대의 한 국인에 의해 발전적·혁신적으로 계승되었는가? 동종요법의 유사성의 원리가 '이열치열'이라는 동양의 지혜와 유사하다는 설명[214]에서 암시 받듯이, 19세기 이래 현대 의학이 주류로 지배적 위치에 오르기 전에 는 동서양을 막론하고 계승되고 존중된 고대 지혜의 핵심에 공통점 이 있었다. 그 동서양 공통의 지혜를 우리야말로 되찾고 되살려야 한 다는 절박한 문제의식을 이 책이 우리에게 느끼게 해준다.

셋째, 앞서도 말했듯이, 이 책에서 소개하는 인지의학은 인지학에 바탕을 두는 것으로서 무엇보다도 인간으로서 우리가 우리 존재의 본질에 관해 근본적으로 성찰하는 기회를 준다. 주류 의학의 대증요 법으로 표현되는 물질주의의 인간관 아래에서는 인간의 본질에 대한 성찰, 그 본질에서 나오는 개개인의 고유한 건강 문제에 대한 특수한 치유 방법의 탐색이 근본적으로 있을 수 없다. 이것은 우리가 거대한 병원 건물에 들어갈 때 기계적 매뉴얼에 따라 진료를 받으면서 경험 하는 위축감과 소외감이 반증하는 사실이다. 병원에 들어가면 모든 환자가 매뉴얼에 따라야 하는 진료의 '대상'이 될 뿐, 개개인의 고유 성, 개개인의 고유하고 특수한 건강의 지표와 치유 방법을 알기 위한 의사·간호사와 환자 사이의 제대로 된 대화는 없다. 이와는 판이하 게도, 이 책에서 강조하는 것처럼 인지의학에서는 의사·간호사·상담 사와 각 분야의 치료사가 환자 개개인과 나누는 깊은 대화를 환자의 치료에서 절대적으로 중시한다. "동종요법의 진료는 대화에서 시작한

---

214 위의 책, 24쪽.

다"215는 말의 의미도 이와 마찬가지의 맥락에서 이해하면 된다. 이런 중대한 차이가 비롯되는 인지의학과 인지학의 인간관을 접하면, 평소에 깊이 생각지 못한 인간의 본질 문제, 그리고 건강 문제의 특성을 포함한 자기 자신의 체질, 개성 등을 사색하게 된다.

4. 다시 시작한 요가, 그리고 산책

이 책의 옮긴이로서 나부터 위와 같은 성찰과 사색의 계기를 선물로 받았고, 이 계기는 실질적 변화를 낳았다. 인지학과 인지의학의 자극은 받되 참된 인간관에 관해서는 스스로 성찰하고 사고하고, 그 성찰과 사고에 바탕을 두는 일상생활과 일상의 수행·명상을 실천해야 온전한 건강을 누릴 수 있다고 생각하게 된 것이 첫 번째 변화다. 이러한 자발성은 루돌프 슈타이너가 특별히 강조한 바이기도 하다는 사실을 이 책에서 분명히 언급한다.

그는 자신의 독자들에게 그를 믿을 것이 아니라 그의 글에 자극받아 스스로 사고할 것을 되풀이해서 주문했고, 자신의 관찰과 공감의 힘을 심화하는 것뿐만 아니라 각 개인이 독립적으로 사고하는 것의 중대성을 강조했다.

이러한 성찰과 사색의 과정에서 자연스럽게 내 청년 시절의 모습이

---

215 위의 책, 78쪽.

떠올랐다. 20대 시절, (결국 한마디 허울 좋은 사과도 없이 '천수'를 모두 누리고 엊그제 죽은) 희대의 학살자와 그 하수인들에 대한 극도의 적개심이 세상과 인간 자체에 대해 극단적이고 폭력적이고 편협한 관점을 갖게 했고, 당시의 분위기를 '팬데믹'처럼 지배한 급진적이고 간단명료한, 그래서 사실은 그만큼 추상적이고 관념적인 정치 이념이, 그리고 무엇보다도 그 바탕에 깔린 '유물론 철학'이 그 극단적 세계관·인간관의 내용을 차지했다. 그러나 돌이켜보건대, 솔직히 말하자면 유물론자로 자처한 그 당시에도 무언가 피할 수 없는 짙은 내면의 공허감이 있었다. 나름의 깊이를 갖춘 작가들의 문학 작품을 읽어봐도 그 작품에 대한 유물론적 해석은 잘 맞지 않는다는 게 마음속 한구석의 솔직한 느낌이었다. 적개심과 정치 이념의 맹목성과 공허감 속에 좌충우돌하는 과정에서 심신의 건강을 심각하게 손상한 뒤에야 유물론의 독기에서 벗어나기 시작했다. 30대 초반, 그렇게 유물론에서 벗어나는 과정에 함께한 것이 바로 요가였다. 아니, 정확히 말하자면, 요가를 하면서 비로소 경험한 것은 그 전에 겪은 주류 의학의 물질주의적 치료법의 효과와 전혀 다른 것이었고, 당시에는 그것을 분명하게 명명하지는 못했지만, 요가 수행을 하면서는 유물론에 침윤되었을 때와는 전혀 다른 차원의 느낌을 느끼고 사유를 하게 된다는 것은 분명히 깨달았다. 이것은 마치 뇌종양이 생긴 어떤 주류 의학 의사가 우연한 기회에 태극권 수행을 하게 되자 "살면서 한 번도 경험해 보지 못한 새로운 세계가 시작된 듯"[216]한 느낌을 느끼며 자기 치유를 하게

---

216 이덕희, "새벽 수련을 시작하다", 〈브런치〉, https://brunch.co.kr/@leedhulpe/72 (2021.11.26 접속)

된 것과 비슷하다.

이와 같은 경험의 본질을 지금은 루돌프 슈타이너를 통해 해석해 볼 수 있다. 내가 요가를 하면서 경험한 것은 나에게 내재하는 정신성 가운데 초급 단계라 할 만한 것인데, 어쨌든 이것은 그 이전에는 전혀 몰랐던 것을 처음으로 배운 것과 마찬가지였다. 슈타이너는 이 것을 '신비지식'이라고 표현했는데, 이것은 문자와 글쓰기를 모르는 사람이 문자와 글쓰기를 배우는 것과 마찬가지로 누구나 배워야 하고 배울 수 있으며, 배우고 나면 완전히 새로운 세계에 눈을 뜨는 것과 마찬가지라고 설명한다.[217] 그런데 이렇게 자기 안에 있는 "고차적 인간을 각성시키려면, 자신의 힘에 의존할 수밖에 없다."[218] 그리고 이렇게 해서 얻는 것이 '초감각적 인식'인데, "명상만이 초감각적 인식의 수단이다."[219] 또한 슈타이너의 제자인 인지의학 의사 후제만에 따르면, "호흡은 유기체에서 자아가 자기 자신을 체험하게"[220] 하는데, 요가에서는 다양한 호흡법을 수행과 명상 방법의 핵심으로 삼는다. 즉, 나는 초급 단계의 명상을 통해 슈타이너가 말하는 에테르체와 아스트랄체와 자아를 조금씩 체험했던 것이다.

요가로 건강을 회복한 뒤 또 한참을 요가와 멀리 있었다. 건강이 안 좋아지기라도 하면 언제든 요가로 다시 건강해질 수 있다는 잘못된 자신감도 있었지만, 다시 한번 되돌아보자면, 결국 근래에 이르기

---

217 루돌프 슈타이너, 『초감각적 세계 인식』, 양억관·타카하시 이와오 옮김, 물병자리, 1999, 20-21쪽.

218 위의 책, 34쪽.

219 위의 책, 40쪽.

220 Husemann, op.cit., p.120.

까지 또다시 상당히 오랫동안 요가에 집중하는 데 필요한 만큼의 내적 평정심을 갖지 못했기 때문이 아닐까 하는 생각이 든다(이 문제는 제대로 되짚어야 한다). 그러다 다시 요가를 시작한 것이 200여 일 전이다(위에서 말한 30대 초반 시절의 요가 수행에서는 요가 수련원 100일 개근 뒤 게으름을 피웠지만, 지금의 '재가 수행'은 200여 일 동안 하루도 거르지 않았고 앞으로도 그러리라 다짐한다). 두 가지 일이 계기가 되었다. 하나는 지금 벌어지는 이 초유의 비정상(!) 상황 속에서 집에 있는 시간이 절대적으로 많아지면서 운동의 필요성을 느낀 것이었다. 또 하나는 바로 이 책을 번역하게 된 것이다. 운동의 필요도 충족하고 이 책에서 설명하는 에테르체, 아스트랄체, 자아라는 정신의 영역을 다시 체험하고 확인하는 데 내게는 요가만큼 좋은 매개가 없었다.

이렇게 이 책은 내게 인지의학의 지식과 지혜를 주었을 뿐만 아니라 요가를 되찾아주었다. 그런데 내가 요가 이야기를 이렇게 공들여하는 것은 요가 '포교'를 하려는 것이 물론 아니다. 진리의 공부와 수행은 하나의 진체라는 것을 말하고 싶은 것이다. 인간에게 내재하는 정신성(영성이라고 해도 좋다), 정신성과 물질 육체의 관계에 대한 올바른 관점, 그 관점에 바탕을 둔 온전한 건강을 추구하는 수행·명상의 방법을 가진 것이라면 어느 것이든 크게 보아 하나이리라. 그리고 그 수행·명상에서는 "불안이나 초조는 어떤 경우에도 나쁜 영향을 끼친다."[221]는 가르침, "부동의 내적 평정을 유지해야 한다"[222]는 가르침을

221 루돌프 슈타이너, 『초감각적 세계 인식』, 양억관·타카하시 이와오 옮김, 물병자리, 1999, 173쪽.
222 위의 책, 73쪽.

공통의 지침으로 삼을 수 있지 않을까 한다. 이 책의 독자께서도 아직 그러한 수행·명상의 방법을 찾지 못했다면 자신에게 맞는 방법을 찾아 실행해보시기를 진심으로 응원한다.

한국 사회는 주입식 교육을 비롯하여 외부에서 주입되는 것을 별 문제의식 없이 받아들이는 데 너무나 익숙한 게 아닌가 하는 생각을 늘 하게 된다. 요가를 비롯하여 위에서 말한 수행·명상이란 어떤 외부의 것을 주입받는 것이 아니라 내 안에 있는 나의 생명과 영혼과 정신을, 즉 본래의 나를 만나서 진정한 의미에서 그 나를 계발하는 방법이다. 그런데 이렇게 내면의 나를 찾아 발전시키는 일을 위해 반드시 받아들여야 하는 한 가지 특히 중요한 '외부'의 에너지가 있다. 햇빛이다. 후제만에 의하면, 뉴턴에서 시작된 현대 물리학에서는 햇빛을 비롯하여 우주에서 오는 빛을 순수하게 양적으로 측정 가능한 것으로만[223], 다시 말해 물질적인 것으로만 보는 것과는 달리, 슈타이너는 질적인 면을 고려하고 빛과 연관 지어 관찰하는 모든 생명 현상을 포함하는 빛 이론의 기반을 세웠는데[224], "태양이 지구로 내리비추는 것은 생명에테르이다."[225] 뼈를 튼튼하게 해주는 비타민D는 햇빛에 담긴 정신 요소인 이 생명에테르의 일부가 물질로 표현된 것이라 하겠다. 나는 즐겨 하던 산책을, 이 생명에테르를 온몸으로 받아들이는 더없이 은혜롭고 귀하고 그래서 더없이 즐거운 일로 새로이 생각하고 하게 되었다(이런 햇빛을 인공 화학물질로 가려 지구온난화를 막

---

223 Husemann, op.cit., p.262.

224 ibid., p.267.

225 ibid., p.272.

겠다는 지구공학(geoengineering)의 발상을 어떻게 보아야 할지는 언급하지 않아도 좋지 않을까 싶다).

요컨대 나는 이 책 『스스로 지키는 온건강』을 통해 나 자신을 솔직하게 되돌아보고 온전한 건강법을 스스로 찾는 더없이 중대한 기회를 얻었다.

11

외국어 공부의
깨달음을 향해

◆◇◆

에르하르트 달, 『발도르프 학교 외국어 교육』, 푸른나무, 2021

헵타포드의 경우 모든 언어는 수행문이었다. 정보 전달을 위해 언어를 이용하는 대신, 그들은 현실화를 위해 언어를 이용했다. 그렇다. 어떤 대화가 됐든 헵타포드들은 대화에서 무슨 말이 나올지 미리 알고 있었다. 그러나 그 지식이 진실이 되기 위해서는 실제로 대화가 행해져야 했던 것이다.[226]

---

226 테드 창, 「네 인생의 이야기」, 『당신 인생의 이야기』, 김상훈 옮김, 엘리, 2017, 219쪽.

1. 봉준호와 다니엘 린데만의 외국어

지금 이 글을 쓰기 얼마 전까지도 전 세계인에게 주목받던 영화감독 봉준호와 영화 〈기생충〉이 난데없는(!!) 질병 때문에 별안간 세인의 관심에서 멀어진 듯하지만, 그 여운은 앞으로도 꽤 오랫동안 다양한 담론을 만들어내는 힘을 가질 것 같다. 나는 아직 이 영화는 보지 않았지만, 세계 여러 나라를 돌아다니며 아주 자연스럽고 자신감 있는 태도로 인터뷰를 하는 그의 모습이 내게는 여전히 매우 강한 인상으로 남아 있다. 물론 그와 동행하며 세간의 관심을 한 몸에 받은 젊은 통역사에게도 나 역시 관심이 많이 갔지만, 원어민과 다름없는 영어 구사력을 가진 그 통역사보다도, 영어 구사는 물론 그보다 못하지만 어느 외국인들 앞에서든 전혀 주눅 들지 않는 봉준호의 태도가 오히려 더 내 관심을 끌었다.

봉준호의 이러한 태도는 그가 영화를 통해 세계인에게 표현하고자 하는 메시지의 신념에서 나온다고 나는 생각한다. 자신의 영화가 세계인에게 이미 보편적 공감을 얻었듯이, 외국인을 만나서 나누는 대화에서도 꼭 '할 말'을 분명히 한다는 믿음이 그 자신감의 본질이 아닐까. 그가 웬만한 내용은 스스로 영어로 말할 수 있는 것 또한, 꼭 해야 할 말을 한다는 그의 확신이 그 원동력이라고 생각한다. 최성재라는 통역사가 전문 통역 교육을 전혀 받지 않았음에도 모두가 경탄할 만한 통역을 한 것도, 물론 그의 뛰어난 영어 실력 덕이기도 하지만, 사실은 그 역시 영화감독 지망자로서 내면 깊이 품은, 영화감독 봉준호와 그의 작품에 대한 누구 못지않은 이해와 교감과 존경이 바

탕에 없었다면 불가능하지 않았을까 하는 것이 내 생각이다.[227]

한국어를 외국어로 습득한 다니엘 린데만이라는 독일 청년도 이런 면에서 봉준호와 다르지 않다. 한국어에 능숙한 다양한 외국인 청년들이 여러 가지 주제를 놓고 재미난 토론을 하는 한 예능 프로그램에서 그는 타의 반, 자의 반으로 '노잼 캐릭터'를 갖게 됐지만, 어떤 주제에서건 자기만의 아주 명료한 관점으로, 그러면서도 선하고 부드러운 표정과 말투로 잔잔하면서도 단호하게 자신의 생각을 피력하는 태도가 내겐 이 청년의 진짜 인상으로 특별히 강하게 남아 있다. 자기 나라 어느 대학의 동아시아학과에서 한국어를 열심히 공부하기 시작할 때, 이미 그의 가슴과 머릿속에는 한국인을 비롯한 여러 세계인들과 함께 나누고 싶은 이야기가 넘쳐나고 있지 않았을까 상상해본다.

요컨대 봉준호와 다니엘 린데만 모두에게 외국어 공부의 근본 동

---

227 실제로 그는 미국의 한 대학에서 영화 관련 전공 학과 공부를 하면서 이미 봉준호 감독에 관해 많이 알았지만, 봉준호 감독의 통역 일을 맡게 되는 것이 결정된 뒤에는 봉 감독의 말투와 표현, 그 속에 담긴 느낌에 숙달되기 위해 2~3주 동안 봉 감독의 인터뷰만 찾아서 보며 봉준호와 봉준호의 작품 세계를 더 깊이 천착했다고 한다. 영어에 능통한 그가 통역 일을 본격적으로 시작하면서 갖게 되었다는 '직업병'이 눈여겨볼 만한데, "누군가와 한국어로 대화를 나누다가 상대방이 쓴 한국어가 영어 단어로 생각나지 않으면 그 자리에서 바로 스마트폰으로 찾아"보는 습관이 생겼다는 것이다. 그렇게 준비된 그가 봉준호 감독의 통역사로서 갖게 된 '통역 철학'은, "정치·외교처럼 정보 전달이 주된 목적이라 모든 단어 하나하나가 중요한 것과는" 달리 영화는 문화이기 때문에, "문화의 느낌과 감정을 잘 전달하는 데 초점"을 맞추는 통역을 한다는 것이다.

"'봉준호 입' 샤론 최 "봉감독 말투·표현·느낌 탐독했어요"", 〈중앙일보〉, 2020. 7.2.,

〈https://news.joins.com/article/23815354〉 (2020.7.2).

력은 '세계인들과 함께 나누고 싶은 자기 나름의 이야기'가 아니었을까 하는 것이 내 추측이자 내가 생각하는 외국어 공부의 바람직한 동기이다. 그들은 이러한 동기에서 출발하여 나름의 방식으로 외국어 공부를 하지 않았을까. 물론 이러한 동기를 힘 있게 만들어준 바탕은 이들의 튼튼한 모국어 실력이었을 것이 분명하다. 그러니 자신이 하고자 하는 이야기를 외국어로 표현하는 일이 힘들고 어려워도 그것이 하기 싫은 일을 외부로부터 강제당할 때와 같은 괴로움은 분명 아니었으리라. 오히려 외국어 공부의 이런 강력한 동기는 특유의 효과적 학습 방법을 발견하게 해주었을 법한데, 자신이 공부하는 외국어의 원어민과 그들의 문화를 생생히 이해하고 체험하고자 하는 필연적 열망 자체가 그 외국어와 외국 문화의 본질에 다가가는 길을 밝혀주었을 터이기 때문이다.

독일의 슈타이너-발도르프 학교 외국어 교육의 철학과 방법을 일목요연하게 소개하는 책을 살펴보는 이 자리에서 봉준호와 다니엘 린데만을 언급하는 것은, 바로 이들이 보여주는바 외국어를 대하는 자세가 이 학교의 외국어 교육의 정신과 본질상 일치한다고 생각하기 때문이다. 그렇다면 이들의 외국어 공부 방법 또한 이 책에서 설명하는 바람직한 외국어 학습법과 닮았을 가능성이 많다. 이 해제를 통해 정리해볼 그 학습법이 독자의 예상과 달리 뾰족한 묘법이 아닌 것처럼 보일 수 있다. 그러나 그 방법을 낳은 정신 또는 철학의 의미와 가치를 이해하면, 왜 그런 방법이 외국어 공부의 올바르고도 효과적인 방법인지, 그래서 그 방법의 취지를 깊이 명심하여 실행하는 것이 왜 중요한지 납득할 수 있게 될 것이다. 또한 그렇게 되면, 예컨대 수많은 내외국인 유튜버들이 제시하는 효과적 외국어 학습법 각각의 타당성

수준과 적절한 쓰임새를 판별할 수 있는 안목도 가질 수 있을 것이다.

2. 한국인에게 외국어(공부)란 무엇일까?

우리가 외국어 공부의 바람직한 지침을 스스로 세우기 위해서는 이 반성의 자문에서 출발해야 마땅할 것이다. 우리 스스로에게 던지는 이 질문에 답을 해보자.

첫째, 한국인에게 외국어란 무엇보다도 영어 그 자체라 할 것이다. 아니, 정확히 말하자면 미국인들이 쓰는 말을 거의 절대적 표준으로 하는 영어다(영어 공부를 콘텐츠로 삼는 대다수 유튜버들이 '미드(미국 드라마)'나 미국 영화의 '섀도잉(shadowing, 그대로 따라 하기)'을 방법으로 삼는 것은 단순히 그것이 접하기 쉽기 때문은 아닐 것이다). 이게 무슨 반성거리가 될까? 21세기가 시작될 즈음에 출간된, 세계의 언어(소멸)에 관한 한 책의 저자들에 따르면, '오늘날 세계적으로 대략 5천에서 6천 7백 개의 언어들이 있는 것으로 추정'되는데, 그 가운데 "최소한 절반이나 그 이상의 언어가 21세기를 지나는 동안 사멸할 것"[228]이라고 한다. 이 책의 저자들은 "각 언어마다 세계를 보는 자신만의 창"[229]이 있고, "생물 다양성이 나타나는 지역과 언어적 다양성이 높은 지역들 간에

---

228 다니엘 네틀·수잔 로메인, 『사라져 가는 목소리들』, 김정화 옮김, 이제이북스, 2003, 21쪽.

229 위의 책, 34쪽.

매우 현저한 상관관계가 있음"[230]을 실증한다. 문제는 바로, "다중 언어의 사용이 대세인 세계에서, 영어만을 사용하는 사람들은 대개 자신들의 상황이 표준이 아니라는 사실을 모르고 있다"[231]는 점이다. 그런데 사실 이러한 지적이 가장 통렬히 적용되어야 할 나라가 한국이 아닐까? 한국인에게 언어 다양성이 관심의 대상이나 될까? 그렇기는커녕 복거일이라는 한국의 유명 소설가는 '영어 모국어(!)'론을 소리 높여 주장한 바 있다. 이것은 영어를 단지 열심히 배우자는 것이 아니라, 한국어 대신에 영어를 모국어로 삼자는 주장이었다[232](그런 그가 영어로 소설을 썼다는 말은 들어보지 못했다. 주로 한류의 영향 덕이지만 세계 여러 나라의 수많은 젊은이들이 한국어 배우기에 열중인 요즈음의 분위기 탓인지 그의 이러한 주장을 지금은 들을 수 없다). 아마도 그가 생각하는 영어는 정확히 말하자면 '미국 말'이리라. 그런데 영어라는 말 자체가 애초에 유럽의 다양한 종족의 언어와 그 언어들의 정신을 배경으로 하여 형성된 것[233]과 마찬가지로, 오늘날 역시 단일한 표준 영어가 아니라 예컨대 'Hinglish(인도식 영어)'나 'Singlish(싱가포르식 영어)' 같은 매

---

230 위의 책, 33쪽.

231 위의 책, 42쪽.

232 그런데 복거일이 영어로써 대체하자고 한 우리의 모국어인 한국어는, 아이러니하게도 미국인 한국학자 마크 피터슨의 설명에 의하면, 세계에서 열세 번째로 많은 수의 사람들이 모국어로 삼는 '세계적인 언어'이다.
"한국어는 세계적인 언어이다 (Korean is a World Language)", 〈YOUTUBE〉, 2019.10.7.,
〈https://www.youtube.com/watch?v=bJP715juwVI〉 (2020.7.24).

233 Christy Mackeye Barnes et.al., *For the Love of Literature* (New York: Anthroposophic Press, 1996), pp.133~141.

우 다양한 '지역 영어(local English)'의 형태로 존재하는 것이 오히려 영어에 생명력과 전파력을 부여한다는 점 또한 상기해야 한다.[234]

둘째, (거의) 유일한 외국어로서의 영어(=미국 말)는 한국인에게 막연히 절박하게 숙달해야 할, 또 그래서 스트레스를 주는 대상이다. 한국만큼 전 국민이 영어에 막연히 목을 매는, 또는 목을 매게 만드는

---

234 이것은 영어를 쓰는 세계 각 지역의 사람들이 제멋대로 규칙을 만들어 써도 좋다는 말이 아니라, 영어라는 언어에 역사적으로 형성된 어떤 특별한 적응력 같은 것이 있는 게 아닌가 하는 점을 강조하는 말이다. 그렇기 때문에 오히려 보편적으로 인정할 만한 포괄적 의미의 영문법이 더 중요할 수 있는데, 예컨대 'like'를 접속사로 사용하는 것과 같은, 문법 파괴를 비롯한 미국식 영어의 왜곡과 '저속화' 현상에 대한 심각한 우려가 미국의 발도르프 상급 학교에서 영어와 문학을 가르친 교육 선각자에 의해 이미 오래전에 제기된 바 있다. Ibid., pp.31~32.

말이 나온 김에 덧붙이자면, 세계 여러 나라 젊은이들의 관심과 학습의 대상이 된 한국어 역시 파괴 현상이 심각하기는 마찬가지여서, 외국 젊은이들도 잘못된 한국어를 배우지 않을까 우려스럽다. 2020년에 온라인으로 진행한 내 글쓰기 수업의 경험을 소개하는 것이 좋겠다. 나는 학생들뿐만 아니라 대다수 일반인은 물론이고 한국어 전문가라 할 방송국 아나운서에 이르기까지 습관적으로 잘못 쓰고 있음에도 의식하지 못하는 대표적 표현인 '-도록'을 정확하게 사용할 것을 학생들에게 한 학기 내내 주의시켰지만, "앞으로는 '도록'을 쓰지 않도록 하겠습니다." 같은 문장에서 보듯 학생들의 잘못된 습관이 쉽게 고쳐지지 않았다(이 문장이 왜 잘못된 것인지, 그리고 이 문장을 쓰는 학생이 내 강조의 의도를 어떻게 잘못 이해한 것인지는 『표준국어대사전』에서 '-도록'이라는 조사의 쓰임새에 관한 설명만 찾아보아도 충분히 알 수 있다. 이 말은 거기에 설명된 두 가지 경우에만 쓰임새에 맞게 정확히 써야 한다). 또한 역시 남녀노소를 불문하고 흔히 쓰는 표현인 '~에 있어(서)'는 '~に おいて'라는 일본어 표현을 그대로 옮긴 것이어서 부자연스러우니 쓰지 말고, 없애거나 '~에서' 같은 말로 고쳐 쓰거나 빼는 것이 좋다고 매번 반복해서 강조했으나, 이 말 역시 학생들에게 무의식적 습관으로 굳어져서 거의 고쳐지지 않았다. 또 예컨대 학생들은 '간지'라는 말이 '느낌'이라는 뜻을 지녔을 뿐인 일본어 'かんじ'를 그대로 가져온 것이라는 사실을 모르면서 쓴다. '간지'가 '느낌'보다 더 좋은 느낌이 들어서 그런 걸까?

나라가 지구상에 또 있을까. 구체적 근거 자료를 찾아보지 않더라도, 이러한 현상의 근본 원인이 무엇일지는 충분히 짐작할 수 있다. 유일 절대 강자로서의 미국이 주도하는 세계 질서를 한국만큼 충실히 인정하고, 그것에 철저히 부응하는 정도에서 한국만 한 나라가 없다는 사실이 그것이다. 어쨌거나 영어를 향한 한국인의 열망을 보자면, "지금 우리나라 일반 국민들의 영어에 대한 기대치는 우리 사회가 이중 언어 사회로 가야 함을 의미"[235]한다고 해도 과언이 아니다. 그런데 영어에 대한 이러한 국민적 열망이 절대로 채워질 수 없는 근본 이유가 있다. 그것은 바로 사람이 세상에 태어나 평생 동안 모국어 하나로 생존하는 데 불편함을 느끼지 않을 수 있는 나라가 전 세계에 한국과 일본 단 두 나라밖에 없다는 사실[236], 그래서 전 세계에서 언어 갈등이 거의 없는 나라 역시 이 두 나라뿐이라는 역설적 사실[237]이 그것이다. 게다가 우리는 학교에서 한국어가 알타이어족에 속한다고 배운 것과는 달리, 한국어와 일본어가 모두 다른 언어와의 친족 관계를 찾을 수 없는 '고립된 언어'에 속한다는 것이 여러 언어학자들의 공통된 견해이기도 하다.[238] 그러니, 사람이 태어나 모국어를 거의 완전

---

235 이병민, 『당신의 영어는 왜 실패하는가? - 대한민국에서 영어를 배운다는 것』, 우리학교, 2014, 112쪽.

236 위의 책, 82쪽 참조.

237 위의 책, 63쪽 참조.

238 다니엘 네틀·수잔 로메인, 앞의 책, 71쪽 참조.
데이비드 크리스털, 『언어의 작은 역사』, 서순승 옮김, 휴머니스트, 2013, 152~154쪽 참조.
토르 얀손, 『언어의 역사』, 김형엽 옮김, 한울, 2015, 68~69쪽 참조.
이와 같은 견해 가운데 가장 인상적인 진술은 다음과 같은 것이다.

히 습득하는 데 필요한 4년, 즉 11,680시간을 똑같이 영어 습득을 위해, 그것도 자신의 생활공간에서 자연스럽게 보낼 수 있는 사람이 한국에 사는 한국인 가운데에는 원천적으로 있을 수 없다는 뜻이다.[239] 이 모순 속에서 영어를 잘하고 싶다는 열망 때문에, 그 열망이 강하면 강할수록 더 큰 스트레스를 받지 않을 도리가 있는 사람은 당연히 없을 수밖에 없다.

셋째, 이와 같은 상황이 만들어지는 근본 배경에는, 한국인에게 외국어(영어) 공부를 밑받침하는 철학과 그 철학에서 나오는 바람직한 방법이 없고, 그래서 위에서 말한 터무니없는 열망과는 너무나 대조적으로, 효율성 또한 없는 영어 학습을 하고 있다는 사실이 있다. 우리는 과연, "외국어를 다른 사람들보다 앞서가기 위한 단순한 도구로 생각하거나, (…) 하나의 언어를 다른 언어의 우위에 두는" 것이 아니라 어떤 외국어든 "한 언어의 내적 아름다움을 보는 법을 배우자"[240]는 생각에 어떻게 반응할 것인가? 이런 생각이 '현실'을 모르는 순진한 당위론일까? 그렇지 않다. 영어 공부의 효율성 또한 사실은 바람직한 그 철학에서 나오기 때문이다. 무엇보다도 한국에서의 영어 학습이 대학 입시를 비롯한 각종 시험을 위한 것이고, 그것이 시험 이외

"한국어와 일본어는 몇몇 언어학자들이 그중 하나 또는 둘 다를 알타이어족으로 묶기도 하나, 언어학적인 면에서 고아처럼 보인다."
스티븐 핑커, 『언어본능(하)』, 김한영·문미선·신효식 옮김, 그린비, 1998, 50쪽.

239 이병민, 앞의 책, 233~253쪽 참조.

240 리타 테일러, 「언어의 귀중함」, 『감의 빛깔들』, 정홍섭 옮김, 좁쌀한알, 2017, 176쪽.

에서는 효과를 제대로 내지 못하는 학습 방법이라는 분명한 사실이 그것을 반증하지 않는가? 외국인을 만나서 실제로는 써먹지도 못할 방식으로, 영어 단어를 단지 대학 입시만을 위해 1만 개쯤 외우겠다는 목표를 가지고 고등학교 시절 무턱대고 영어 공부를 한 필자의 경험도 당연히 그 안에 포함된다.

그렇다면 무엇이 외국어 공부의 바람직한 철학이자 방법이 되어야 할까? "인간은 완전한 의미에서 인간인 한에서만 놀이하며, 또한 놀이하는 한에서만 온전한 인간"[241](강조는 원문 그대로임)이라는 프리드리히 실러의 간단 명쾌한 인간론이 암시하듯이, 모름지기 "어떤 외국어든 기쁨과 열정으로"[242] 배우는 것이 그것이라고 나는 생각한다. 그런데 빌헬름 폰 훔볼트가 말하는 '정신 형성의 힘으로서의 언어'란 모국어를 가리킨다는 것[243], 그리고 "사람은 자기가 알고 있는 것을 듣고 (…) 알고 있는 것을 본다"[244]는 말 역시 "모국어가 비로소 사유를 가능하게 한"[245]는 사실을 의미하는 것임을 염두에 둔다면, "자신에게 자아 감각과 삶의 토대를 주는 이곳의 언어"[246]인 모국어를 제대로 구사하는 능력이 전제되어야, 이 '외국어 공부라는 놀이'가 가능해진

---

241 프리드리히 실러, 『미학 편지—인간의 미적 교육에 관한 실러의 미학 이론』, 안인희 옮김, 129쪽.

242 리타 테일러, 앞의 책, 176쪽.

243 허발, 『언어와 정신』, 열린책들, 2013, 144쪽.

244 레오 바이스게르버, 『모국어와 정신형성』, 허발 옮김, 문예출판사, 1993, 161쪽.

245 위의 책, 162쪽.

246 리타 테일러, 앞의 책, 176쪽.

다. 한마디로 제대로 된 모국어 능력을 바탕으로 즐겁게 외국어를 배우게 되는 것이다. 그런데 사실은 제대로 된 모국어 능력이야말로 제대로 놀면서(!) 길러진다는 것을 우리 모두가 알고 있지 않은가. 만 두 살 무렵부터 몇 해 동안 모든(!) 아이들은 자유롭고 발랄한 모방의 놀이를 통해 '언어의 천재'가 될 수 있지만, 이 나이 때에 모국어를 충분히 익힐 기회를 얻지 못한 아이들은 모국어도 외국어도 완전히 익히지 못한다는, 러시아 현대 아동문학의 창시자 코르네이 추콥스키의 말을 새겨들어야 한다.[247] 58개 국어를 유창하게 구사했다는 해럴드 윌리엄스[248] 같은 인물도 이 섭리에서 예외가 될 수는 없었으리라. 그런데 사실은 58개 국어를 고르게 유창하게 구사할 수 있는 사람은 고사하고, 듣기·말하기·읽기·쓰기를 고르게 잘할 수 있다는 의미에서는, "아주 잘 균형 잡힌 이중 언어 사용자는 가능하지 않다"[249]는 것이 이 분야 전문가의 결론이다.

3. 슈타이너-발도르프 학교의 외국어 교육의 정신 또는 철학

이 책은 외국어 교육, 또는 학습의 안내서로서 두 가지의 각별한 의미가 있다. 첫째, 사상가이자 교육철학자인 루돌프 슈타이너가 창시한 인지학(anthroposophy), 즉 인간에 관한 앎의 철학에 바탕

---

247 코르네이 추콥스키, 『두 살에서 다섯 살까지 – 아이들의 언어 세계와 동화, 동시에 대하여』, 양철북, 2011, 20~22쪽 참조.
248 데이비드 크리스탈, 앞의 책, 32쪽 참조.
249 이병민, 앞의 책, 196쪽.

을 두고 세워진 발도르프 학교의 외국어 교육 철학과 방법을 소개하는 책으로서, 외국어 교육에 인지학이 적용될 때 달라지거나 실현될 수 있는, 학생들의 외국어 학습의 양상을 생생히 보고 이해할 수 있게 해준다. 둘째, 이 책은 좀 더 정확히 말하자면 독일어를 모국어로 하는 학생들에 대한 영어 교육의 철학과 방법을 설명하는 책인데, "새로운 유럽은 여러 국가로 이루어진 다문화 공동체가 될 것"이며 "그 안에서는 두세 가지의 외국어를 구사하는 능력이 모국어를 읽고 쓰는 것과 비슷한 정도의 기본적인 문화적 기술이 될 것"이라는 저자의 언명에서 알 수 있듯이, 유럽연합에 속한 나라들의 일반적 외국어 교육 방향 또한 공유한다고 볼 수 있어서, 이 책을 통해 그 교육 방향 또한 간접적으로 이해할 수 있을 것이다. 이 역시 우리에게 중요한 점인데, 유럽연합의 언어 교육 방식은 한 미국인 언어학자가 한글로 쓴 저서 속에서 이상적인 것으로 평가받기도 하고[250], 영어 교육으로 미국에서 박사 학위를 받은 한국인 학자에 의해서도 우리에게 더 적절한 방식으로 권장된다. 그 이유는 "미국의 영어 교육 모델은 미국에 온 이민자, 미국에 학위를 받으러 온 유학생, 미국에 취업을 하러 온 외국인들을 미국인으로 만드는 것을 최종 목표로 하는 영어 교육"[251]인 반면에, 독일·프랑스·이탈리아·스페인 등의 "유럽식 모델에서는 영어를 어떤 조건에서 어떤 목적으로 배울 것인지 한계와 제약을 가지고 영어를 외국어로 배우는 수요자의 입장

---

250 로버트 파우저, 『외국어 전파담』, 혜화1117, 2018, 339~340쪽 참조.
251 이병민, 앞의 책, 360쪽.

에서 영어를 바라보고"[252] 있기 때문이다. "그러나 이들 나라의 언어 정책이나 영어 교육정책은 미국이나 영국의 모형이나 학문적 그늘에 가려져 아무도 의미 있게 바라보려고 하지 않는"[253] 것이 현실이라고 하니, 우리가 지금 접하고 있는 이 책은 이런 면에서도 매우 보기 드문 의미를 지닌 외국어 교육 또는 학습의 지침서가 아닐 수 없다.

저자는 이 책의 맨 앞부분에서, 인간 언어의 본질에 관한 루돌프 슈타이너의 다음과 같은 말을 소개하는데, 이것은 외국어 교육의 지침을 세우는 데 가장 근본이 되는 명제이기도 하다.

"인간의 언어는 이러한 공감 또는 반감이 낳는 활동의 표현입니다."

인간의 언어는 무엇보다도 느낌(감성)에서 나온다는 말이다. 별 대수롭지 않은 말 같지만, 루돌프 슈타이너가 제시하는 올바른 인간 이해, 그리고 현대에 들어 그러한 인간 본성이 어떻게 왜곡되고 잘못 계발되고 있는지에 관한 그의 설명을 보면, 위의 명제가 왜 의미심장한 것인지 알 수 있게 된다.

루돌프 슈타이너의 설명에 따르면[254], 인간은 의지, 감성, 사고라는 본연의 세 가지 능력을 타고난다. 이 세 가지 능력은 인간의 몸에서 각각 사지, 몸통, 머리에 대응되는데, 인간의 머리는 하등동물과 가

---

252 위의 책, 362쪽.
253 위의 책, 361쪽.
254 이하에서 루돌프 슈타이너의 인간 이해는 주로 다음의 책을 참조함.
     루돌프 슈타이너, 『발도르프 교육 방법론적 고찰』, 최혜경 옮김, 밝은누리, 2009.

장 유사하게 생겼고(그는 오징어의 머리를 예로 든다), 몸통은 고등동물의 것과 유사하며, 사지야말로 인간의 몸에서 가장 완벽하고 아름다운 부분이다. 따라서 가장 인간다운 인간은 몸통, 그중에서도 느낌을 관장하는 심장과, 사지를 제대로 움직이면서 나오는 감성과 의지가 본연의 기능을 하면서, 그에 바탕을 둔 사고 또는 지성이 또한 제 기능을 하는 사람이다. 루돌프 슈타이너의 인간학이, 뇌(머리)에 절대적 중심을 두는 인간 이해를 당연시하는 현대 과학과 얼마나 다른지 알 수 있다. 그가 "어린이들을 위한 오늘날의 수업에 점착되어 있는 가장 주요한 결점은 역시 너무 지적으로 교육한다는 점"[255]임을 강조하는 것은, 바로 이러한 머리(사고) 중심의 인간 이해를 비판하는 것이다.[256]

---

255 위의 책, 260쪽.

256 오늘날 우리의 현실을 보자면, 슈타이너의 이 비판은 학교 교육을 넘어서는 생활 전반에서 우리 아이들이 놓여 있는 환경을 통렬히 비판하는 의미가 있다. 내 경험 한 가지를 얘기해보는 게 좋겠다. 지난해에 나는 문상을 하기 위해 꽤 먼 지방으로 기차 여행을 가게 되었는데, 서너 살쯤 된 여자아이 하나를 데리고 있는 아주 젊은 엄마의 옆자리에 앉게 되었다. 기차가 한참을 달리는 동안, 어린아이가 있는데도 옆자리가 너무나 조용해서 조금 의아한 생각이 들어, 차창 밖만 내내 보던 시선을 슬쩍 돌려 옆을 보니, 젊은 엄마는 엄마대로 스마트폰을 보는 데 열중하고 있었고, 여자아이는 아이대로 자기 소유의(!) 스마트폰에 빠져 있었다. 아이는 그 나이 때 아이들에게 인기 있는 어떤 애니메이션을 열심히 보고 있는 것 같았는데, 내게 충격을 준 것은 그 아이의 꼬물거리는 그 작은 손가락이 스마트폰의 액정을 스치는 대단한 능숙함이었다. 그러나 순진한 것이 내 쪽임을 아는 데에는 그 뒤에 많은 시간이 걸리지 않았는데, 의식을 하면서 보니 이 젊은 엄마와 아이가 보여준 것 같은 모습을 내가 사는 동네에서도 쉽게 찾아볼 수 있었기 때문이다. 요컨대 이 꼬마 아이에게 스마트폰을 쥐어준 젊은 엄마 역시, 루돌프 슈타이너 인지학의 관점에서 보자면 일종의 '지적(=머리 중심의) 교육'을 하는 것이다. 스마트폰에 영락없이 중독이 된 그 아이는 마음껏 사지를 활개 치며 자연 속에서 뛰어놀면서 심장으로 느끼는 능력을 점점 더 잃게 될 것이다. 이런 아이가 이 나이 때에 충분히 익혀야 할 모

루돌프 슈타이너의 인간 이해와 관련하여 또 한 가지 중요한 사항이 그가 설명하는바 인간이 지닌 감각들이다. 우리는 보통 인간이 다섯 가지 감각을 지니고 있다고 알고 있지만, 슈타이너의 통찰에 의하면 인간에게는 열두 가지의 감각이 있다.[257] '육체 감각기관'이 관장하는 촉각·생명감각·고유운동감각·균형감각, '영혼 감각기관'이 관장하는 후각·미각·시각·열감각, 그리고 '정신 감각기관'이 관장하는 청각·언어감각·사고감각·자아감각 등이 그것들이다. 특별한 관심과 지식이 없으면 이해하기도 납득하기도 힘든 루돌프 슈타이너의 이 '12감각론'을 깊이 알지 못하는 것은 필자 역시 마찬가지이다. 단지 여기서 우리는, 슈타이너가 언어 소통을 매개하는 청각과 언어감각을 정신의 영역과 연결된, 인간이 지닌 가장 고차원의 감각으로 본다는 사실을 주목하자는 것이다. 이것은 오늘날 언어학자들의 공통된 연구 결과를 통해서도 뒷받침되는 사실이다. 즉, "인간의 언어가 우리 종 고유의 의사소통 필요를 만족시키기 위해 지난 600만 년 전부터 진화"[258]한 것의 핵심 결과는 바로 말을 지각하는 능력이 매우 일찍 시작되는 것이어서, 실제로 "아주 어린 아기도 다른 소음보다 말소리를 더 좋아한다"[259]는 것이다. "음성 지각은 언어 본능을 구성하는 또

국어건 그것을 바탕으로 나중에 공부하게 될 외국어건 잘 구사하기 힘들게 될 것은 말할 필요도 없다.

257 이에 관해서는 다음의 책을 참조함.
알베르트 수스만, 『영혼을 깨우는 12감각』, 서영숙 옮김, 섬돌, 2007.
258 크리스틴 케닐리, 『언어의 진화 – 최초의 언어를 찾아서』, 전소영 옮김, 알마, 2009, 227쪽.
259 같은 쪽.

하나의 생물학적 기적"[260]이어서 "인간이 만든 어떠한 시스템(음성인식기와 같은 기계-인용자)도 음성이란 암호를 해독하는 면에서 인간에 필적하지 못한다"[261]는 말 또한 인간의 청각, 즉 언어 지각 능력의 '고차원성'을 달리 표현하는 것으로 볼 수 있다.

루돌프 슈타이너의 이러한 인간학을 염두에 두고, 이 책의 저자가 제시하는 슈타이너-발도르프 학교의 외국의 교육의 목표를 보면 그 취지를 잘 이해할 수 있지 않을까 한다. 그 목표는 다섯 가지이다.

- 세계와 자기 이해의 확장
- 지각 능력의 민감화를 통한 내면의 자발성·능동성 증가
- 다른 언어의 소리와 억양 형태의 가장 미묘한 차이를 정밀하게 파악하고 이해하는 것
- 세계 시민의 육성
- 학생 개개인의 개성을 발현을 통한 유창한 외국어 말하기 능력의 배양

이 책의 저자가 외국어 교육의 목표로 제시하는 이 다섯 가지는 서로 유기적으로 연관된다고 생각되는데, 앞서 본 루돌프 슈타이너의 명제에서 확인한 바와 같이 그 연관의 핵심은, 인간의 언어란 인간이 지니는 다양한 느낌(감성)의 표현이라는 점이다.[262] 그런데 각각의 모

---

260 스티븐 핑커, 『언어본능(상)』, 김한영·문미선·신효식 옮김, 그린비, 2003, 240쪽.
261 위의 책, 241쪽.
262 물론 인간이 표현하는 느낌(감성)은 동물의 감정과 구별되는 것이다. 독일의 신

국어는 '그곳'의 특정한 자연과 문화의 느낌을 표현하는 것이어서, 우리는 타인의 모국어인 외국어(들)를 배우며 그 언어가 주는 다양한 느낌을 받아들이기 위해 감각과 지각 능력이 더욱더 민감해지도록 스스로 훈련하면서 내면의 자발성·능동성을 키우게 된다. 이것은 결국 나와 다른 언어를 쓰는 사람을 형제애로써 받아들이는 세계 시민 되기의 과정이기도 하고, 각자의 개성을 진정으로 발현할 수 있는 능력 함양의 과정이기도 하다.

4. 슈타이너-발도르프 학교의 외국어 교육 방법

그렇다면 이와 같은 철학과 목표를 가진 슈타이너-발도르프 학교의 외국어 교육에서 실제로 사용하는 방법은 어떤 것이며 실제로 얼마나 효과적일까? 과문한 필자로서는, 우선 슈타이너 자신이 외국어 교육에 관해 교사들에게 주는 지침과 관련된 자료를 많이 찾아볼 수는 없었지만, 필자가 발견한 소략한 내용에도 외국어 교육에서 지침으로 삼아야 할 핵심 방법이 담겨 있음을 알 수 있었다. 그는 두 가지를 강조한다. 첫째, 교사와 학생이 같은 책을 놓고 함께 읽는 외국어

학자·철학자·역사학자·심리학자·교육자이자 문인이며, 독일 질풍노도 문학 운동의 지도적 인물이었던 헤르더는, 동물이 강력하고 확실한 본능을 가지고 있고 활동 영역이 제한되어 생각(지각 능력)이 발달할 수 없어서 언어의 필요성이 적어지는 (또는 본능의 언어만을 갖는) 반면, 인간은 그와 정반대이기 때문에 다른 모든 동물과 구분되는 언어를 지니게 되었다고 설명한다.
요한 고트프리트 폰 헤르더, 『언어의 기원에 대하여』, 조경식 옮김, 한길사, 2003, 17~42쪽 참조.

수업은 최악의 것이다. 교사는 학생들이 이전에 읽어본 적이 없는 것을, 교사 스스로 기억해서(즉 외워서) 학생들에게 들려주어야 한다. 학생들은 수업 시간에 듣는 것 이외에는 아무것도 하지 않기 때문이다. 그리고 외국어 수업에서는 가능한 한 숙제를 적게 내주어야 하는데, 그것도 학교 수업에서 들은 것을 책으로 읽어 오는 것으로 제한해야 한다. 둘째, (열두 살 이후에 내주는) 글쓰기 과제도 학생 각자의 실제 생활과 관련된, 즉 사건이나 체험에 대한 이야기를 쓰는 것이 되어야 한다.[263] 슈타이너가 교사들에게 지침으로 주는 외국어 수업의 이 두 가지 방법은 물론 정확히 그의 인간학(인지학)에서 나오는 것이다. 특히 외국어 수업에서 기본이 되어야 할 방법은, 교사의 들려주기를 통해 학생들의 청각(음성 지각 능력)을 발달시키는 것이며, 인간의 언어 형식 가운데에서 인위적 훈련이 가장 많이 필요한 외국어 글쓰기[264]는 그 언어가 주는 느낌(감성)을 살려주는 것이 더더욱 중요하기 때문에, 예컨대 편지 쓰기처럼 학생 각자의 실생활 체험을 소재로 하는 형식이 되어야 한다는 것이다.[265]

---

263 루돌프 슈타이너, 앞의 책, 214~216쪽 참조.

264 "언어는 하나의 본능이지만, 문자 언어는 그렇지 않"다든지(스티븐 핑커, 『언어본능(상)』, 김한영·문미선·신효식 옮김, 그린비, 2003, 282쪽.), "언어를 듣고 말하는 행위와 읽고 쓰는 행위는 같은 종류의 언어활동이 아니"(이병민, 앞의 책, 259쪽.)라는 말은, 듣기-말하기와 읽기-쓰기의 언어 훈련이 전혀 다른 방식으로 될 수밖에 없음을 의미한다. 그래서 예컨대 셰익스피어의 작품을 어렵지 않게 읽고 훌륭하게 번역할 수는 있어도 영어로 외국인과 하는 대화는 거의 못하는 경우도 충분히 있을 수 있고(필자는 이런 경우를 실제로 보았다), 이와 완전히 반대인 경우도 물론 있을 수 있다.

265 이것은 비단 어린 학생들에게만, 그것도 어린 학생들의 외국어 글쓰기 학습에만 해당하는 것이 아니다. 철저히 인간의 발명품인 문자를 매개로 한 언어 학

이 책의 저자 에르하르트 달이 제시하는 외국어 교육 방법론은 루돌프 슈타이너의 가르침의 핵심을 현실에 맞게 발전시킨 것이다. 필자가 이해하는 바대로 그의 외국어 교육 방법론을 재구성해보면 다음과 같다.

- 학습하고자 하는 외국어의 원어민 사회에 대한 관심의 정도가 그 외국어에 대한 관심을 규정한다.
- 외국어 습득은 학생 자신의 실제 생활 현장의 경험을 통해 이루어지는데, 이 경험은 학생이 대화 상대의 행동, 몸짓, 억양을 보고 들으면서 느끼고 사고하고 움직이는 하나의 전체적 맥락을 갖는 경험이다.
- 이 과정에서 학생은 맥락에서 분리된 단어가 아니라 실제로 쓸모 있

습인 글쓰기 학습에서야말로 무엇보다도 학습자 자신의 느낌을 살려 재미를 느끼게 해줄 수 있어야 한다는 것은, 남녀노소의 경우를 막론하고, 그리고 모국어 글쓰기와 외국어 글쓰기에서 모두 보편적으로 적용되어야 할 방침이 아닐까 한다. 나는 이 역시 내 글쓰기 수업 경험을 통해 확신을 얻었다. 발표와 토론을 하는 말하기 수업은 대부분 학생이 그다지 부담을 느끼지 않고 즐기기도 하지만, 애초에 글쓰기 수업을 부담스러워하지 않는 학생은 거의 없다. 이러한 부담감을 완화하고 글쓰기에 흥미를 갖게 하기 위해 내가 학생들에게 제안한 글쓰기 형식이 일종의 짧은 자서전이라 할 '나를 찾는 자기소개서' 쓰기인데, 학생들은 자기 자신을 돌아보는 글을 써보면서 내가 예상하는 것보다 훨씬 더 특별한 감정과 사고의 경험을 하곤 한다. 물론 이를 통해 학생들 스스로 예상치 못했던 깊은 재미를 맛본다(학생들이 취업을 위한 자기소개서를 쓰며 재미를 느끼지 못하는 것은 당연한데, 사실 그런 글에서 소개하는 '대상'은 남에게 잘 보이기 위해 윤색된 자기이지 참된 자기가 아니기 때문임은 말할 필요도 없다). 어린 학생들이 연습하는 외국어 글쓰기가 학생 자신의 생활 주변 이야기가 되어야 한다는 지침의 타당성은 이런 경험을 통해서도 간접 입증된다.

는 구와 문법 형태를 접하게 되는데, 이러한 구와 문법 형태를 자주 들으면 들을수록 나중에 그것을 스스로 쓸 기회도 빈번히 생긴다 (이와 관련하여 슈타이너는 외국어 교사가 학생들에게 개별 단어가 아닌 작은 문장들을 배우게 해야 한다고 조언했다).

- 따라서 외국어 수업에서는 학생의 느낌과 사고와 움직임을 함께 촉발하면서 외국어의 듣기-말하기 연습이 이루어질 수 있도록, 교사는 학생의 실제 생활을 소재로 수업을 이끌어야 한다. 이때 교사와 학생 모두가 되도록 많이 움직이며 수업을 진행하는 것이 좋다.

- 학생이 배운 단어와 표현을 되도록 많이 반복해서 연습할 수 있도록 수업이 진행되어야 한다.

- 학생이 배운 것(input)을 정확히 사용하는 방법을 이해한다고 스스로 확신할 만한 시간을 갖기도 전에 그것을 빨리 써먹도록(output) 조급하게 종용해서는 안 된다.

- 이러한 학습 과정에서 외국어의 문법(규칙)을 교사가 정리해주는 것이 아니라 학생 스스로 발견하게끔 해주어야 하고, 이렇게 되면 학생이 그 외국어를 확실히 다룬다는 목표를 갖게 되어 자아의식을 강화할 수 있게 된다.

- 학습 과정을 표준화한 상품인 교재를 발도르프 학교에서 일반적으로 사용하지 않는 것은, 교재가 본질상 개개인의 서로 다른 학습 과정과 속도, 주제를 소화하는 서로 다른 방식에 대처할 수 없기 때문이다.[266]

---

266 "교과서를 가지고 이루어지는 천편일률적인 교육 행위 때문에 교사의 전문성이라고 하는 것이 필요하지 않다"(이병민, 앞의 책, 295쪽)는 비판이 다름 아닌

- 과거와는 달리 학생들이 읽기 학습으로부터 멀어진 상황에서, 특히 (상급 학년에서) 외국어로 문학 텍스트를 읽는 작업은 외국어 수업에서 큰 도전 과제가 되었는데, 문학 텍스트를 읽으며 갖게 되는 주관적 느낌과 사고의 경험을 바탕으로 학생 스스로 그 텍스트의 비평가가 되어보는 경험은, 학생 각자가 독립된 존재로 성장하는 데 중요하다. 따라서 교사는 학생들과 문학 텍스트에 관한 토론을 할 때, 독점적 해석자가 아니라 한 사람의 참여자가 되어야 한다.

이 책의 본문을 모두 읽은 독자는 필자의 이러한 정리가 매우 개략적이고 주관적인 것임을 알 수 있을 터이다. 이 책에는 외국어 교육의 이런 방법을 저학년·중급 학년·상급 학년에서, 그리고 학습의 세부 영역에서 구체화하는 다양한 방법이 담겨 있다. 그 가운데에는 외국어 교육과 학습에 관심이 있는 이라면 누구든 깊은 감동과 영감을 받을 만한 재미나고 매우 설득력 있는 구체적 방법이 많이 있다. 독자가 그것을 직접 확인하고 필요한 내용을 정리해서 스스로 소화할 기회를 이 글의 필자가 방해하는 것은 적절치 않을 것 같다.

5. '수행(遂行)=수행(修行)'으로서의 외국어 공부

이 책을 번역하고 해제를 쓰기 위해 여러 자료를 찾아보고 공부하

한국의 영어 교육 정책에 대한 것이고 보면, 발도르프 학교의 이 교육 방법의 취지와 의미를 더욱 확연히 알 수 있다.

면서 여러 가지 생각에 몰두하는 가운데 필자가 무엇보다도 절실히 깨달은 것은, 필자 자신이 학창 시절 이래로 해온 외국어 공부의 방법이 근본적으로 잘못된 것이었다는 점이다. 주로 시험 성적을 올리기 위한 단편적 요령이 이 책에서 말하는 의미의 '방법'이라는 이름에 값할 만한 것이 전혀 아니었을 뿐더러, 돌이켜보면 외국어 공부를 왜 해야 하는 것인지 스스로 내면에서 깊이 생각해보기 시작한 것도 사실 그리 오래되지 않았음을 깨닫게 되었다. 이 책은 다른 누구보다도 필자 자신에게 이런 성찰의 계기를 만들어주었다.

근래 들어 종래의 신문과 방송의 영향력을 점점 더 빠르게 지워버리면서 대세의 소통 매체로 자리 잡고 있는 유튜브에 필자 역시 큰 관심을 갖게 되면서, 외국어 공부를 콘텐츠로 삼는 다양한 유튜브 채널을 특히 많이 접한다. 수많은 다른 분야의 채널들을 보면서도 마찬가지로 느끼는 것이지만, 외국어 공부 역시 각자의 필요에 맞게 유튜브 채널만 잘 선택해서 보아도 충분히 잘 할 수 있겠다는 생각이 절로 들곤 한다. 그런데 다른 사람들보다 더 설득력 있어 보이는 유튜버들이 외국어 공부의 방법으로 제시하는 것은, 이 책에서 제시하는 외국어 공부의 방법과 일맥상통하는 것이라는 인상을 받게 된다. 외국 현지의 생생한 생활 언어를 익히는 효과적 방법을 다룬다는 점에서 특히 그러하다.

그러나 양자 사이에는 결정적 차이가 있다. 한마디로 말해 전자는 후자에서 말하는 '세계 시민 되기'의 외국어 교육 철학을 공유하지 않는다. 이것은 예컨대, 미국식 영어를 가르치는 유튜버들의 경우, 앞서 언급한 바와 같은 '미국인 만들기'라는 미국 영어 교육 정책의 궁극적 목적을 결국 무의식적·암묵적으로 공유하고 있음을 의미한다(영국식 영어를 가르치는 영국의 원어민 유튜버도 마찬가지일 것이다). 미국 드라마의 새도잉을 콘텐츠로 삼고 스스로 열심히 영어를 공부하는 한국의 유튜버들에게 이 말은 얼토당토않은 공격으로 받아들여질 것이다. 그러나 이런 사실을 생각해보자. 캐나다로 건너간 한국인 부모에게서 태어난 이민자 2세로서 미국의 여러 유명 드라마에 출연하고, 2018년에는 아시아인 최초로 골든 글로브 텔레비전 부문 드라마 여우주연상을 수상할 만큼 그 사회에서 성공한 샌드라 오는 샤론 최와의 화상 대화에서, 봉준호 감독이 미국의 한 영화 매체와의 인터뷰에서 미국의 오스카상을 '로컬' 상이라고 가볍게 말하여 미국인들에게 전혀 예기치 못한 묵직한 충격을 준 일을 매우 통쾌해하면서(나는 분명 그렇게 느꼈다), 인종차별에서 자유로운 봉 감독과 달리 자신과 같은 유색인종 사람들이 철저히 백인 남성 중심인 북미주 사회의 인종차별에 얼마나 익숙한(!) 채 살아왔는지를 봉 감독의 그 '점잖은 비판' 발언이 새삼 일깨워주었다고 말한다.[267] '미드'를 보고 따라 말하며 열심히 공부하고 소개하는 데 매진하고 있는 한국의 유튜버들은 샌드라 오의 이 말에서 무엇을 느낄지 궁금하다.

　　외국어 교육의 철학을 '세계 시민 되기'로 삼는다는 것은 곧, 우리가 사는 '지구 시대'에 진정한 도덕적 인간의 육성을 목적으로 한다는 말과 통하리라. 이렇게 본다면 슈타이너-발도르프 학교의 외국어 교육 철학은 언어학자 필립 리버만의 언어 철학과도 일치하는 것 같다. 그는 "도덕적인 진화란 생물학적인 진화라기보다는 인간의 언어적 능력

---

267 "봉준호 감독님을 보고 깨달은 게 있어요", 〈YOUTUBE〉, 2020.6.20,
　　〈https://www.youtube.com/watch?v=ZBSiIAfeUAs〉 (2020.7.29).

에서 파생되는 인지능력의 진화"[268]라고 보기 때문이다. 그렇다면 모국어 한 가지만이 아니라 외국어 구사 능력을 많이 가지면 가질수록 더 도덕적인 인간으로 성장하는 게 당연하지 않은가. 그도 그럴 것이, 우리가 이 책을 통해 배우듯이, 진정한 외국어 능력은 '그곳'의 자연과 문화를 깊이 공감하고 이해하는 것에서 길러지기 때문이다. 그렇다면 미국의 드라마나 영화를 보면서 영어를 공부하는 사람들은 특히, 세계에서 가장 대표적인 이민자 국가인 미국이 인종차별이 가장심할 뿐만 아니라 영어 이외의 언어에 대한 차별 또한 가장 심한 국가이기도 하다는, 한 '친한파' 미국인 유튜버의 설명을 귀담아들으면서(그는 미국의 이러한 언어 차별의 역사적 배경을 매우 설득력 있게 설명한다)[269] 미국인이 그들의 모국어(영어)와 외국어를 대하는 태도를 철저히 반면교사로 삼아야 할 터이다.

이 글의 맨 앞에서 인용한 테드 창의 소설 속 헵타포드란 외계인 종족이다. 이 가상의 외계인 종족의 언어를 설정하면서 던지는, 인간의 언어란 의사소통의 도구가 아니라 진실을 공유하는 행위 그 자체가 되어야 한다는 이 미국인 작가의 암시적 메시지는 의미심장하다. 그렇지만 어찌 인간이 어떤 대화가 됐든 다른 인간과의 대화에서 무슨 말이 나올지 미리 알 수 있을까? 만일 그렇다면 인간에게 언어가 필요할까? 이 소설집의 첫 번째 작품이 바벨탑 신화를 소재로 한 것이기도 하여, 혹시 이 작가가 인간에게도 진실을 공유하는 '단일 언

268 필립 리버만, 『언어의 탄생』, 김형엽 옮김, 글로벌콘텐츠, 2013, 29쪽.
269 "미국인이 외국어를 무시하는 진짜 이유?!", 〈YOUTUBE〉, 2017.12.14.,
      〈https://www.youtube.com/watch?v=tYwSp99iVes〉 (2020.7.29).

어'가 필요하다고 생각하는 건 아닐까 하는 의혹이 생겼다. 그런데 이 작가에게 "이상적인 언어란 간단히 말해서 사고를 완벽하게 표현하고 사물을 완벽히 묘사할 수 있는 '바벨탑 이전의' 언어를 의미"[270]한다는, 이 소설집의 '옮긴이의 말'을 보니 '역시나' 하는 생각이 들었다. 격이 20개가 넘고, 고작 몇 백만 명밖에 사용하지 않는 핀란드어를 없애기 위한 방법으로, 모든 핀란드 아이들에게 핀란드어 교육을 중단하고 상당수의 영어 교사들을 고용해서 영어만 가르치자는 한 미국인을 보면서, "단일 언어주의에 눈이 멀어 그렇게 잘못된 견해를 갖게 되는 것은 매우 흔한 일이며, 이는 바벨탑이 남긴 유산의 일부"[271]라고 말하는, 앞서 인용한 『사라져 가는 목소리들』을 쓴 학자들의 비판을 주목하게 된다.

모름지기 영어든 핀란드어든, 또는 다른 어떤 외국어의 경우든, 바람직한 외국어 교육 또는 공부는 "문화의 다양성과 언어의 독특함, 그리고 이 두 가지가 구현하는 세계관"[272]에 뿌리박은 것이라는 점이 이 책의 기본 가르침이다. 사실은 이러한 외국어 공부가 진정한 기쁨과 열정을 불러일으키고 결국 '효과' 또한 크지 않을까. 그리고 그것은 모국어와 다른 언어를 습득하면서 각자의 느낌과 사고와 의지의 진정한 성장을 도모하는 것이라는 점에서, 즐거운 수행(修行)이라 이름 붙여도 좋은 일일 것 같다.

---

270 테드 창, 앞의 책, 445쪽.

271 다니엘 네틀·수잔 로메인, 앞의 책, 42쪽.

272 리타 테일러, 앞의 책, 176쪽.

12

번역과 인간

◆◇◆

1. 『감의 빛깔들』의 번역 경험

『감의 빛깔들』은 내가 번역한 책 가운데 애착과 보람을 가장 깊이 느끼는 책이다. 무엇보다도 진심으로 경애하는 리타 선생님이 평생 쓰신 유일한 책이 영어 '원서' 형태로만 남지 않고 한국어로 옮겨져 한국어 독자도 이 책을 읽을 수 있게 되었다는 점에서 그렇다(이에 관해서는 이 책에 실은 『감의 빛깔들』의 '옮긴이의 말'을 보시기 바란다).

그런데 저자의 삶의 무게와 인간 됨됨이 그 자체를 진하고 향기롭게 풍기는 이 작지만 큰 책의 한국어판을 읽은 소감을 타인에게 제대로 들을 기회는 많지 않았다. 하지만 그 적은 기회도 리타 선생님의 글이 은은하면서도 강하며 선한 힘을 지닌다는 것을 참으로 확인하고 저자와 독자 사이의 매개자로서 보람을 느끼는 데 부족하지 않았다.

그중 한 번의 기회는 아주 뜻밖에도 한국 밖에서 얻었다. 연전에 독일 베를린에서였다. 이때는 오랫동안 준비한 귀한 가족 여행을 하는 중이었는데, 오래전에 독일로 이주한 어느 한국 분에게『감의 빛깔들』을 읽은 소감을 들었다. 나 이외의 내 가족들은 그분과 교분이 있었고 나는 그분의 성함만 알았는데, 그 이전에 그분의 따님을 통해 전해드린『감의 빛깔들』을 그분이 읽고 귀한 소감 말씀을 해주신 것이었다. "책을 읽으면서 번역서라는 사실을 잊었어요. 저서라 생각하면서 읽었어요." 번역자에게 이보다 더 보람을 느끼게 하는 간결하고도 압축된 칭찬이 있을까.

또 한 번의 기회는 글을 통해서였다. 『감의 빛깔들』을 출간한 지 얼마 안 되었을 때 어느 인터넷 서점을 둘러보다 우연히 접한 독자 감상문이었다.[273] 보통 독자의 글이 아닌 걸 대번에 알았다. 이런 독자가 리타 선생님 글의 진가를 알아보고 읽어주신 것만 해도 행복한 일인데, 이렇게 수준 높으면서도 성의 있는 글로 교감을 표현해주시니 벅찬 감동과 감사를 느끼지 않을 수 없었다. 경어체로 글을 쓴 것도 괜한 겸손이 아니라는 걸 분명히 느낄 수 있었다.

'한국을 '감빛'이라 노래한 서양 이웃'이라는 감상문의 제목부터 심상치 않았다. 저자를 '서양 이웃'이라고 부른 것도 다른 누구보다 저

---

273 숲노래/최종규, "한국을 '감빛'이라 노래한 서양 이웃", 〈알라딘〉, 〈https://www.aladin.co.kr/shop/wproduct.aspx?ItemId=105360153〉 (2021.9.1. 접속)

자가 직접 들으면 정말 반갑고 고마운 일일 터인데, 번역서의 제목을 '감빛'이라고 간접적으로 심상하게 바꿔 부른 것도 번역자로서는 고맙게 받아들이지 않을 수 없었다. 글 전체에서 우러나는 글쓴이의 '토착 한국어' 구사의 내공이 제목에서 이미 드러난 것을 알았다.[274] '태양 불'은 '햇볕'의 오역인 것 같다는 매우 조심스러운 지적도 정말 고마웠다. 이 책에 대해 이분이 독자로서 느끼는 애정이 그만큼 더 깊다고 생각했기 때문이다.

사실 이 번역서의 제목을 어떻게 정할지 고민이 많았다. '옮긴이의 말'에 소개했듯이 저자가 애초에 생각한 제목인 'The Color of Persimmon'을 보자면 '감빛'이 맞다. 그런데 막상 책 제목을 '감빛'으로 하자니 말 자체가 너무 밋밋하고 울림이 없었다. 게다가 한창 잘 익었을 때의 감빛뿐만 아니라, 쭈그러들고 변색되었지만 바람과 햇볕을 담은 시간을 더해 깊은 맛을 내는, 저자가 상징으로 표현하고자 하는 곶감의 빛깔은 '감빛'이라는 말이 담지 못하는 것도 문제였다. 감빛의 변화뿐만 아니라 저자가 시간의 흐름과 계절에 따른 자연의 빛깔 변화에 인간 삶과 관련된 보편적 상징성을 부여하고자 하는 의

---

274 내 짐작이 틀리지 않다는 사실을 최근에야 확인했다. 한 인터넷 서점에서 이분을 이렇게 소개하는 것을 보았다. 함께 소개된 이분의 저서는 아주 많아서 여기서는 생략한다.
"우리말꽃(국어사전)을 쓴다. 〈말꽃 짓는 책숲, 숲노래〉라는 서재도서관·책박물관을 꾸미고 숲살림을 짓는다. '보리 국어사전' 편집장을 맡았고, 이오덕 어른이 쓰고 남긴 글을 갈무리했고, 공문서·공공기관 누리집을 쉬운 말로 고치는 일을 했다."
〈http://www.kyobobook.co.kr/product/detailViewKor.laf?ejkGb=KOR&mallGb=KOR&barcode=9791188613212&orderClick=LAG&Kc=〉 (2021.9.1. 접속)

도가 이 책 전반에 흐른다. 그래서 만든 게 '감의 빛깔들'이라는 제목이다. 원제목에도 없는 '들'이라는 복수 접미사에 소유격 조사 '의'까지 넣어가며 일반적으로 보자면 자연스럽지 못한 한국어 제목을 만든 것은, 저자의 철학적 사유의 의도도 살리고자 했고 이 다섯 글자를 발음할 때 어떤 리듬도 느꼈기 때문이다.

'태양 불'은 원저에서 쓴 'sun-fire'라는 말을 옮긴 것이다. 말 그대로 직역이다. 이 직역에는 물론 이유가 있다. 우선 'sun-fire'라는 단어는 영어 사전에 없다. 리타 선생님이 만든 말이다. '햇볕'을 뜻하고자 했다면 당연히 'sun'이나 'sunlight'을 썼을 것이다. 왜 사전에도 없는 말을 썼을까? 발도르프 학교 교육을 오랫동안 하신 리타 선생님은 이 학교의 사상적 근거인 루돌프 슈타이너의 인지학(人知學, 人智學)을 평생 공부하고 실천한 분이다. 그런데 슈타이너 인지학에 의하면, 인간은 물질 육체, 에테르체, 아스트랄체, 자아라는 네 요소로 이루어지고 이 각각은 고체, 액체, 기체, 온기의 상태로 존재하는데, 바로 자아(I)가 온기라는 순수 에너지의 상태로 유지되게끔 해주는 것이 불(fire)이라는 자연 요소이다[275](그렇다면 인공 물질을 온 지구 하늘에 날마다 살포해서 햇빛을 차단하여 온난화를 해결하겠다는 이른바 '지구공학(geoengineering)'의 해괴한 발상과 행위는 어떻게 보아야 할까). 리타 선생님은 'sun-fire'라는 말을 만들어 보여주어 햇볕에는 인간의 자아를 온기의 상태로 온전히 존재하게 해주는 태양의 순수 에너지가 담겨 있다는 것을 의식적으로 강조하고자 했고, 번역자 역시 이 경우에 원저자가 품은 본래의 의도를 충실히 표현하는 한국어를 만들어 쓰는

---

275 고체, 액체, 기체에 해당하는 자연 요소는 각각 흙, 물, 공기이다.

게 적절하다고 생각한 것이었다.[276] 그렇다면 이 경우에 'sun-fire'를 '태양 불'로 옮긴 것을 그저 직역이라고 보는 게 맞을까?

또한 『감의 빛깔들』에는 영화 〈서편제〉를 이야기하는 장 가운데 이런 대목이 있다.

"예술이나 제의에서 '한'이 표현되면, 그것은 고유의 카타르시스가 된다. 예술은 카타르시스의 동력으로 움직이기도 하고 푸닥거리의 역할을 하기도 한다."

저자는 '한'을 'han'이라고 썼다. 그러면서 "어떻게든 인간 세계를 꿰뚫고 지나가 초자연 힘의 반향을 얻어내는 쓰라림과 한탄과 슬픔을 뜻하는 '한'은 영어로 쉽게 번역되지 않는다"고 말한다. 저자는 자신의 글을 영어로 읽는 독자를 염두에 두고 영어로 쓰면서도 사실은 한국어('한')를 영어로 번역할 때의 문제도 언급하는 것이다. 위 대목에서 '푸닥거리'는 'exorcism'을 옮긴 것인데, 이 단어는 저자가 굳이 'pudakgeori'라고 쓰지 않은 것과 대비되기도 한다. 번역자는 저자가 한국어 '푸닥거리'를 아마도 알고 의식하면서도 이 경우에는 'exorcism'이라는 영어 단어를 쓰는 게 적절하다고 판단했을 거라 생각하며 번역을 했다.

이런 몇몇 예를 통해 엿볼 수 있듯이 『감의 빛깔들』을 한국어로 옮기는 경험은 번역자가 저자의 글을 놓고 저자와 외국어(영어)와 한국

---

276 리타 선생님은 당신이 가르치신 한국의 발도르프 학교 학생들에게 당신을 'Rita teacher'라고 부르게 했다. 당연히 영어 어법에 맞지 않는 호칭이다. 영어권 사람들이라면 'Teacher'나 'Sir'라고, 또는 아주 친근한 사이라면 그냥 'Rita'라고 부를 것이다. 한국 학생들이 한국식으로 당신을 편하게 부르게 해주기 위해 이 콩글리시 호칭 역시 당신이 만들어낸 것이다.

어를 동시에 사용하며 나누는 대화였다. 그런데 이후 다른 책의 번역 작업에서도 저자와 나누는 이런 식의 대화는 이어져, 직역과 의역 같은 번역의 일반적 난제와 원칙 문제, 번역을 통한 한국어의 새로운 규칙화와 역동적 변화 가능성에 관해 깊이 사유하는 각별한 계기가 되기도 하였다. 나아가 이러한 사유는 기계 번역의 효용과 근본적 한계를 따져보면서 번역이라는 것이 인간의 어떤 본질과 연관된 것인지를 탐색하는 데로 나아갔다.

2. 직역과 의역의 개념 문제

번역에서 맞닥뜨리지 않을 수 없는 일반적 난제이자 원칙의 문제가 바로 직역과 의역의 문제일 것이다. 번역은 생각과 느낌의 서로 다른 내용과 표현 형식을 지닌 언어들을 '번역의 언어'로 매개하는 일이기 때문에 이 문제를 당연히 마주하지 않을 수 없다. 그런데 번역에서 직역과 의역의 문제는 이렇게 가장 기본적인 문제이기 때문에 용어의 의미부터 제대로 짚을 필요가 있다.

『표준국어대사전』에서 '직역'은 이렇게 풀이된다. "외국어로 된 말이나 글을 단어 하나하나의 의미에 충실하게 번역함. 또는 그런 번역." '직역'과 비슷한 뜻으로 보통 쓰이는 '축자역'과 '축어역'은 다음과 같이 똑같이 풀이된다. "외국어 원문의 한 구절 한 구절을 본래의 뜻에 충실하게 번역함." 그렇다면 의역의 뜻은 어떨까? "원문의 단어나 구절에 지나치게 얽매이지 않고 전체의 뜻을 살리어 번역함. 또는 그런 번역."

나는 직역과 의역이라는, 내가 아주 잘 안다고 생각해온 이 말들의 사전 뜻풀이를 새삼 확인하면서 이제까지 이 사전적 의미조차 정확히 알고 이 말들을 쓰지 못했다는 사실을 깨달았다. 그런데 사실 이러한 오해는 일반적으로 많이 벌어지는 일이기도 하다. 직역은 이른바 '번역투'를 낳기 때문에 피해야 하고 의역이 외국어를 우리말 어법에 맞게 옮긴 것이라는 오해 말이다. 직역과 의역의 사전적 의미를 보자면, 직역과 의역의 취지를 모두 살리는 것, 즉 전체적 맥락을 제대로 이해하면서 부분의 의미 또한 충실히 전달하는 것이 바람직한 번역임을 알 수 있다. 직역과 의역의 사전적 의미를 명확히 몰랐다는 단순한 이유에서 직역과 의역의 문제를 중요하게 언급하는 것은 물론 아니다. 사실은 나 스스로 그동안 바람직한 번역이 무엇인지에 관해 생각해온 바를 되짚고 재정립할 필요를 느끼기 때문에 이 두 단어의 사전적 의미가 새롭게 보인다고 말하는 것이 적절하다.

이런 의미에서 내가 연전에 내 책에서 밝힌 번역관을 먼저 스스로 비판하고자 한다. 나는 『영어 공부와 함께 한 삶의 지혜를 찾는 글쓰기』에서 번역가 이희재가 『번역의 탄생』에서 펼친 직역주의 비판과 '의역(길들이기)'론을 옹호한 바 있다. 즉, "한국어의 근본 특성을 올바로 아는 채로 외국어의 의미를 정확히 파악하는 사람이라면 누구나 당연히 의역을 해야 하고 할 수 있는 것"[277]이라는 게 의역 옹호론의 핵심이었고, 또한 이것은 직역을 외국어 번역투로 이해한 데 바탕을 둔 생각이었다. 그러나 이것은 이희재도 나도 무엇보다 직역을 잘못 이해

---

277 정홍섭, 『영어 공부와 함께 한 삶의 지혜를 찾는 글쓰기』, 좁쌀한알, 2015, 382쪽.

한 것이라는 게 지금의 생각이다. 이희재가 제기하고 나도 옹호한 비판의 대상은 직역이 아니라 어설픈 번역, 잘못된 번역이라고 해야 한다. 어설픈 번역과 잘못된 번역은 번역 대상인 외국어(텍스트)와 한국어 두 가지 가운데 하나 또는 두 가지를 모두 제대로 알지 못하는 데에서 비롯된다. 요컨대 직역은 의역의 반대 개념이 아니다.

그런데 사실은 이희재 스스로 직역과 의역이 반대 개념이 아니며 바람직한 번역을 위해 모두 필요하다는 것을 그의 다른 저서에서 은연중 보여준다. 예컨대 금력을 휘두르는 소수 집단을 뜻하는 'oligarch'를 기존의 역어인 '과두(寡頭)'가 아니라 '금벌(金閥)'이라는 "나름의 조어"로 옮기는 것이 그것이다.[278] 원문의 개념을 살리기 위해 없는 말까지 만든 것이 일본 근대 초기의 직역주의 정신이라는 것이 이희재 자신의 비판인데[279], 그렇다면 '금벌'이라는 조어도 이런 비판적 평가의 과녁에서 벗어날 수가 없다. 그럼 'oligarch'를 '금벌'로 옮기는 것을 직역이라고 부정적으로 단정하는 게 좋을까? 번역자 자신이 "현실 자본주의 사회에서 권력은 금력에서 나온다는 점에서" "문장 속에서 겉도는 과두보다는 현실에 밀착된"[280] 말을 만들다 보니 '금벌'이라는 말을 고안하게 되었다고 말하는 것을 보면, 이것은 오히려 의역으로 볼 수도 있겠다는 생각까지 든다(이것은 앞서 말한 '태양 불'의 경우도 마찬가지일 것이다). 따라서 직역과 의역은 반대되는 개념이 아니라 서로 보족하는 개념이고, 제대로 된 직역이 정확한 의역에 기

---

278 이희재, 『번역전쟁』, 궁리출판, 2017, 7쪽.

279 이희재, 『번역의 탄생』, 한예원, 2009, 25쪽.

280 이희재, 『번역전쟁』, 궁리출판, 2017, 7쪽.

여하며 그 자체로 의역의 일부가 된다고 말하는 것이 적절하지 않을까. 이렇게 다른 언어(출발어) 속의 낯선 것을 친숙한 언어(도착어) 속으로 들여오기 위해 친숙한 언어로 낯선 말을 만들되(직역) 그 낯선 말(단어와 문장)이 친숙한 언어의 문법 속에서 길들일 수 있는 것이어야 한다는 것(의역), 이것이 직역과 의역의 올바른 관계 설정이 아닐까 한다.

직역과 의역의 개념 문제가 보통 이해되는 것처럼 그리 간단하지 않다는 사실을 보여주는 또 하나의 예가 있다. 번역가 김옥수에게는 "원문에 담긴 맛을 원작자의 숨결까지 그대로 담아내는 게 바로 직역"이고 "의역은 원문보다 더 멋있게 표현할 수 있을 때 하는 거다."[281] 그러니까 번역하는 사람이 일반적으로 잘하려고 노력해야 하는 것은 당연하게도 직역이다. 그에 의하면 원작자가 공들여 만든 외국어 문장 본래의 감칠맛까지 '한글' 특징에 맞게 살려내는 것이 훌륭한 번역인데, 이것이 바로 직역이다[282](그가 말하는 '한글'은 문맥상 한글로 된 문장이지만, 이 말의 일반적인 뜻은 '한국어를 표현하는 고유의 글자'이므로 그는 이 말을 매우 자의적으로 쓰는 셈이다. 또한 내가 앞서 말한 '어설픈 번역, 잘못된 번역'에 해당하는 것이 김옥수에게는 '독해'인데, 이 역시 '독해'라는 말의 의미를 볼 때 적절한 용어 구사라고 보기 힘들다).

번역 용어를 독특하게 이해하고 구사하는 데에 문제가 없지 않음에도, 고백하건대 나는 김옥수의 번역 방법론에서 여러 가지 중요한 점을 배웠다. 그중 최근에 내가 번역을 할 때 많이 의식하면서 실제

---

281 김옥수, 『한글을 알면 영어가 산다』, 비꽃, 2016, 246쪽.
282 위의 책, 249쪽.

로 적용한 것이 '진행형 번역어투: ~고 있다'를 현재형(또는 과거형)으로 고치는 것이다. 그가 제시하는 다음과 같은 예, 즉 'He is writing a novel'을 '잭이 소설을 쓰고 있다'로 옮기는 것은 "우리말을 오염시키는 대표적인" 사례이고, 이것은 '잭이 소설을 쓴다'처럼 써야 한다는 주장[283]은 많은 경우에 타당하다(위 문장에서 'he'라는 대명사를 '잭'이라는 고유명사로 옮긴 것도 영어식 3인칭 대명사는 특별한 경우를 제외하고는 안 쓰는 게 좋다는 김옥수의 번역관에서 비롯된 것인데, 이 역시 눈여겨볼 만한 대목이다).

그러나 김옥수의 번역관과 번역 방법론에는 이질적인 두 언어를 매개하는 번역 작업에서 벌어지는 '생산적 난관', 그리고 그 난관을 지나가면서 역설적으로 얻게 되는 '번역의 언어라는 제3의 언어'에 관한 창의적 문제의식이 전반적으로 없다. 위에서 말한 진행형 시제 문제의 경우만 하더라도, 진행형으로 번역하는 것을 번역어투라고 비판만 하고 원작의 진행형 시제를 한국어 번역에서 살릴 필요성과 가능성에 관해서는 전혀 언급하지 않는데, 이것은 번역 작업을 실제로 하는 나로서는 문제로 여기지 않을 수 없다. 한 가지 예를 보자.

길을 건너니 시골 풍경이 더 황량해졌다. 이들은 들판이 아니라 히스가 무성한 황무지를 달려 가파른 언덕배기와 바위투성이 비탈을 오르고 있었다.

내가 번역했고 최근 출간된 청소년 판타지 소설 『전설의 야수 연대

---

283 위의 책, 102쪽.

기 : 신비의 책을 찾아서』의 한 대목이다. 주인공 소녀 헬렌이 전설의 야수 얀, 로나, 라벤더와 함께 또 다른 전설의 야수인 사파이어를 찾아가는 모습을 묘사한 장면이다. 보다시피 '오르고 있었다'는 영어의 과거진행형 표현을 옮긴 것이다. 그런데 이것을 '올랐다'라는 과거형으로 옮기면 의미가 전혀 달라질뿐더러 원작의 의도와도 멀어진다. '올랐다'라고 하면 오른다는 행위 자체를 전하거나 오르는 행위를 마쳤다는 뜻에 가까운 느낌을 준다면, '오르고 있었다'는 언덕배기와 비탈을 오르는 모습을 바로 지금 보는 듯한 현장감을 전하는 효과가 있기 때문이다. 나는 물론 이것이 작가가 진행형 시제를 쓴 의도라고 판단했다.

이 밖에도 예컨대 "명사를 중시하는 영어권은 물질문명이 발달하고 동사를 중시하는 한국은 정신세계가 발달했다"[284]든지 "영어는 과학적인 표현을 중시하고 우리말은 감성적인 표현을 중시한다"[285]는 이분법의 단정 또는 한계 설정, 또는 "우리는 단도직입적인 표현을 좋아한다. 애매한 표현이 나오면 구체적으로 바꾸는 게 좋다"[286]는 제한 규정도 번역을 통해 생산하는 역동적 언어의 가능성을 애초부터 막는 태도라고 생각한다. 그 역동적 언어란 '태양 불'과 '금벌'처럼 국어사전에 나오지 않는 말에서, 한국어와 외국어 사이에서 '혼혈'로 태어나는 독특한 문체의 문장과 글에 이르기까지 다양한 층위에서 다양한 형태로 나타날 수 있다. 문제는 그 역동적 번역 언어가 '건강하고

---

284 위의 책, 72~73쪽.
285 위의 책, 73쪽.
286 위의 책, 116쪽.

바람직한 혼혈의 언어'가 될 수 있는 전제 조건이 무엇인가 하는 점이다.

3. 쿠마라지바의 타지 않은 혀, 번역으로 (재)창조되는 언어의 조건

번역의 언어를 '혼혈의 언어'라고 비유한 것은 내 독창적 통찰의 표현이 아니다. 예컨대 앤서니 핌이라는 번역 이론가는 번역가의 본질 자체를 혼혈이라고 말한다. 그에 의하면 "혼혈(Blendiges), 경계인, 중간지대에 있는 사람들, 간 문화적 공동체를 형성하는 중개자들" "결국 이러한 사람들이 있기 때문에" "번역을 하는 방법에 대한 이분법을 뛰어넘어서" "번역이 가능하다."[287] 또 다른 번역학 전문가인 옥스퍼드 대학 교수 매슈 레이놀즈는 "번역은 언어들을 섞는다"[288]라든지 "모든 번역은 이국화와 자국화의 혼합"[289]이라고 말했는데, 이 역시 번역의 언어가 '혼종'의 언어라는 의미이다(그런데 이 영국인 번역학 전문가는 일본어와 한국어가 "같은 표기체계를 공유하는 언어들"[290]이라고 설명할 정도로 동아시아 언어, 특히 한국어에 대해서는 어처구니없이 심각한 무지를 보인다). 번역의 가치관은 "거의 숙명적이라고 해도 좋을 만큼 상호

---

287 앤서니 핌, 『문화간 중재 원칙으로서의 번역윤리』, 박혜경·최효은 옮김, 한국외국어대학교 지식출판원, 2016, 89쪽.

288 매슈 레이놀즈, 『번역』, 이재만 옮김, 교유서가, 2017, 22쪽.

289 위의 책, 97쪽.

290 위의 책, 23쪽.

모순되는 가치관"[291]이라든지, '원문 중시'의 지향과 '역문 중시'의 지향이 있을 수 있으나 이 두 가지 모두 "순수형이라는 것은 진공처럼 현실적으로는 존재하지 않는다"[292]는 말도 이와 유사한 의미의 주장이다. 번역가 정영목은 번역의 이러한 혼종성이 한국어를 '제3의 언어'로 확장·심화할 가능성을 제공한다는 의미에서 번역이 낳는 한국어의 부자연스러움을 오히려 적극적으로 살려야 한다고 주장한다.[293] 여기서 다시 한번, 문제는 그러한 혼종성이 낳는 역동적 번역 언어가 '바람직한 혼혈의 언어'가 될 수 있는 전제 조건이 무엇인가 하는 점이다.

번역이 혼종 또는 혼혈의 언어를 적극적으로 지향해야 하는 이유는 이 분야의 여러 이론가에게서 찾아볼 수 있다. 프랑스의 번역철학자인 앙트완 베르만에 의하면 괴테가 『형태론』에서 한 다음과 같은 말, 즉 "가장 아름다운 윤회는 우리 자신이 타자 속에서 다시 태어남을 보는 것이다"라는 말은 서로 다른 문화 사이의 투영이 낳는 창조적 생산성을 뜻하는 것인데, 이러한 투영 가운데 괴테에게 가장 큰 영향을 준 것이 바로 번역이었다.[294] 괴테의 세계문학이란 "동시대의 모든 문학이 적극적인 방식으로 공존하는 것"을 의미하는데, 공존은 차이

---

291 쓰지 유미, 『번역사 산책』, 이희재 옮김, 2001, 15쪽.

292 위의 책, 149쪽.

293 "번역투는 또 하나의 가능성, 매끄러운 번역에 집착하면 안돼", 〈한겨레〉, 2018.6.8,
〈https://www.khan.co.kr/culture/culture-general/article/2018060814000
01#csidx9a96b6d09070604af46d34349a74f48〉 (2021.12.18 접속)

294 앙트완 베르만, 『낯선 것으로부터 오는 시련—독일 낭만주의 문화와 번역』, 윤성우·이향 옮김, 철학과 현실사, 2009, 131~132쪽.

를 없애는 것이 아니라 오히려 "차이들이 한층 더 강렬하게 교류할 것을 요구"하고 이때 핵심 역할을 하는 것이 번역이다.[295] 또한 현대 프랑스 문학을 대표하는 작가인 앙드레 지드는 "사람은 외국어를 익히면서 자기 모국어에 결여된 부분을 발견한다"[296]로 말했는데, 따라서 그가 볼 때 외국 작품의 번역은 자국어에 대한 인식도 깊게 하는, 창작 못지않은 중요한 활동이어서 "국가는 뛰어난 작가 모두에게 시간의 일부를 외국 걸작의 번역에 쏟아붓도록 강요해도 무방하다"는 말을 했을 정도였다고 한다.[297]

번역을 통해 만들어지는 혼종 또는 혼혈 언어의 의미를 더 적극적으로 주장하는 이유가 있다. 바흐친은 "결국 번역의 과정에서 언어가 형성되는 것이다"[298]라고 말했는데 여기서 '언어'란 모국어를 말한다. 그는 종교개혁과 르네상스로 대표되는 16세기에 루터가 라틴어로 된 성경을 독일어로 번역한 상황을 언급하며 위와 같이 말했는데, 이렇게 모국어가 타자의 언어와 섞임으로써 완성되어가는 것은 16세기 독일뿐만 아니라 유럽 전체, 나아가 모든 나라의 근대 민족어가 형성되는 과정에 보편적으로 적용되는 법칙이라 할 만하다. 루터의 경우 당대의 고지 독일어를 가지고 라틴어 성경을 번역했는데, 그 이후에 고지 독일어는 문어체 독일어라는 혼종 또는 제3의 언어를 만드는 매개

---

295 위의 책, 112~113쪽.

296 쓰지 유미, 앞의 책, 171쪽.

297 위의 책, 168쪽.

298 M. Bakhtin, L'Oeuvre de François Rablais, Gallimard, Paris, 1970, p.467. 앙트완 베르만, 앞의 책, 58쪽에서 재인용.

가 된다.[299] 그래서 번역은 단지 하나의 언어를 다른 언어로 옮기는 것이 아니라 다른 언어와의 결합을 통해 그 언어를 완성하는 일이 된다. 프랑스의 언어학자·철학자·종교사가·비평가인 에르네스트 르낭은 이것을 "번역되지 않은 작품은 절반만 출판된 책이다"[300]라는 명제로 표현했다. 이 명제를 뒤집어서 말하자면, "번역을 요청하고 요구하는 원작만이 진정 가치 있는 원작이 된다."[301]고도 말할 수 있다.

문학비평가이자 철학자인 발터 벤야민은 번역의 본질과 기능을 신성성의 영역으로까지 끌어올렸다. 벤야민은, 번역이 지향하는 것은 "모든 언어 형성의 종국적이고 궁극적이며 결정적인 단계", 즉 '순수 언어'라고 말하면서 "번역 속에서 원작은 말하자면 언어가 살아 숨 쉴 보다 높고 순수한 권역(圈域)으로 성장한다"[302]고 했다. 철학자 폴 리쾨르는 벤야민의 '순수 언어'를 "메시아에 대한 기다림을 언어적 차원에서 재현한 것"[303]이라고 보았다. 그런데 "문제는 순수 언어가 어떤 구체적인 과정과 계기를 거쳐 실제의 두 언어 번역에 개입될 수 있을지" 벤야민이 전혀 설명하지 않았기 때문에 "우리에게 보물섬에 대한 이야기를 남겼을 뿐, 그 섬에 이르는 지도는 남겨놓지 않았다"[304]고 평가받기도 한다.

---

299 위의 책, 57~58쪽.

300 위의 책, 360쪽.

301 윤성우·이향, 『번역학과 번역철학』, 한국외국어대학교출판부, 2013, 13쪽.

302 발터 벤야민, 『발터 벤야민 선집 6 : 언어 일반과 인간의 언어에 대하여/번역자의 과제 외』, 최성만 옮김, 도서출판 길, 131쪽.

303 윤성우·이향, 앞의 책, 162쪽.

304 위의 책, 164쪽.

벤야민이 애매하고 몽롱하게만 말해놓은 신성한 번역 언어의 본보기를 나는 쿠마라지바의 불경 번역에서 본다.[305] 4세기 중반에서 5세기 초까지 존재한 쿠마라지바라는 인물은 실크로드 천산남로의 한 오아시스에 자리 잡은 작은 왕국 쿠차의 왕족이었다. 어릴 때 출가하고 서역에 유학하여 산스크리트어와 불교를 깊이 공부한 그는 중국 한족의 침입 때 중국으로 붙잡혀 가서 온갖 굴욕을 당하며 17년 간 포로 생활을 했다. 이 오랜 포로 생활을 하면서 한문과 중국어도 제대로 공부했다. 철천지원수로 삼아도 전혀 이상하지 않을 중국인들에게 오히려 그는 300여 권의 불경 번역으로써 불교의 자비의 진리를 지극한 선물로 주었다. 1600여 년이 지난 오늘날에도 우리가 매우 친숙한 말로 듣고 쓰는 '지옥(地獄)', '극락(極樂)' 같은 한자 단어들, 그리고 '색즉시공(色卽是空) 공즉시색(空卽是色)' 같은 한문 문장을 파란 눈에 흰 피부를 지닌 서역의 한 인간이 만들었다.

쿠마라지바가 만든 위와 같은 단어와 문장은, 당대에 산스크리트 '원어'로 불경을 편찬하고 불교의 진리를 명상한 서역의 승려들은 물론이고, 한문과 중국어를 '원어'로 삼는 당대 중국의 승려·지식인·민중에게도, 그리고 중국을 통해 불교를 수입한 당대 우리 조상들에게도 매우 낯선 혼종의 언어였으리라. 그러나 이렇게 군더더기가 전혀 없이 간결 무쌍한 단어와 문장의 낯섦이 만들어내는 어떤 신성한 긴장감과 사색의 동력은 결국 쿠마라지바의 언어가 번역의 언어이기 때

---

305 이하에서 쿠마라지바와 그의 번역에 관해서는 다음 동영상 자료를 참조함. "'색즉시공 공즉시색' 반야경 등 주요 불교 경전을 번역한 쿠마라지바(구마라습)와 쿠차 왕국", 〈Youtube〉, 2020.11.3, 〈https://www.youtube.com/watch?v=rvyIEKDLLvM〉 (2021.9.1 접속)

문 아닐까. 번역에 관해서 그는, 이미 한 번 씹은 밥을 다른 사람에게 먹이는 것과 같아 원래의 맛을 잃게 할 뿐만 아니라 구역질까지 느끼게 한다거나, 산스크리트어 찬불가 문채(文彩)의 지극한 아름다움을 한문으로 옮기면 그 뜻만 얻을 수 있을 뿐 그 말까지 전할 수는 없다고 말할 만큼 비관적이고 부정적인 관점을 가지고 있었다. 그러나 그가 한 불경 번역은 한문으로 이루어졌지만 산스크리트어만으로 또는 한문만으로 표현하지 못했을, 어떤 새로운 언어로써만 가능한 신성성의 경지를 보여준 것이 아닐까. 그래서 임종 직전, 자신이 번역한 불경에 틀린 것이 없다면 자신의 몸이 화장된 뒤에 자신의 혀는 타지 않을 것이라고 자신 있게 말할 수 있지 않았을까(쿠마라지바의 이 말을 다시금 음미하다 보니, 오늘날에는 혀를 함부로 놀리며 밥 먹듯 거짓을 내뱉어서 화장하면 혀부터 탈 자들이 너무 많다).

쿠마라지바의 불경 번역의 본보기는 번역 언어의 신성성에 관해 사색하게 할 뿐만 아니라, 번역을 통해 생산되는 언어의 혼종성이 바람직한 창조성으로 평가될 수 있는 조건이 무엇인지도 성찰하고 정리해 보게 한다.

첫째, 당연한 말이지만, 번역자는 쿠마라지바처럼 번역 텍스트의 원어인 출발어와 도착어 모두를 잘 알아야 한다. 그 이전의 격의불교(格義佛敎), 즉 중국인에게 쉽게 이해되기 위해 노장사상을 통해 '번안'되던 불교가 쿠마라지바의 번역을 통해 비로소 본격적인 수준에서 동아시아에 소개되고 정착될 수 있었던 것도 쿠마라지바의 능숙한 이중 언어 구사 능력 덕분이었다.

둘째, 번역자는 특히 도착어의 어법을 잘 알아야 하는데, 번역의 언어가 아무리 혼종의 언어라고 해도 도착어로 나타나는 것이기 때문이다.

셋째, 번역의 언어가 단어, 문장, 문체를 모두 포괄하는 도착어 어법의 가능성을 확장하고 심화하는 것이어야 한다. 이때 번역의 언어가 도착어의 기존 어법을 확장·심화하는 것인지 왜곡하는 것인지는, 번역을 통해 표현되는 '차이'가 '바람직한' 것인지를 기준으로 판별해야 한다.

넷째, 번역의 언어는 번역 텍스트의 출발어가 지닌 내용의 밀도와 형식미 또한 도착어를 통해 확장·심화하는 것이어야 한다.

다섯째, 언어 일반의 과제이기도 한 것으로서, 특히 번역의 언어는 고도의 간결성·명료성·정확성, 그리고 진정한 아름다움과 재미를 추구해야 한다.

4. 기계 번역의 쓰임새와 기계 번역론의 근본 문제

오늘날 번역에서 가장 논란이 되는 주제는 '인공지능이라는 기계에 의한 번역이 인간의 번역을 대체할 수 있는가'라는 것이다. 그런데 눈여겨보아야 할 것은 기계 번역에 의한 인간 번역의 대체 가능성을 특히 강조하는 사람은 번역 경험이 없거나 거의 없는 사람이라는 점이다. 예컨대 뇌과학자로 대중에게 널리 알려져 매스컴에 자주 등장하는 정재승이 그렇다(인터넷 서점에서 그의 저술을 조사해보니 그는 '파인만의 물리학 강의' 시리즈 중 한 권을 다른 두 사람과 공역한 것을 제외하고는 번역한 책이 없고, 흥미롭게도 다른 사람이 번역한 것을 '감수'한 것은 매우 많다). 그는 몇 년 전에 번역가 정영목과의 대담에서, 번역을 공부하거나 번역에 종사하는 수백 명의 청중을 앉혀 놓고, AI가 미래에는 인간의 번역을 대체할 가능성이 농후하니 번역가들은 '정신을 차려야 한다'는 맥락의 훈계를 한 바 있다. 그는 이 자리에서 인간의 번역이 본질상 AI의 번역과 어떻게 다른지는 말하지 않은 것 같고, 그 차이에 관해서는 관심도 이해도 없는 것 같다.[306]

번역을 논할 때 경험 또는 체험을 전제해야 하는 이유는 번역의 본질이 체험에 있기 때문이다. 즉, 번역은 "작품에 대한 체험이자 작품 존재(être-oeuvre)에 대한 체험이며, 언어의 체험이자 언어 존재(être-langue)에 대한 체험"이고, "동시에 번역 자체에 대한 체험이며 그 본질에 대한 체험"[307]이기 때문이다. 나아가 "번역은 언어 일반 및 인간과 언어 간의 관계에 대한 하나의 체험"[308]이기 때문이다. 앞서 번역으로 생산되는 언어의 혼종성의 의미에 관한 논의에서 말했듯이, 번역은 서로 다른 언어를 섞고 결합하는 과정을 통해 인간과 인간 언어의 (신성한) 본질을 드러내 보여주는 데까지 나아간다. 그런데 이것은 특정한 사람의 실존적 번역 행위, 즉 그 사람의 체험을 통해서만 나타나게 되는 본질이다. 번역자 개인의 혼신이 집중된 체험을 통해서만 번역의 언어를 통해 나타나는 것이 이 본질이다. 인간 번역의 경우

---

306 "개성있는 번역, 인공지능이 따라올 수 없는 것", 〈한겨레〉, 2017.5.29, 〈https://www.hani.co.kr/arti/culture/book/796697.html#csidx9be58d717 290e708ccb872a0ccafb50〉 (2021.12.22 접속)

307 앙트완 베르만, 『번역과 문자 : 먼 것의 거처』, 윤성우·이향 옮김, 철학과 현실사, 2011, 21쪽.

308 앙트완 베르만, 『낯선 것으로부터 오는 시련―독일 낭만주의 문화와 번역』, 윤성우·이향 옮김, 철학과 현실사, 2009, 363쪽.

에 똑같은 텍스트를 놓고 개개인에 따라, 그리고 같은 개인이라도 다른 나이와 조건에 따라 깊이와 수준과 장단점이 다양하게 나타나는 것은(이것은 심지어 광고 문구 같은 '비문학—실용문' 번역에서도 나타날 수 있다), 번역이 본질적으로 개인의 체험을 통한 작업이기 때문이다. 그런데 인공지능이라는 기계가 이런 인간의 체험을 대체할 수 있는가? 더구나 "(인간 언어의—인용자) 문체는 늘 정신의 문체"[309]일진대, 인공지능의 알고리즘이 인간 언어의 문체에 담긴 정신을 체험하고 번역을 통해 표현하는 게 가당키나 한가?

기계 번역·통역은 일반적으로 짐작하는 것보다 훨씬 오래전부터 중요한 논제가 되어왔으나, 위와 같은 심오한 원리적 설명을 빌리지 않더라도 이 분야의 실무와 교육을 오랫동안 담당한 전문가들에 의해 그 쓰임새의 한계가 분명히 규정된 바 있다. 예컨대 한국 최초의 국제회의 통역사이자 아시아 최초의 통역·번역학 박사인 최정화는 기계가 인간의 활동을 보조할 수는 있어도 대체할 수는 없다는 지극히 일반적인 전제에서 출발하면서, 기계 번역이 인간의 번역을 대체할 수 없는 이유를 매우 간결·명료하게 말한다. 즉, 기계 번역이 기술 묘사적인 서류들을 일차 번역하는 데 도움은 되지만 실시간에 실상황에서 발화되는 인간의 창의적인 생각을 다 통역할 수는 없고 "기계 번역이란 모든 경우의 수를 데이터베이스로 구축하여 번역하는 것이나 인간의 사고는 예측 불허이므로 기계 통역은 불가능"[310](강조는 인용자)하다는 것이다. 최정화가 이렇게 자신 있게 단정하는 데에는 인

---

309 진 보즈 바이어, 『문학의 번역』, 정영목 옮김, 강, 217, 152쪽.
310 최정화, 『외국어와 통역·번역』, 한국외국어대학교출판부, 2005, 133쪽.

간과 기계의 본질적 차이에 관한 명확한 관점뿐만 아니라 분명한 사실 근거가 있다.

(……) 기계는 언어 자체의 개념이나 기술 묘사적인 번역을 할 수 있을 뿐이다. 즉, 인간의 말에 담겨 있는 창의적이고 무한한 사고나 인간의 정서, 감정 기복 등은 결코 전달할 수 없는 것이다. 실제로 유럽연합 집행위원회에서 예산을 아끼려고 자동기계번역 개발에 지난 10여 년을 투자했지만, 결론은 '기계가 인간을 대신할 수 없다'는 사실이었다.[311]

이것은 유럽연합 집행위원회 번역국 소속으로 수십 년간 번역과 번역 매니저 업무에 종사한 에마 와그너의 명쾌한 설명으로써 분명한 사실로 확인된다. 즉, 유럽연합 집행위원회에서는 1976년부터 시스트란이라는 기계 번역 프로그램을 개발하여 사용했지만 번역사의 수가 오히려 늘었고, 인간 번역의 수요 또한 늘었다. 시스트란이 번역사들의 생산성을 높여준다는 증거도 전혀 없다.[312] 에마 와그너의 설명 가운데 가장 인상적인 대목은, 시스트란과 같은 기계 번역은 가상의 번역(virtual translation)일 뿐 진정한 번역이 아니라는 말이다. 이와 관련된 그의 말을 직접 들어보자.

언어는 체스와 다릅니다. 체스 규칙은 복잡하지만 규칙적(regular)이

---

311 위의 책, 152쪽.
312 앤드류 체스터먼·에마 와그너, 『번역사와 번역학 : 소통의 시도』, 정연일·남원준 옮김, 한국외국어대학교출판부, 2009, 223~224쪽.

며, 컴퓨터의 처리 능력(processing power)만 충분하다면 수천 개의 가능한 수(手, chess move)를 미리 시험하고 비교할 수 있습니다. 이에 반해, 언어는 인간이 수행하는 것으로 그 규칙도 계속해서 바뀝니다. 그렇기 때문에 (……) (기계 번역은-인용자) 어떤 때는 (……) 더 나은 품질을 생산하기도 하고, 다른 때는 더 낮은 품질로 번역하죠. 인간 번역의 품질에는 결함이 있을 수 있겠지만 적어도 어느 정도의 일관성이 있습니다. 그러나 기계 번역의 품질은 일관되지 않습니다. 심지어 같은 언어 쌍에서나 같은 텍스트를 번역할 때도 그 품질은 들쭉날쭉합니다. 따라서 인간이 이를 열심히 검토하고 교정해야 합니다. 그리고 교정에 드는 시간은 아예 처음부터 인간이 번역하는 것과 맞먹습니다.[313]

결국 인간만이 인간의 언어를 제대로 번역할 수 있다는 것은, 특정 시공간과 상황에 따라 끊임없이 변화하고 새롭게 해석되는 인간의 언어를 인간만이 제대로 느끼고 이해할 수 있다는 말이다. 그래서 번역을 연구하고 가르치는 이 분야의 전문가는 "첨단 컴퓨터 기기들(워드 프로세서, 데이터베이스 등)이 대거 등장한다고 해서 번역방법론 자체가 바뀌는 것은 아니다"라고 단언하면서 "달라지는 것은 작업의 여건이며, 여건이 달라지면 방법론을 새로운 도구들에 응용하면 되는 것"[314]이라고 심상하게 말할 수 있는 것이다.

그렇다면 인공지능이라는 기계의 번역이 인간의 번역을 대체할 수

---

313 위의 책, 225쪽.
314 Cristine Durieux, 『전문번역 어떻게 가르칠 것인가?』, 박시현·이향 옮김, 고려대학교출판부, 2003, p. ix~x.

있을 것같이 말하는 것을 어떻게 보아야 할까? 좋게 받아들이자면, 이러한 주장은 번역을 기계 번역의 수준으로 가능한 것에 한정해서 말하는 것으로 볼 수도 있겠다. 하지만 앞서 누차 보았듯이 번역은 그런 것만 있는 것이 전혀 아니다. 본래 번역은 인간 언어의 본질, 나아가 인간의 본질 그 자체를 이해하고 표현하는 행위이다. 그렇다면 인공지능의 번역이 인간의 번역을 대체할 수 있다는 주장은, 인간의 본질을 인공지능의 본질로 환원하는 것인가? 만일 이것이 사실이라면, 이러한 주장은 인간을 인공지능이라는 기계(물질)와 본질적으로 동일시하는 유물론적 환원주의를 근본으로 삼는 것이 아닐 수 없다

5. 오늘날의 번역 출판 시장에 나타난 한국과 한국인의 자화상, 그리고 번역의 인간학

1446년에 한글이 반포된 후 한글로 번역된 최초의 책이 『석보상절』(1447)인 것으로 나는 안다. 석가모니의 일대기와 주요 설법을 한글로 편역한 책이다. 2022년, 『석보상절』이 번역된 지 575년이 흘렀다. 이 긴 시간 동안 우리나라에서는 세계사에 유례없는 위대한 문자 한글로 얼마나 위대한 번역 작업이 이루어졌는가?

'학술연구정보서비스(RISS)'에서 관련 연구를 검색해서 모두 살펴보아도 조선 시대에 이루어진 한글 번역 전체를 정리한 논문이나 책은 찾아볼 수 없어서 잘 알 수는 없지만, 위에서 본 16세기 루터의 성경 번역의 경우와 같이 이후 근대 민족어 형성에 기여할 만한 한글 번역 작업이 조선 시대에 이루어지지 않은 것만은 분명하다. 모두 알다시

피 근대 한국어 체계의 기반은 20세기에 들어서서 국권을 상실할 즈음이 되어 언문일치와 국문 전용 운동이 벌어지는 때가 되어서야 역설적으로 마련되었다(한글 맞춤법이 처음 제정된 것은 그보다 훨씬 뒤인 1933년이었다). 왜 이렇게 되었는가? 두말할 필요도 없이 조선의 대다수 지식인들이 한문만으로 읽고 쓰는 어문 생활에 만족했을 뿐만 아니라 그것만이 진정한 어문 생활이라고 생각했기 때문이다.

그렇다면 오늘날 한국에서 이루어지는 번역의 실태는 어떨까? 겉으로 보면 상전벽해라는 말이 어울리는 상황이다. 이미 여러 해 전에 유네스코에서 발표한 바에 의하면 한국은 해외 도서를 번역 출간하는 비율이 세계에서 가장 높아서 일본을 제치고 명실상부한 번역 출판 대국이 되었다고 한다.[315] 위에서 말한 번역 작업의 미덕이 축적될 기반은 충분히 갖춰진 셈이다. 그런데 한국의 번역 출판에는 중대한 문제가 있다. 다른 무엇보다도 번역 출간하는 책의 국가가 너무나 편중되어 있다는 점이 그것이다. 2019년의 예를 보자면, 12016종의 번역서 가운데 5164종과 3253종이 각각 일본과 미국에서 수입된 책이었다. 이 해에 번역된 책의 약 70%가 일본과 미국의 책이다. 영국-921종, 중국-529종, 독일-413종, 체코-170종, 스페인-122종, 이탈리아-108종, 유럽 여타 국가-163종과 비교해보면, 일본과 미국의 것으로 대단히 편중된 번역의 실태를 더 실감할 수 있다.[316] 일본과

---

315 김옥수, 앞의 책, 53쪽.

316 "2020 번역도서 분야별 종수 현황", 〈대한출판문화협회〉, 2020.3.2,
     〈http://member.kpa21.or.kr/kpa_bbs/2020-%eb%b2%88%ec%97%a
     d%eb%8f%84%ec%84%9c-%eb%b6%84%ec%95%bc%eb%b3%84-
     %ec%a2%85%ec%88%98-%ed%98%84%ed%99%a9/〉 (2021.12.24 접속)

미국의 것에 아주 매우 편중된 번역 출간의 실태, 이것은 번역을 통해 외래의 것을 받아들이고 배우고 즐기는 것에서조차 일본식과 미국식의 정서와 사고방식에 몹시도 치중된 한국과 한국인의 자화상을 여실히 보여준다. 요컨대 한국에서 번역을 통한 창조적 혼종성의 생산은 무엇보다도 번역 텍스트의 다양화를 통해 추구해야 한다.

번역이 생산하는 혼종성을 지금 이 글의 말미에서도 강조하지만, 앞서도 말했듯이 한국어 번역은 말할 필요도 없이 한국어로 이루어지고 한국어로 결과를 낳는다. 이런 의미에서, 한국어를 더 잘 정리해서 잘 쓰기 위해서뿐만 아니라 한국어 번역을 더 잘 하기 위해서도 적절한 외국어 사전과 함께 더 좋은 한국어 사전을 사용하는 것이 더없이 중요하다. 그런데 한국어 사전의 실태는 어떤가? 이 글에서도 그랬지만, 번역과 관련하여 『표준국어대사전』 사용이 일반화된 것은 꽤 오래된 일이다. 이 사전 이외에 사용할 만한 사전이 별로 없기도 하고, 국립국어원이라는 국가 기관에서 낸 것이 이 사전이기 때문이다. 이 사전은 한국어를 더 풍요롭게 만들고 체계화하기 위해 선의로 경쟁할 만한 사전이 없이 거의 독점적 지위를 누리는 사전인 셈이다. 그래서 어느 사전 편찬자가 했다는 말, 즉 『표준국어대사전』의 발간이 국립국어원의 최대 실책이라는 말에 관해 깊이 생각해보게 된다.[317] 이 문제는 다른 나라들이 보유한 사전과 비교해볼 때 더욱더 가볍지 않게 다가온다. 요컨대 좋은 번역을 위해서도 더 좋은 한국어

---

317 조운찬, "표준국어대사전과 겨레말큰사전", 〈경향신문〉, 2015.10.9, 〈https://www.khan.co.kr/opinion/column/article/201510092119165〉 (2021.12.24 접속)

사전을 만드는 데 더욱더 많은 노력을 기울여야 한다.

한글의 역사는 근 600년을 헤아린다. 장구한 역사만큼 생성되고 소멸된 우리말도 무궁무진하다. 큰 사전을 만들지 못할 정도로 어휘가 부족하지도 않고, 용례가 적지도 않다. 우리라고 해서 일본 국어대사전(20권), 중국어대사전(24권), 옥스퍼드 영어사전(20권), 그림형제 독일어사전(100권) 등과 같은 거질의 국어사전을 내지 못할 것도 없다. 중요한 것은 우리말을 가꾸고 사용해야 한다는 의지이다. 우리말을 쉽게 익히고 편하게 사용하는 가장 좋은 방법은 사전을 보는 일이다.[318]

번역에 관한 이 글은 내가 번역한 책의 '옮긴이의 말'과 '해제'를 모은 이 책의 말미에 싣는 글이고, 이 글들을 쓴 경험이 주된 동력이된 글이기도 하다. 이 사실을 언급하는 것은, 번역가가 쓰는 '옮긴이의 말' 또는 '해제'에 좀 더 적극적인 의미를 부여해야 한다는 뜻에서이다. 여러 번역 이론가들이 말하는 바이기도 하지만, 번역은 애초부터 번역가 개인의 해석과 평가가 개입될 수밖에 없는 일종의 (감상)비평 행위이기도 하기에, 번역에 더해 텍스트에 관해 번역가가 직접적으로 비평하는 작업에 각별한 의미가 있다고 생각하기 때문이다.

---

318 위의 글.